Wilfried Wieck

Die Erotik des Mannes

Wilfried Wieck

Zwischen Sehnsucht und Erstarrung

Die Erotik des Mannes

Kreuz

Inhalt

Vorwort

Macht es Sinn, ein weiteres Buch über Sexualität zu schreiben? Über männliche Sexualität? Obwohl sämtliche Medien voll damit sind, Bedürfnisse von Männern, sexuelle Wünsche und Neigungen in jeder erdenklichen Weise befriedigen zu wollen?

Sinn kann es machen, wenn ein Mann jenseits von Trends und sexuellen Moden über lange Zeit und unter Einbeziehung der eigenen Person Fragen nachgeht wie zum Beispiel: Wie haben Männer die Entwicklung ihrer Sexualität erlebt? Was hat sie beeinflusst? Wie entwickelt sich ihr sexuelles Leben und Erleben, wenn nicht die gängigen Klischees bedient werden? Wenn nicht Imponiergehabe und Demonstration von Potenz notwendig sind, sondern auch über Unsicherheiten, Ängste, Scham und Sehnsüchte gesprochen werden darf? Wenn der Mann nicht »immer nur das Eine will«, sondern *mehr*?

Ich bin mir sicher, dass mein Mann Wilfried Wieck ein solches Buch im Sinn hatte.

Die Idee dazu liegt schon lange zurück. Erste Gespräche über ein solches Projekt fanden 1985 zwischen uns statt. Seither trug Wilfried Material zusammen, aus Therapiegesprächen, seinen Männergruppen, Büchern, Artikeln, Fernsehsendungen, eben allem, was ihm zugänglich war – auch aus der eigenen sexuellen Entwicklungsgeschichte. Mehrfach hielt er Vortragsreihen zu diesem Themenkomplex an der Lessing-Hochschule in Berlin. Im Jahr 2000 war alles zusammengetragen und bereits nach seinem Konzept geordnet, sodass der Fertigstellung des Buches nichts mehr im Wege stand.

Wilfried und ich ahnten nicht, dass er das Buch nicht mehr selbst veröffentlichen könnte. Er starb. Ganz plötzlich, am 9.6.2000, einem heiteren, schönen ersten Ferientag. Abends um 20.30 Uhr endete ein Spaziergang, barfuß, durch seinen geliebten »blauen Garten« mit dem Tod. Ich sah diesen großen, schönen Mann in die Knie sinken. Er starb, den Kopf in meinen Schoß gebettet. Sein letzter Blick ging durch Bambus und Kiefernzweige in einen Himmel, der an diesem Abend von südlichem tiefem Blau – seine Lieblingsfarbe – war.

Es war ein Tag, der mich eine ungeheure Lektion lehrte: Lust und Schmerz, Nähe und unüberbrückbare Entfernung, Leben und Tod innerhalb von Sekunden. Sexualität ist Sinnlichkeit, ist Sehen, Begehren, Schmecken, Riechen, ist Spüren, Berühren, Verschmelzen, ist Leben. Der Tod ist mir so unbegreiflich, weil er so unsinnlich ist.

Wilfried hat gewollt, dass sein Buch erscheint. Und so soll es sein! Es ist ein *Lebenszeichen* nach seinem Tod. Sein letztes Vermächtnis, was seine Arbeit mit den Männern anbelangt, die ihm so sehr am Herzen lag.

Nun fällt mir die Aufgabe zu, das Buch mit einem Vorwort zu begleiten. Immer haben wir uns gegenseitig bei Buchprojekten geholfen. Dieses Mal fällt es mir schwer. Dabei begeisterte mich die Idee zu einem solchen Buch von Anfang an. Mich interessiert, was Männer bereit sind, von ihren sexuellen Wünschen, Empfindungen und Phantasien zu erzählen. Wie sie ihren Körper wahrnehmen, ihr Geschlecht. Wie sie mit Pornographie und Prostitution umgehen. Welche Rolle ihr Frauenbild in der Art, wie sie Sexualität leben, spielt.

Unsere Annahme, dass auch die Männer begeistert sein würden, stellte sich als Irrtum heraus. Wilfried erzählte mir, wie reserviert das Thema in den Gruppen aufgenommen wurde und wie stockend die Gespräche in Gang kamen. Natürlich ließ er sich davon nicht abhalten, aber es irritierte ihn ganz offensichtlich. Er selbst war ein Mann, der an Sexualität, an Erotik sehr interessiert war. Es machte ihm Freude, Lust zu bereiten. Ihm war wichtig, auf Bedürfnisse und Wünsche seiner Partnerin einzugehen. Seine enorme Lernfähigkeit erstreckte sich auch auf diesen Bereich.

Als ich mich in ihn verliebte, war ich 22 Jahre alt. Mehr als 31 Jahre waren wir Gefährten in Liebe und Auseinandersetzung, in Spiel und Arbeit, in bewegten, wechselvollen Zeiten. Unsere Lernprozesse bezogen sich auch sehr auf die Gestaltung und Entfaltung sexueller Bedürfnisse, Phantasien und Eigenheiten. Mir war es völlig neu, dass ein Mann, mit dem ich zusammen war, mich aufforderte: »Wollen wir nicht einmal über unsere Sexualität sprechen?« Anfangs fürchtete ich diesen Satz, weil ich annahm, nun würden Gefühle von Unzufriedenheit oder überhaupt Kritisches in Bezug auf diesen sensiblen Bereich ausgedrückt werden. Aber ich lernte bald, dass diese »Trockenübungen« zum besseren Verständnis beitrugen, dass sie die Offenheit, das gegenseitige Vertrauen und damit die Schamlosigkeit förderten. Und nicht zuletzt, dass Gespräche eine Überleitung oder Einstimmung zum konkreten Tun sein konnten, dass sie Lust aufeinander machen konnten.

Durch die Auseinandersetzung mit dem Feminismus war es nahe liegend, sich mit den unterschiedlichen Erregungsmustern von Frauen und Männern zu befassen und das vorhandene Verständnis zu erweitern. Dabei wurde deutlich, dass die biologischen Unterschiede keineswegs so gravierend sind, wie lange angenommen wurde, und insofern tatsächlich von einem »kleinen Unterschied« gesprochen werden kann. Der »große Unterschied« liegt in der psychosexuellen Natur der Geschlechter, die von äußeren Einflüssen geformt wird wie Erziehung, gesellschaftliche Werte, Religion, Wissenschaft. Was die konkreten Geschlechtsorgane betrifft, besteht, wie Eva Lowndes Sevely in ihrem Buch »Evas Geheimnisse« feststellt, eine weitgehende Symmetrie und bei beiden ist dasselbe Gewebe zu finden.

Allerdings wird die Tatsache, dass Frauen ebenso wie Männer ejakulieren, von männlichen Forschern bestritten, obwohl die Autorin eine Fülle von kulturellen und medizinischen Nachweisen bringt. Sie schreibt: »Die Entdeckung, wie sehr sich die ›Geschlechtsapparate‹ von Männern und Frauen bis in kleinste Einzelheiten gleichen, dürfte beiden Geschlechtern helfen, sich selbst als auch einander besser zu verstehen.«

Aus vielen Therapiegesprächen mit Frauen und Männern weiß ich, dass die Entstehung von Erregung und Lust bei den meisten Frauen und Männern tatsächlich verschieden ist. Während Männer sich oft durch bloße Augenreize stimulieren lassen, genügt Frauen häufig der äußere Reiz nicht, auch nicht die flüchtige Berührung, der Brust etwa oder des Hinterns. Frauen entwickeln Lust auf komplexere Weise: durch emotionale Aufmerksamkeit, Unterstützung bei ihren Tätigkeiten, Gespräche, die mit ihrer Person zu tun haben, Zärtlichkeiten zwischendurch, spielerisch, zweckfrei. Es stimuliert sie in der Regel auch nicht, zu erleben, wie der Partner sich mit Pornographie beschäftigt oder Sexmagazine konsumiert. Und zwar nicht aus moralischen Gründen, sondern weil viele Frauen sich ganz einfach im Vergleich mit den scheinbar perfekten Körpern der dargestellten Frauen und deren Verfügbarkeit gehemmt, nicht richtig und entwertet fühlen. Es verunsichert sie und raubt ihnen ihre Lustmöglichkeit.

Ein Film wie »Intimacy«, in dem ein Mann und eine Frau sich wöchentlich zum »Fick« treffen und ansonsten ihrer Wege gehen, legt nahe, dass es jetzt die Frauen sind, die diese zielgerichtete unpersönliche Sexualität wollen. Ich halte das für eine Männerphantasie, aber auch eine mögliche sexuelle Phantasie von Frauen. Aber Sex auf diese Weise über lange Zeit zu leben, das werden in der Realität sicher nur wenige Frauen wollen.

Zwar ist das Spektrum des sexuellen Lebens vielfältiger und weiter geworden, aber paradoxerweise scheint die wirkliche Lustfähigkeit nicht im gleichen Maß mitgewachsen zu sein.

In einem *Tagesspiegel*-Interview vom 29.03.2001 sagte die Schauspielerin Carol Campell (34) auf die Frage nach Sex: »Es wird unglaublich viel darüber geredet und geschrieben und gemacht – und wissen Sie was, ich glaube, es wird viel weniger getan. Vielleicht müssen wir deshalb so ein Getue veranstalten. Man benutzt Sex als Schmuck, man schmückt sich damit. Was soll das? Mit dem hatte ich was, mit der auch – so mache ich mich wichtig, egal ob es stimmt. Das geht ganz weit weg von dem, was Sex eigentlich ist, nämlich das Natürlichste der Welt ...«

An dieser Stelle irrt die so genau beobachtende Frau. Der Umgang mit Sexualität ist schon sehr lange nicht mehr »natürlich«, sondern längst kultürlich ge- und verformt. Da es für alles einen Markt gibt und Modetrends, die diesen Markt bedienen, ist auch die Sexualität ein Teil davon geworden. Verweigerung und Lustlosigkeit können die Folgen sein. Ich habe in der letzten Zeit verschiedene attraktive junge Männer sagen hören: »Sex wird maßlos überschätzt.« Es wäre wünschenswert, würden Männer auf Grund eines veränderten Rollenverständnisses nicht mehr so unter sexuellem Leistungsdruck, Erektionszwang und Potenzbeweispflicht stehen, sondern sich auch mehr spüren, mehr genießen und spielen wollen.

Wilfried selbst hat eine Entwicklung in diesem Sinne vollzogen. Davon wird hier auch die Rede sein. Wir haben die Inhalte keineswegs immer in Übereinstimmung, sondern oftmals kontrovers diskutiert. Er hat gerne provoziert und damit polarisiert. Aber in seinem Wesenskern war er nicht nur eine romantische Seele, sondern auch ein zarter Mensch, der sehr verletzbar war.

In den letzten Jahren standen wir vor der neuen Situation, dass eine Diabetes-Erkrankung und das Älterwerden seine sexuellen Möglichkeiten veränderten. Diese »Schwächesituation« kränkte und verunsicherte ihn verständlicherweise. Mit seinem Tod ist der Lernprozess abgeschnitten worden, auch für diese neue Lebenssituation und das näher rückende Alter Lustmöglichkeiten nicht aufzugeben, sondern anders und neu zu entdecken.

Ich wünsche mir für dieses Buch, dass das Wissen um den Tod des Autors die Leser, und hoffentlich auch Leserinnen, zu besonderer Aufmerksamkeit stimuliert. Und zwar in Bezug auf das eigene Leben, indem das Wissen um unsere Endlichkeit nicht nur Abwehr und Angst, sondern auch Klarheit bewirkt, sodass Augenblicke des Glücks, des Genusses und der sexuellen Lust als die Kostbarkeit wahrgenommen werden, die sie sind.

Berlin, im Juli 2001 Irmgard Hülsemann

Zum Verständnis

Dieses Buch wurde nach dem Tod von Dr. Dr. Wilfried Wieck auf der Basis von Konzepten, Stoffsammlungen und vor allem von über zwanzig Vorträgen zu Themen rund um die Erotik des Mannes erstellt. Die Vorträge hielt Wilfried Wieck von 1996 bis 1999 in mehreren Zyklen an der Lessing-Hochschule in Berlin.

Drei Dinge hat er in diesen Vorträgen immer wieder betont:

- Seine Verallgemeinerungen gelten nie für jeden einzelnen Menschen, für jede einzelne Beziehung. Es ist bei persönlichen Fragen immer die individuelle Situation zu betrachten. Doch Wilfried Wieck hat sich wiederholt dagegen gewehrt, seine Erkenntnisse als persönliche Privatmeinung abzutun. Der promovierte Psychologe baut nicht nur auf ein umfangreiches Literaturstudium, sondern auch auf seine jahrzehntelange psychotherapeutische Arbeit mit Männern, sowohl in Einzeltherapien als auch in Männergruppen.
- Auf vielen Gebieten betritt Wilfried Wieck absolutes Neuland, für das es keine durch Forschung abgesicherten wissenschaftlichen Erkenntnisse gibt. Er war sich immer bewusst, dass seine Erkenntnisse des ständigen kritischen Überprüfens bedurften. So stark er die patriarchale Befehls- und Gehorsams-Systematik kritisierte, so sehr bemühte er sich, Männer zum eigenständigen Fühlen, Denken und Handeln zu motivieren: »Ich vertrete hier keine Dogmen, ich gebe Denkanstöße.«
- Die Aussagen in diesem Buch wurden von einem Mann für Männer gemacht. Sie behandeln zum Teil männerspezifische Probleme, zum Teil Themen, die für Frauen ebenso gelten. Wilfried Wieck hat die Frauen nicht jedes Mal mit erwähnt – in seinen Vorträgen allerdings viel öfter, als dies im Buch dann übernommen wurde. Seine generelle Haltung war diese: »Ich

mache Männerarbeit, und deshalb beschreibe ich das hier aus unserer Sicht. Wenn Frauen sich aus ihrer Perspektive damit beschäftigen, so begrüße ich das, aber mir geht es in erster Linie um die Männer.«

Teil I:
Die lebendige Gestaltung männlicher Erotik

Erotische Wunschvorstellungen eines Mannes – und die Reaktion einer Frau

»Der erste schöne Augenblick nach zärtlichem, feuchtem und ausgiebigem Küssen ist das Berühren der Haut der Frau, die so anders ist als Männerhaut, weich und glatt. Ich muss sie streicheln, drücken, fange am Rücken und an den Schultern an, dann der Po, die Hüfte, der Bauch und die Brüste. Diese wünsche ich mir sehr gut ausgeprägt, wohlig und groß. Dann möchte ich die Frau ausziehen, in Unterwäsche sehen, den Slip, den BH ausziehen. Dann soll sie sich so nackt, wie sie ist, mir zeigen. Wenn wir beide nackt sind, gleiten meine Lippen über ihren Körper. Ich verweile lange an ihren Brüsten, dann hinunter zu ihrem Bauch, dann komme ich zu ihrem Liebesdreieck, spiele ein wenig mit der Zunge. Jetzt der Po, ich fasse und küsse ihn lange und ausgiebig. Nun die Beine hinab zu den Zehen, mit meinen Lippen, meiner Zunge, meinen Wangen. Das Gleiche wünsche ich mir von ihr. Ich wünsche mir, dass sie meinen ganzen Körper küsst und liebkost. Mir gefällt es, wenn sie feucht wird. Ich kann mir vorstellen, dass sie mit ihrer nassen Scheide über meinen Körper gleitet und mich mit ihrer Feuchtigkeit am ganzen Körper benetzt. Ich gleite mit meinem Schwanz an ihren Beinen, Füßen, über ihren Bauch, ihre Brüste, Gesicht und den Rücken entlang. Schließlich lege ich mich auf sie, mein Glied zwischen ihren Pobacken. Jetzt ein spielerischer Ringkampf, zärtlich beißen, küssen, lecken, drücken, bis ich in sie hineingleite, erst einmal ruhig und entspannt, diesen Kontakt tief genüsslich atmend zu erleben. Der Koitus muss ruhig und langsam beginnen. Danach überlasse ich es gerne ihr, Rhythmus und Stärke der Penetration zu bestimmen. Auch darf die Stellung von ihr bestimmt werden. Mir ist wichtig, dass ich sie sehen kann, alles an ihr, aus verschiedenen Blickwinkeln. Es gefällt mir auch, wenn sie mich gern betrachtet und es mir sagt. Ich möchte ihre Wünsche hören und meine äußern dürfen.«

Diese Wünsche hat ein Mann in einer größeren Gruppe vorgetragen. Ich würde das zum Beispiel ganz anders ausdrücken, aber seine anschauliche, direkte und konkrete Stellungnahme ist bei den Frauen gut angekommen. Nun die Antwort einer Frau darauf:

»*Was mir sehr gut an seinem Beitrag gefällt, ist, dass er seine Wünsche sehr zart formuliert. Es ist nichts Forderndes in dem, was er vorgetragen hat. Es steht keine Haltung ›Ich habe ein Recht auf dich‹ dahinter. Es ist einfach die Äußerung seiner Wünsche. Ich höre einen Mann, der seine sexuellen Wünsche an eine Frau beschreibt. Und es sind starke Gefühle von Bedrohung in mir und sehr große Angst. Ich will fühlen: Ein Mann schildert seine sexuellen Wünsche. Und das ist nur das, es ist keine Bedrohung für mich, ich bin nicht real bedroht. Es sind die alten Gefühle von Bedrohung zum Beispiel durch meinen Bruder, die in mir aufsteigen. Ich empfinde auch Lustgefühle bei den Schilderungen von diesem Mann, und Bilder von ähnlichen Begegnungen mit meinem Partner steigen in mir auf. Ich fühle in Gedanken an meinen Partner und diese Situation Lust und Wärme in meinem Unterleib. Ich finde es gut, dass Männer sich äußern. Wenn mein Partner mir seine sexuellen Wünsche nicht sagt, fehlt mir etwas in der Sexualität. Ich brauche sie für meine Lust. Denn seine Wünsche machen mir Lust. Aber es kommt vor, früher öfter als heute, dass mir seine Wünsche Angstgefühle machen. Es kommen dann wieder Gefühle von Bedrohung oder Bilder aus den bedrohlichen Situationen aus der Kindheit, manchmal Ekelgefühle und Abscheu oder große Schamgefühle. Ich wünsche mir dann von meinem Partner, dass ich während der sexuellen Begegnung mit ihm darüber sprechen kann, dass ich ihm diese Angstgefühle zeigen kann, dass er mich schützt, tröstet und beruhigt. Wenn mir mein Partner seine sexuellen Wünsche mitteilt, muss ich Zeit und Ruhe haben, genau hinspüren zu können: Was fühle ich? Was macht dieser Wunsch in mir für Gefühle? Macht er mir Angst, Ekel, Abscheu, Schamgefühle? Warum? Woher kommen diese Gefühle? Was für Bilder, vielleicht aus der Kindheit, entstehen in mir? Ich brauche während der sexuellen Begegnung Raum für meine Gefühle dieser Art. Wenn ich über sie sprechen kann und mein Partner sie ver-*

steht und annimmt, wenn er mich tröstet, falls eine Kindheitserinnerung aufsteigt, die mich traurig oder ängstlich macht, verschwinden diese unangenehmen Gefühle, lösen sich auf, und es ist Platz für Lustgefühle. Dies alles sage ich hier und bringe die Worte nur mit Mühe und unter starkem inneren Zittern hervor. Ich empfinde Stolz darauf, Lustgefühle zu haben und dazu zu stehen. Ich möchte noch viel mehr sagen, aber ich habe Schamgefühle, schon zu viel gesagt zu haben. Ich bin eine missbrauchte Frau und fühle mich beschädigt und habe Angst, keine vollwertige, richtige Frau zu sein, und darf mir deshalb keinen Raum nehmen. Ich fühle mich ausgeschlossen, weil ich mich so beschädigt fühle und viel mehr Raum brauche, als ich glaube, dass für mich zur Verfügung steht. Während ich dies spüre, wallen immer wieder Panikgefühle in mir auf. Ich will weglaufen, weil ich glaube, die Situation nicht aushalten zu können. Mir fehlt der Schutz, den ich brauche, wenn solche alten Gefühle von Bedrohung, Angst und Trauer in mir sind. Ich möchte auch Raum für meine Tränen, die jetzt fließen, Raum für meine Trauer, die mich nun schüttelt und zu ersticken droht, wenn ich sie nicht zeigen kann. Ich möchte gehalten, gestreichelt, beruhigt, getröstet, besänftigt werden. Ich möchte gesehen werden als das kleine Mädchen, als das ich im Moment weine, das Angst hat, sich bedroht fühlt, Angst hat, die Kontrolle über die Situation, über ihre Gefühle zu verlieren. Ich möchte aber auch gesehen werden als die Frau, die als Kind sexuell missbraucht worden ist, mit meinem Stolz und einer unglaublichen Freude darüber, so hart um mein Überleben gekämpft zu haben und so weit gekommen zu sein, wie ich es mir vor wenigen Jahren nie hätte träumen lassen. Ich kann meine Sexualität so lustvoll gestalten und so viel Lust erleben, wie ich es in keinem Roman gelesen und in keinem Film je gesehen habe.«

Diese beiden Stellungnahmen zeigen deutlich: Die Erotik von Männern ist eine andere als die von Frauen. Eines will ich hier deutlich sagen, es betrifft das ganze Buch und ganz besonders die Unterschiede, die ich im Folgenden mache: Wenn ich über Mann und Frau spreche, dann ist das nicht für jeden Mann und für jede Frau verbindlich. Es sind Anhaltspunkte, ich versuche, das Typische zu benennen. Ich kann selbstverständlich nicht jedem Einzelfall gerecht werden, aber ich fordere jeden dazu auf, die nachfolgende Aufzählung nicht allzu leichtfertig wegzuwischen mit einem »Betrifft mich nicht«. Gerade im Unbewussten liegt die große Gefahr für Beziehungen.

1. Verstehen

Wer seine Sexualpartnerin nicht versteht, wird kaum je eine erotische Situation erleben. Für mich ist es neurotisch, wenn ein Mann kein Bedürfnis hat, die Frau zu verstehen, aber das ist ein verbreiteter Mangel in dieser Kultur. Die Männer denken, sie wissen schon Bescheid. Auch die Frauen haben zu wenig Motivation und Antrieb, die Männer zu verstehen. Allerdings verstehen die Frauen sich selbst und zum Teil auch die Männer meist besser als umgekehrt.

Um die Partnerin zu verstehen, muss man erst einmal sich selbst verstehen. Der Mann, der auf der Suche ist, sollte damit beginnen, seine Person und seine Entwicklung zu verstehen. Es ist für mich ein neurotisches Verhalten, wenn einer sich ein Leben lang nicht darum bemüht zu verstehen, warum er so und so reagiert, fühlt oder mit Menschen umgeht.

2. Subjekt – Objekt

Das vermeintliche »Bescheid wissen« der Männer ist oft Ausdruck davon, dass Männer die Frau nur als erotisches Objekt sehen, mit dem sie etwas machen, nicht als handelndes Subjekt. Frauen wollen dagegen als Subjekt wahrgenommen und respektiert werden. Die Frau verlangt auch vom Mann, dass er erotisches Subjekt ist: aktiv, konkret, greifbar. Die gegenseitige Wahrnehmung als Subjekt verlangt natürlich, dass jeder so viel Selbstbewusstsein hat, dass er sich als Subjekt vertreten kann.

3. Vorher und nachher?

Den Mann erregt die weibliche Nacktheit, aber natürlich nicht jede nackte Frau, meist erträumt er sich sein Idealbild. Er phantasiert sich nackte Frauenkörper, sexuelle Situationen mit nackten Frauen und häufig eine ständige Abfolge sexueller Handlungen – ohne dabei die Geschichte berücksichtigen zu wollen. Den Mann interessiert nicht die Vorgeschichte, die Entstehung der Begegnung, und auch nicht, was zwischen ihm und dieser Frau nachher passiert.

Die Frau wünscht im Gegensatz dazu eine langsame Entstehung der erotischen Begegnung. Sie kann der puren »Bettgeschichte« nur wenig abgewinnen, braucht Zeit, um in Stimmung zu kommen, und genießt auch die Erinnerung an erotische Begegnungen.

4. Werbung und Entwicklung

Am liebsten wäre es dem Mann, wenn die Werbung um die Frau nicht nötig wäre. Er will einfach eine lüsterne Frau, die da ist, die sich attraktiv macht für ihn, die sich auszieht, die sich dem Mann anbietet und die er nicht groß verführen muss. Frauen wünschen sich eher den »schüchternen« Mann, der »geweckt« wird durch die ihn erotisierende Frau. Oder sie wünschen sich den »väterlichen« Mann, der die Frau beschützt, ihre Ängste beruhigt.

Wenn Männer von einer Frau mit ihrer Werbung zurückgewiesen werden, machen sie meist keinen zweiten Versuch. Das ist ihnen zu anstrengend. Frauen sind geduldiger, investieren mehr Zeit, Ideen und Energie in das Kennenlernen eines Mannes, der sie interessiert.

5. Arbeit oder Verwöhnung

Der Mann will verwöhnt werden, und er will nicht, dass seine Begierde bei der Frau auf irgendwelche Widerstände trifft. Die Frau soll die Bereitschaft und die Lust auf ihn schon mitbringen. Wenn sie erst einmal reden will, verschwindet beim Mann häufig die Lust. Schon das Einstimmen wäre Arbeit.

Er will nicht nur die immer geile Frau; am liebsten ist es ihm, wenn sie ihm auch noch nachläuft, sich um ihn bemüht und ihn verwöhnt. Ungehemmt soll sie sein, deshalb will er sie auch nicht näher kennen lernen, denn da würde er ja vielleicht Hemmungen entwickeln.

Die Frau wünscht sich ihre eigene und die Entwicklung des Mannes. Doch der Mann will nicht sehen, dass zu einer erfüllten Sexualität auch eine persönliche Reifung erforderlich ist, dass eine Beziehung sich nur erotisch entwickelt, wenn sich auch die Personen entwickeln.

6. Das Unbekannte kennen lernen?

Der Mann will die Frau nicht näher kennen lernen und will selbst anonym bleiben. Er versteckt sich, tritt als Typ auf, handelt klischeemäßig. Diese Typen kennen wir alle: der Coole, der Verführer, der Harte, der Softie. Die Frau dagegen will als einzigartig gesehen werden und wünscht sich einen Mann, der als Person unverwechselbar ist.

7. Die Frau ist wie der Mann

Das größte Handicap des Mannes in der Erotik ist: Er stellt sich die Frau so vor, wie er selbst fühlt. Sie muss genauso Lust und Begierde entwickeln wie er. Tiefenpsychologisch gesehen ist das der Mechanismus der Projektion. Um festzustellen, dass die Frau tatsächlich ganz anders fühlt, müsste er hinhören und das ernst nehmen, was die Frau sagt. Der Mann, der die Frau so projektiv betrachtet, verkennt natürlich ihre Bedürfnisse. Die Frau dagegen weiß, dass der Mann anders fühlt, und stellt sich darauf ein. Manchmal übernimmt sie sogar seine Phantasien.

8. Lüsternheit wollen und abwerten

Der Mann will die lüsterne Frau, aber gleichzeitig wertet er sie wegen ihrer Lüsternheit ab und verurteilt sie. Diese paradoxen Gefühle sind dem Mann aber nicht bewusst. Die Frau genießt seine und ihre Lüsternheit und erkennt beide an.

9. Sexualität – Erotik

Der Mann begehrt Sexualität, die Frau Erotik. Der Mann interessiert sich nur für den Koitus und die dafür notwendigen Geschlechtsorgane der Frau, vielleicht noch den Busen, er kennt meist nur Sextechnik. Frauen sind dagegen viel fähiger, kreativer und erfahrener, erotische Stimmungen herzustellen.

Für den Mann ist das »Vorspiel« oft nur eine lästige Station auf dem Weg zum Ziel, er hat kein Verständnis für prägenitale Verzögerungen wie Schaulust, Sich-Zeigen, Küssen, Streicheln, Tätscheln, Lecken, Lutschen. Allerdings finden manche Frauen den Penis hässlich und abstoßend. Oder Erfahrungen von Übergriffen flößten Angst ein.

10. Raub – Werbung

Der Mann will nicht um die Frau als Person werben, sondern er will sie erobern, rauben, besitzen. Die Frau wirbt um den Mann als Person und leidet darunter, dass er es nicht merkt und sich nicht zeigt.

11. Schweigen – Sprechen

Der Mann hat kein Interesse am Gespräch, will der Frau nicht zuhören und fragt deshalb auch nicht: »Was macht dir Lust?«, »Was willst du?«, »Was phantasierst du?«, »Wie erlebst du?« Die Frau jedoch will gefragt werden und erzählen dürfen, sie wünscht sich sein Interesse. Dieser Wunsch entspringt ihrer Lebendigkeit, deshalb fragt sie den Mann vieles und wird oft durch oberflächliche Antworten enttäuscht.

Erotikfeindlich ist auch die Sprache des Mannes. Sein Wortschatz beschränkt sich auf prosaische, wenn nicht abwertende Ausdrücke für die Geschlechtsorgane der Frau. Sie verfügt zwar über die notwendige phantasievolle, poetische Sprache, sie weiß, dass Sprache ein erotisches Elixier ist und will über Erotik und Sexualität sprechen, aber am liebsten ist es dem Mann, wenn er überhaupt nicht sprechen muss. Durch diese Abwehr verharrt er auch in seinen Vorurteilen und Verhaltensweisen. Doch die Frau wünscht sich das intensive Gespräch, das letztlich auch die Voraussetzung für Tabubrüche ist.

12. Angst voreinander

Der Mann hat Angst vor den Wünschen und Forderungen der Frau, auch vor ihrer Hingabe, doch er verdrängt dies. Die Frau hat Angst vor dem Desinteresse, der Coolness, der Härte und Versperrtheit des Mannes. Diese Angst ist ihr immer bewusst.

13. Pausen?
Viele Männer konsumieren die Frau: zu oft, zu schnell, zu gefühllos, zu rastlos. Dabei vergessen, ignorieren, übersehen sie die Erotik der Frau. Die Frau dagegen macht Pausen, verzögert den Fortgang der erotischen Begegnung: Das erzeugt Spannung und Kraft, deshalb bleibt ihr die erotische Attraktivität des Mannes im Bewusstsein.

14. Erotisch wach?
Männer haben oft keinen Zugang zu ihrer Erotik, haben wirkliche Erotik noch nie erlebt, weil sie – meist von der Mutter – erotisch »eingeschläfert« wurden. Sie erwecken sich selbst nicht zum erotischen Leben und lassen sich auch von der Frau nicht erwecken. Sie würde das gerne tun, denn sie vermisst diese Wachheit, die sie von sich selbst im erotischen Akt kennt.

15. Ver-Stimmung
Deshalb wissen Männer auch nicht, wie sie erotische Stimmung herstellen können. Sie hören der Frau zwar zu, doch das Gehörte dringt nicht bis zu den Gefühlen durch, im Gegenteil: Wenn Frauen mit Worten erotische Stimmung erzeugen wollen, ver-stimmt das den Mann eher.

16. Zerstörung
Der Mann zerstört erotische Stimmungen oft durch seine Egozentrik, durch zu schnelles Vorangehen, durch Nicht-Fühlen, was die Frau braucht. Frauen können zwar erotische Stimmungen herstellen, doch sie wissen, dass der Mann sie oft zerstört, und haben Angst vor solcher Zerstörung.

Männer und Frauen werden in dieser Kultur grundsätzlich verschieden erzogen und haben verschiedene Bedürfnisse und Gefühle. Wir müssen damit rechnen, dass wir uns wechselseitig nicht gut verstehen. Doch die Unterschiede im erotischen Empfinden bei Mann und Frau sind nicht angeboren, sie sind durch die Erziehung entstanden und erlernt und somit auch veränderbar. Wer bereit ist, sich und seine Partnerin besser kennen zu lernen, wird mehr Erotik erleben.

Was ist Erotik, was belebt und was verhindert sie?

Phantasie und Einfühlungsvermögen sind nichts anderes als Formen der Liebe.

Hermann Hesse

Die Erotik des Mannes ist ein schwieriges Thema, das bisher in keiner Weise befriedigend behandelt wurde, weder in der Psychologie noch in der Psychoanalyse, weder in der Philosophie noch in der Literatur. Die erste Frage muss lauten: »Was ist überhaupt Erotik?« Zunächst glaubt jeder, das zu wissen, doch viele merken auf Nachfrage, dass sie es doch nicht wissen. Ich weiß es auch nicht genau. Die Antworten, die ich gebe, die dieses Buch gibt, sind vorläufige Antworten.

Lebendige Begegnung
Erotik entsteht bei der Begegnung von Menschen, bei der Begegnung nicht einfach irgendwo, an der Haltestelle, wo man zufällig auf den selben Bus wartet. Erotik entsteht aus einer lebendigen Begegnung.

Innere Bewegung
Eine lebendige Begegnung hat etwas mit innerer Bewegung zu tun. Es sind Gefühle und Gedanken im Spiel, der Wille, dem anderen zu begegnen und ihn zu bewegen.

Entwicklung zu zweit
Diese innere Bewegung verursacht eine gemeinsame Entwicklung, und das bringt Freude hervor: Freude über die gemeinsame Bewegung und Entwicklung. Erotik ist ein Kontakt, der glücklich macht, und dieses Glück kann sehr vielfältig sein.

Leidenschaft
Erotik braucht Leidenschaft. Aber »Leidenschaft« wird oft leichtfertig in einem Sinn gebraucht, wie ich sie nicht verstehe.

Leidenschaft besteht aus zwei Worten: Leiden und Schaffen. Leiden empfindet ein Mensch, wenn es ihm an etwas mangelt. Das kann der Mangel an Geld sein, Mangel an Kontakten, Mangel an Gesprächen. Den Mangel kann er beheben, wenn er zu schaffen beginnt. Schaffen heißt: Kraft aufwenden, nach Neuem streben, sich nicht mit dem Leiden begnügen, Fragen stellen, zweifeln, ob das jetzt alles so sein muss, sich mit dem Problem auseinandersetzen.

Gegen das Leiden schaffen – ohne diese so verstandene Leidenschaft kann Erotik nicht wachsen. Wer sich hinsetzt und wartet, bis der Schaffensdrang zu ihm kommt, wird Leidenschaft wahrscheinlich nie erleben.

Zärtlichkeit
Zur Erotik gehört Zärtlichkeit, Zartheit im Umgang miteinander, in der Sprache, in der Berührung. Der sexuelle Akt ist selten erotisch, weil ihm die Zärtlichkeit fehlt.

Nie gegen den Willen der Frau
Echte Erotik kann nur so organisiert und gestaltet werden, dass nichts gegen den Willen der Frau geschieht. Bei der Sexualität fühlen sich manche Frauen wie Prostituierte: Sie wollen eigentlich nicht mitmachen, fühlen sich elend.

Über alles sprechen
Daraus folgt notwendig, dass bei einer Begegnung zwischen Mann und Frau besprochen werden müsste, was die beiden wollen. Nun soll es Frauen geben, die Gewalt wollen. Aber dann muss der Mann auch entscheiden, ob er das mitmachen will.

Phantasie und Sprache
Der Kern der Erotik ist Sprache. Erotisch ist nicht nur das Gespräch über alles, was geschieht, sondern auch über alle

Aspekte der Phantasie: Gedanken, Bilder, Bedürfnisse, Geständnisse. Erotik ist das ernste Ringen um den Tabu-Bruch, denn nicht jede Phantasie kann in die Tat umgesetzt werden, aber viele doch.

Verantwortung
Bei der Gestaltung körperlicher und seelischer Begegnung ist Verantwortung wichtig. Der Mann sollte auch in der Lage sein, für das gegebenenfalls Unbewusste in der Frau mit die Verantwortung zu übernehmen. Das ist ein sehr hoher Anspruch. Gefragt ist der verstehende, der einfühlsame Mann.

Gefühl
Zur Erotik gehört Gefühl. Gefühle werden in dieser patriarchalen Kultur total abgelehnt, Männer wollen sich nicht mit Gefühlen befassen.

Sehnen
Das Erotischste im Leben wäre, wenn immer wieder ein Sehnen entsteht. »Sehnen« halte ich für einen außerordentlich wichtigen Begriff. Ich wünsche mir ein immer wieder entstehendes und vergehendes Sehnen, unterbrochen von wirklichen, befriedigenden Begegnungen, ein Auf und Ab. Denn wenn ich mich sehne, dann mache ich mich auf den Weg, ich suche, ich wünsche, ich bemühe mich, um mir das, was ich ersehne, zu verschaffen.

Erotik könnte also etwas ganz Besonderes sein, und es könnte sein, dass besondere Menschen andere Menschen zu erotischen Gefühlen stimulieren können. Erotisch könnte sein, wenn man eine Kraft erlebt, wenn man einen vitalen Menschen erlebt, der einen anzieht, weil er interessiert ist, weil er sich in einer Entwicklung befindet, weil er uns anspricht, uns heranzieht in seiner ganzen vitalen Lebensäußerung. Das kann erotisch sein.

Was Erotik verhindert

> *Dass ein vollsinniger, lebenskräftiger Mensch all seine Gaben und Kräfte auf das Geld verdienen richtet oder nur auf den Dienst an einer politischen Partei, das scheint heute jedem nicht nur möglich, sondern auch richtig und normal. Dass er diese Gaben und Kräfte den Frauen und der Liebe zuwenden könnte, das kommt heute niemandem in den Sinn. In keiner wahrhaft modernen Weltanschauung spielt die Liebe eine andere Rolle als die unbedeutende eines nebensächlichen Lustfaktors im Leben, zu dessen Regelung einige hygienische Rezepte genügen.*
>
> *Hermann Hesse*

Schon diese ersten Überlegungen zeigen: Erotik hat nicht unbedingt etwas mit Sexualität zu tun. Natürlich kann eine sexuelle Begegnung erotisch sein, aber das ist in unserer Kultur meist nicht der Fall.

Erotik ist nicht Sexualität

Das Problem ist: Wir Männer suchen überwiegend nach Sexualität, nicht nach Erotik. Sexualität ist für mich nur die körperliche Begegnung zwischen zwei Menschen. Wenn zur Sexualität nicht die Erotik dazukommt, wird es eine banalisierte Begegnung, unter Umständen auch eine brutalisierte.

Flucht vor Erotik

Erotik wird nicht nur oft mit Sexualität verwechselt, Männer fliehen sogar die Erotik, denn hier gibt es viele Unsicherheiten. Hiervon geht eine Gefahr aus, das macht Angst, und um die Angst zu bearbeiten, müssten Männer Kraft aufwenden. Aber sie vermeiden die Angst, vermeiden die intensive Beziehung, die anstrengende Auseinandersetzung. Und verdrängen die Angst mit Sexualität.

Es gibt auch andere Fluchten: in die Arbeit, in eine technisch-logische Welt: Wer den ganzen Tag vor dem Computer sitzt, erspart sich die intensive Auseinandersetzung mit Menschen und erspart sich Gefühle. Die Flucht vor der Erotik, vor der intensiven Auseinandersetzung mit Menschen scheint mir Zeitgeist zu sein. Heutzutage stehen Menschen an jeder Ecke und telefonieren mit dem Handy. Unter einer lebendigen, intensiven Kommunikation verstehe ich mehr als das von vorbei sausenden Autos gestörte Gespräch, bei dem man beinahe nichts versteht. Wie aber kann man einfühlsam sein, wenn die Zwischentöne schon rein akustisch nicht mehr hörbar sind?

Uns Fliehenden kann also durchaus passieren, dass wir der Traumfrau zwar begegnen, sie aber fliehen. Ein richtig lebendiger Mensch verunsichert uns, denn die Frau fordert etwas, sie macht uns Angst, sie verwöhnt uns nicht. Deshalb meiden wir sie. Wenn wir sie aber finden, bei ihr bleiben, mit ihr in Austausch treten, dann kann unser Leben intensiver werden. Wir haben Kontakt, entwickeln Leidenschaft, werden lebendiger – aber nur, wenn der Kontakt nicht zur völligen Distanzlosigkeit führt.

Dauerndes Zusammensein

Es gibt viele Paare, die andauernd zusammen sind. Dieses dauernde Zusammensein ist ein Feind der Erotik. Heirat bedroht die Erotik ebenso wie das Zusammenleben in einer Wohnung. Deshalb lehne ich Heirat und Zusammenwohnen ab. Es ist ein großes Problem, wenn man nicht immer wieder weggehen und ein Sehnen entwickeln kann. Erotik braucht nicht zuletzt Entfernung.

Distanzlosigkeit

Dauerndes Zusammensein schafft Enge, Überhitzung, Distanzlosigkeit, Stagnation und drängt explosiv nach Auseinandergehen. Man macht sich gegenseitig kaputt, es wird langweilig, brutal, Gewalt kommt auf.

Viele Menschen sind so verängstigt oder verwöhnt, dass sie sich nicht entfernen können. Ältere Ehepaare zum Beispiel leben und sind ständig zusammen, und ich möchte das nicht einmal als Symbiose bezeichnen – das wäre ja noch positiv, wenn da eine Lebensgemeinschaft entstünde. Doch viele Ehen stellen ein Gefängnis dar, ein ständiges Zusammenhocken, das durch gar nichts Angenehmes und Interessantes mehr unterbrochen wird. Ein sich räumlich voneinander Entfernen wird als Gefahr betrachtet, doch erst in der Entfernung entsteht die Kraft des Sehnens.

Zur Distanzlosigkeit gehört auch der die Erotik tötende Zwang, miteinander im selben Bett liegen zu müssen. Wenn Frau und Mann in getrennten Betten schlafen, wird gleich interpretiert: Die Beziehung ist kaputt.

Sehn-Sucht

Im Deutschen wird meist nicht von Sehnen gesprochen, sondern von Sehnsucht – doch die »Sehnsucht« wird oft falsch gebraucht. Das Sehnen ist nicht unbedingt suchtmäßig, es kann aber suchtmäßig werden. Es gibt Menschen, die niemals ans Ziel gelangen, die sich immer nur sehnen: »Ich wollte immer schon mal ...« Sie halten sich ein Leben lang mit Sehn-Süchten auf und kommen dem Ziel keinen Zentimeter näher, weil sie nicht schaffen. Sie begeben sich nicht hinein in den Zustand des Sehnens, sondern sie sind süchtig nach dem Zustand des Unbefriedigtseins.

Entfernung

Zeitweise Entfernung fördert das Sehnen, doch die meisten Männer haben das Lebensprinzip, immer entfernt zu sein. Der Mann ist abwesend, ist häufig nicht drin in der Situation, in der Begegnung. Er lässt sich auf Situationen und Menschen nicht richtig ein. Männer müssen lernen, sich zu sehnen, um sich auch nähern zu können und nicht dauernd in der Entfernung zu leben.

Angst

Aus Angst vor Nähe verhindern viele Männer erotische Situationen. Da hat auch die so genannte sexuelle »Aufklärung« nichts verbessert. Es gibt eine Unmenge sexueller Aufklärungsbücher, doch die meisten sind öde und beschränken sich auf rein sexual-technische Aspekte. Verhütungsmittel sind verfügbar, erleichtern aber nicht die Erotik. Auch das Gespräch über Sexualität findet trotz der angeblichen Aufklärung zwischen Mann und Frau nur selten statt, denn vor dem wirklichen Gespräch haben viele Angst.

Ich halte Angst für etwas Positives! Angst ist Bewegung, Angst ist der Hinweis, wo man an sich arbeiten muss, um sich zu entwickeln. Vor allem sensiblere Männer haben Angst, dass die Frau sie verlässt, mit anderen Männern Kontakt hat oder nicht die Therapeutin spielen will. Ein Mann ohne Angst ist nicht sensibel. In den Männergruppen erzählen Männer, dass sie so viele Ängste vor den Ansprüchen der Frauen haben, dass sie alle Ansprüche der Frauen komplett negieren. Die größte Angst haben Männer vor Impotenz. Impotent heißt, dass die Erektion nicht mehr so schön stramm funktioniert wie früher, und damit haben sie Angst vor dem Verlust ihrer Sexualität. Denn die meisten Männer sind nicht erotisch, sondern nur sexuell potent. Grund ist dieser Riesenirrtum, Erotik mit Sexualität und Koitus gleichzusetzen.

PEKOS-Zwang

Die meisten Männer in unserer Kultur finden ihren Penis enorm wichtig; ebenso wichtig ist, dass er erigiert ist, damit es zum Koitus kommt. Dann braucht der Mann seinen Orgasmus, und dann will er nur noch eins: seine Ruhe und schlafen. Penis – Erektion – Koitus – Orgasmus – Schlafen = PEKOS. Ich beobachte bei den Männern einen richtigen PEKOS-Zwang, doch das ist nicht erotisch, das kann völlig maschinell, technisch und entfremdet vollzogen werden, und das wird es auch von vielen Männern.

Schneller Sex

Wenn ein Mann eine Frau kennen lernt, hat er meist das Gefühl: »Ich muss der möglichst bald beweisen, dass ich sexuell potent bin.« Also muss er mit ihr ins Bett. Davor hat er zwar ein bisschen Angst, aber meist ringt er sich dazu durch, es möglichst schnell zu erreichen, anstatt zu warten, bis vielleicht die Frau das Thema anschneidet. Das wäre wahrscheinlich erotischer, als zwanghaft die Bett-Situation herbeizuführen. Durch das Zwanghafte geht das Spielerische verloren, die Leichtigkeit. Es ist keine Leidenschaft vorhanden, die Phantasie wird nicht tätig.

Gewalt
Männer tun sich Gewalt an, wenn sie unbedingt mit einer Frau ins Bett müssen. Sie sind vielleicht psychisch überhaupt nicht engagiert, sie sind nicht verliebt, aber ins Bett, das muss sein, und dabei tun sie nicht nur sich selbst, sondern auch der Frau Gewalt an.

Ich möchte einem Missverständnis vorbeugen: Ich bin nicht gegen Sexualität, nicht gegen Koitus, nicht gegen Orgasmus. Mir ist mein Orgasmus und auch der meiner Partnerin enorm wichtig. Aber ich will weg von einer Fixierung auf den Koitus. Diese Fixierung ist der Feind jeder Erotik, denn da muss immer alles schnell gehen, und danach ist alles vorbei.

Regelmäßig ins Bett
Zwei Menschen tun sich Gewalt an, wenn sie meinen, dass sie regelmäßig miteinander ins Bett gehen müssen: »Jetzt waren wir diese Woche nicht, jetzt muss es aber am Wochenende passieren.« Wenn man zwei oder drei Wochen keinen Koitus hatte, wird es schon heikel, nach einem Monat ist schon beinahe die Beziehung kaputt. Das ist Gewalt gegen sich selbst.

Männer verstecken sich
Männer tun sich Gewalt an, wenn sie sich geistig und seelisch nicht zeigen. Sie verstecken sich, schirmen sich ab, schweigen, funktionieren wie ein Apparat und gehen mit der Frau ins Bett. Es gibt keine interessante, erotische Kommunikation, aber der Sexualakt muss sein.

Der Mann tut sich also vielerlei Gewalt an und hat so keine Chance, seine eigene unverwechselbare Erlebnisweise im Leben zu finden. Er funktioniert wie ein Apparat und wird nie zur Person. Er macht immer alles so, wie »man« es eben in unserer Kultur macht, um »richtig« zu sein. Er fühlt nicht wirklich. Irgendwann kommt es dann zum Samenerguss, den der

Mann für einen Orgasmus hält, weil er nicht weiß, dass ein Orgasmus mehr sein kann als ein bloßer Samenerguss. Er kennt keine erotischen Gefühle.

Gefühlsblockaden

Das vermutlich schlimmste Problem ist, dass Männer nicht die richtigen Gefühle in den richtigen Situationen entwickeln. Sie können nicht die hilfreichen Gefühle entwickeln, die sie zur Bewältigung eines normalen Lebens bräuchten. Auf diesen Aspekt männlicher Psyche, die Gefühlsblockaden, muss man immer wieder aufmerksam machen, sonst kann man nicht verstehen, was mit den Männern eigentlich los ist. Männer wehren sich auch gegen bestimmtes Unrecht nicht, weil sie das Unrecht nicht fühlen.

An dieser Stelle kommen von Männern nicht selten Bemerkungen wie: »Wieso? Da brauche ich doch keine Gefühle dazu. Da geht man eben ins Bett, zieht sich aus, hat eine Erektion, und dann rein in die Frau, und nach einer Zeit ist die Sache vorbei und in Ordnung. Was soll ich dabei noch fühlen?«

Man kann eine Menge dabei fühlen. Etwa Unsicherheit – darüber, was einem wirklich gut tun würde. Unsicherheit, ob man die Frau richtig behandelt. Ob man mit sich selbst gewalttätig umgeht. Davor könnte man richtig Angst entwickeln: »Bin ich jetzt schon wieder gewalttätig? Gegen mich? Gegen die Frau?« Man könnte Gefühle der Zuneigung oder Sympathie entwickeln, oder auch Heiterkeit. Erotik kann eine lustige, humorvolle Sache sein. Man kann miteinander lachen, spielen und zufrieden sein. Man kann die Neuheit der Situation spüren, der neuen Situation nachspüren. Man kann versuchen, das Geheimnis zu entschlüsseln, auch die Frage stellen: Wer ist denn nun eigentlich meine Partnerin?

Solche Gefühle bahnen den Weg zur Erotik, ermöglichen die Erotik überhaupt erst.

Wenn Männer über Sexualität sprechen wollen

»In den Gesprächen über Sexualität habe ich das Gefühl, mich irgendwie herausziehen zu wollen. Mir ist einfach unwohl. Ich kann das schwer begründen, was in mir vorgeht. Ich habe zum Beispiel beobachtet, dass die Gespräche sehr schleppend in Gang kommen, dass wir Schwierigkeiten haben, die richtigen Worte zu finden. Ich merke jedenfalls bei mir enorme Schwierigkeiten und ein gewisses Unwohlsein bei diesen Gesprächen. Ich bin mir dabei sehr unsicher.«

Das Selbstgespräch ist wichtig für die Selbsterkenntnis, aber es ist nichts wert, wenn man nicht auch das Gespräch mit anderen sucht. Wenn Männer sich mit ihrer Erotik und Sexualität auseinandersetzen wollen, sollen sie dies natürlich mit der Partnerin tun. Viel wichtiger ist aber zuerst das Gespräch mit Männern, denn wir können uns dem Gespräch mit Frauen erst stellen, wenn wir Männer als Männer uns unsere Position bewusst gemacht haben. Sonst kommt es zu erheblichen Problemen im Austausch zwischen Mann und Frau.

Eine Frauengruppe, die sich mit dem Thema Sexualität und Erotik auseinandersetzte, wollte nicht nur unter Frauen bleiben und hatte eine Männergruppe zum Gespräch eingeladen. Zur Vorbereitung auf dieses Gespräch haben wir Männer uns zusammengesetzt, und da kamen dann Äußerungen wie: »Ich kann mir vorstellen, bei dieser Gelegenheit auch über Sexualität zu sprechen.« Oder: »Ich bin interessiert an solchen Gesprächen, kann aber noch nicht sagen, ob ich darüber auch öffentlich sprechen kann.« Auch Angst vor dem heiklen Thema Sexualität wurde geäußert: Sie würden zwar gern über Sexualität sprechen, befürchteten aber, dass sie die Stimmung nicht herstellen könnten, um über so intime Dinge wie Erotik in einer größeren Gruppe von Menschen, in der auch Frauen seien, überhaupt zu sprechen.

Diese Ängste drücken auch Abwehr aus. Damit muss man

immer in der Männerarbeit rechnen, schwierig wird es jedoch, wenn diese Abwehr nur versteckt geäußert wird. Eine so genannte larvierte Abwehr ist nur schwer zu erkennen:

»Mittlerweile könnte ich mir vorstellen, dass ich selber im Lauf der Zeit etwas zu meiner Sexualität sage.«

Das war 1991. Bis 1996, 5 Jahre lang, hat dieser Mann auch in der Männergruppe nie über seine Sexualität gesprochen, obwohl er problematische Situationen mit verschiedenen Frauen erlebte. Woher kommt diese übergroße Angst, über Sexualität zu sprechen?

Widerstände gegen das Gespräch über Sexualität gibt es übrigens auch bei den Frauen. Viele haben eine ungeheure Mühe, ihr frauliches Bedürfnis zu formulieren und das Unbewusste zu erforschen. Die Mühen, die Frauen damit haben, sind auf charakteristische Weise andere als bei den Männern, doch darauf will ich in diesem Männerbuch nicht weiter eingehen.

In Gesprächen über Sexualität geht es oft auch um Angst und Gewalt, um Angst vor der Angst, um Angst vor der Gewalt, um Angst vor der Frau. Es gibt nur wenige Männer, die sich prägnant und ehrlich dazu äußern können und die Unsicherheit ausdrücken, die sie zum Beispiel befällt, wenn Frauen über ihre Gewalterlebnisse berichten. Es ist wichtig, sich in die Angst hineinzubegeben und zu fragen: Warum habe ich Angst vor der Frau? Warum wissen Frauen nicht, dass Männer Angst vor ihnen haben?

Viele Männer gehen über ihre Angst hinweg: Sie verdrängen die Angst und tun möglichst so, als hätten sie keine. Ein Mann hatte zum Beispiel vor dem Gespräch Magenschmerzen, registrierte die auch, konnte sich aber nicht erklären, woher sie kamen. Ich habe es im Nachhinein so interpretiert, dass er Angst vor den Frauen hatte und Angst vor der Kritik. Frauen können nämlich sehr gut kritisieren, und die Männer finden dann keine Argumente mehr, sind überfordert von der Kritik der Frauen.

In der Männergruppe wäre es besser, die Angst zu kommunizieren und bewusst in die Angstsituation hineinzugehen: Wir können uns in der Männergruppe stützen, auch wenn einer einen Angstanfall bekommt. Einige Männer in unserer Gruppe sind inzwischen auf längeren Reisen durch ihre Angst hindurchgegangen: Sie sind nicht mehr so angstanfällig, können mit der Angst besser umgehen und können auch anderen Männern in der Gruppe helfen, die Angst vor der Angst haben.

Es kam dann tatsächlich zu einem ersten Treffen zwischen Männern und Frauen. Wir Männer hatten uns entsprechend vorbereitet und waren uns unserer Hemmungen und Beklemmungen bewusst.

Wichtig für ein solches Gespräch ist, dass eine gute Stimmung aufgebaut wird. Unruhe wäre einem solchen Gespräch abträglich. Die Frauen hatten auch bedrückende Stimmungen erlebt, als es um Sexualität ging. Das verständliche Anliegen, sich einem Lust-Thema mit Lustempfinden und einer gewissen Freude zu nähern, ist nicht leicht einzulösen. Zu achten ist auf jeden Fall auf eine gewisse Zartheit in der Stimmung. Ein Mann aus diesem Gespräch zu seiner Stimmungslage:

»Ich habe seit einem Dreivierteljahr eine neue Beziehung mit einer Frau und erlebe sie sehr aktiv in unserer Sexualität. Einerseits finde ich das toll, andererseits kann ich es aber manchmal auch gar nicht zulassen. Mich holt dann immer eine Art Trauer ein, dass ich das so lange entbehrt habe, dass die Frau auf mich zugegangen ist, zum Beispiel. Über Sexualität zu sprechen fällt mir sehr schwer. Ich habe dann einfach auch Ängste. Ich könnte ja jetzt darüber reden, was mir gefällt und dass es mir gefällt. Aber hier im Zusammensein mit Männern und Frauen erlebe ich den Ort auch als schwierig. Dann habe ich aber versucht, mich anders einzustimmen: Es wird bestimmt ganz nett und lustig. Aber ich habe eine Schwere in mir, die ich immer hier in diesem großen Kreis erlebe, eine gewisse Schwere, die sich auf mich herablässt, die viel mit Hemmungen zu tun hat. Ich bin noch stark gehemmt, über Sexualität zu sprechen, und kriege dann einfach Ängste. Wenn ich mich jetzt hinsetzen und über die Beziehung zu meiner Partnerin sprechen würde, dann wäre das vielleicht gar nicht so schwierig, denke ich. Ich bekäme auch gleichzeitig Angst, exhibitionistisch

zu wirken, habe eine ungeheuer große Hemmung, offen über Sexualität zu sprechen. Ich habe ja auch selten gehört, dass Menschen mit ihrer Sexualität zufrieden sind. Und wenn ich zufrieden bin, habe ich die Angst, dass ich falsche Empfindungen habe, dass irgendetwas mit mir und meiner Partnerin tatsächlich nicht stimmt, was ich gar nicht merke.«

Das ist recht kompliziert, was dieser Mann ausdrückt, aber es ist wohl eine realistische Darstellung. Mir gefallen Stellungnahmen von Männern in diesem Stadium der Unsicherheit und Angst, denn das ist der Anfang von Bewegung.

Wenn wir nun beginnen, in Gesprächen mit Frauen unsere männlichen Bedürfnisse zu formulieren, können wir nicht damit rechnen, dass sie unsere Bedürfnisse sofort verstehen oder gar bereit sind, diese auf Anhieb zu erfüllen. Notwendig ist ein langsames, ernsthaftes Bemühen um gegenseitiges Verstehen, auch und gerade wenn es um Erotik und Sexualität geht. Männer und Frauen werden in dieser Kultur grundsätzlich und ganz entschieden anders erzogen und haben verschiedene Bedürfnisse und Gefühle.

Was Frauen wünschen

»Sexualität empfinde ich als Ausdruck großer Nähe und Intimität. Dazu brauche ich viel an Verständigung und Annäherung im Gespräch. Ich wünsche mir Gespräche darüber, was als lustvoll, sinnlich, erotisch, verführend, werbend, überhaupt attraktiv empfunden wird, dabei eine große Lebendigkeit, Sensibilität und auch Erkennen der Einmaligkeit in der sexuellen Begegnung. Ich brauche, um meine Lust leben zu können, das Gefühl einer ganzkörperlichen Sexualität, die von Worten und Gefühlen begleitet ist, viel Raum für meine sexuelle Aktivität und ein Einlassen auf meine Lust. Ich brauche das Gefühl, begehrenswert zu sein, und dass der Partner das ausdrückt, was er an mir begehrenswert findet.«

Aus den Stellungnahmen der Frauen im gemeinsamen Gespräch erscheinen mir die folgenden fünf Punkte als wichtig. Sie sind zum Teil bereits am Anfang des Kapitels angeklungen, als es um Unterschiede zwischen Mann und Frau ging.

1. Frauen wünschen Offenheit für das Gespräch

»Ich möchte gern mit euch Männern ins Gespräch kommen, einen Austausch erleben, von meinen Erfahrungen erzählen. Und ich möchte auch von eurer, der männlichen Empfindungswelt hören. Ich wünsche mir dazu eine weiche, offene Atmosphäre, in der ehrliche Antworten ohne Beschönigungen oder Aussparungen möglich sind. Ich wünsche mir das deshalb, weil ich hoffe zu erfahren, was die wirklichen Bedürfnisse und Ängste auch der Männer sind.«

Diesen Wunsch nach Offenheit haben viele Frauen. Das Problem ist, dass in Gesprächen über Sexualität und Erotik häufig nur Klischees abgehandelt werden, die die wirkliche Situation zwischen Mann und Frau nicht treffen. Auch Zeitschriften, Fernsehen und Romane schildern selten wirkliche Situationen und Probleme.

Frauen wollen Gespräche, Männer wehren Gespräche ab: »Nur Gespräche! Das ist mir zu anstrengend. Ich will schnell zur Sache kommen.« Das sagen manche Männer direkt, und manche Frau macht dann Kompromisse: »Wir können das ja später noch einmal aufgreifen.« Dann wird erst einmal Sexualität erlebt, und sie hofft, dass sie das Gespräch später aufgreifen kann. Im Grunde hat es diese Frau schon aufgegeben, überhaupt verstanden zu werden, in ihren Bedürfnissen und Wünschen ernst genommen zu werden.

2. Frauen wollen in ihrer Einzigartigkeit wahrgenommen werden

»Ich habe herausgefunden, dass ich von meinem Partner brauche, dass er mich als Frau in meiner Einzigartigkeit anziehend und begehrlich findet, dass er mir dies sagt und zeigt. Ich weiß von mir, dass ich mir meines Frauseins, meiner Weiblichkeit häufig nicht sicher bin und dass vieles vom Mann häufiger ge-

sagt werden müsste. Manchmal kommen Hinweise des Mannes bei mir auch nicht an. Dennoch wünsche ich mir einen Partner, der nicht wartet, bis ich mir in der Angelegenheit sicher bin, sondern der mich in meiner Unsicherheit sieht und mir Sicherheit beharrlich vermittelt.«

Diesen Wunsch äußern Frauen immer wieder: in ihrer Einzigartigkeit wahrgenommen zu werden. Das setzt aber bei den Frauen erst einmal eine große persönliche Leistung voraus. Ich glaube nicht, dass jede Frau eine Margret Thatcher ist. Oder dass jede mit körperlicher Einzigartigkeit aufwarten kann wie Claudia Schiffer, Marilyn Monroe oder Madonna. Unter den Stars gibt es viele Frauen, die fühlen sich einzigartig und von allen Männern begehrt. Das muss aber noch nicht heißen, dass sie auch als Person einzigartig sind. Viele Männer sprechen aber gerade auf diese körperlich attraktiven Frauen an und projizieren in sie ihre Vorstellungen vom Sexualakt. Dem Mann ist völlig gleichgültig, mit welcher Frauenpersönlichkeit er diesen Akt vollzieht, ihm geht es um die gesellschaftlich anerkannte Attraktivität. Das ist im Übrigen auch das Ergebnis vieler Umfragen: Die Traumfrau ist blond und willig, ein wenig erwachsenes Frauenbild, an dem Männer die Frauen messen.

Doch Frauen wollen in ihrer individuellen Einzigartigkeit wahrgenommen werden und nicht das Gefühl haben, dass er eigentlich lieber Marilyn Monroe neben sich liegen hätte. Damit der Mann die Frau wirklich wahrnimmt, braucht er sehr viele Kontakte, muss viel Persönliches über sie erfahren. Über Jahre kann er dann die Einzigartigkeit der Frau vielleicht erfassen. Ich denke zudem, dass das umgekehrt nicht anders ist. Es ist auch sehr schwierig, einen Mann in seiner Einzigartigkeit zu erfassen und zu verstehen.

Prinzipiell erfordert Einzigartigkeit eine ungeheure Arbeit an sich, denn wir alle tragen Klischees in uns. Man muss also erstens etwas dafür tun, einzigartig zu sein, und zweitens muss der andere viel Zeit, Kontakte und Gelegenheit zum Austausch haben, um solche Einzigartigkeit wahrnehmen zu können.

3. Frauen wünschen sich Männer, die mit ihren Gefühlen umgehen können

Männer, die mit ihren Gefühlen umgehen können – das ist ein verständlicher Wunsch. Doch er ist nur schwer zu erfüllen, denn dafür müsste der Mann schon eine Riesenarbeit an sich selbst vollzogen haben, um sich zu verstehen. Einer, der sich selbst nicht versteht, wird auch die Frau nicht verstehen, und genau hier liegt das Problem: Bei vielen Männern ist die Bereitschaft nicht vorhanden, sich mit sich selbst zu beschäftigen, um sich selbst zu verstehen. Damit fehlt die Voraussetzung, sich in die Frau einfühlen zu können.

4. Die Frau wünscht, dass der Mann die Stimmung nicht zerstört

Bei diesem Wunsch muss sich doch jeder Mann sofort fragen: Warum fürchtet die Frau, dass der Mann die Stimmung zerstört? Das kann eine Frau nur befürchten, wenn sie es schon öfter erlebt hat. Aber warum zerstört der Mann Gefühlsstimmungen? Als Psychologe frage ich: Was hat der Mann in der Kindheit erlebt, dass er immer wieder »gezwungen« ist, aufkommende Stimmungen von Intimität, Offenheit, Zartheit und Lust zu zerstören? Vor welchen unangenehmen Erfahrungen mit Zärtlichkeit und Nähe in seiner Kindheit will er sich schützen? Was will er erst gar nicht aufkommen lassen?

De facto ist es auch oft so, dass sich der Mann stimmungsmäßig in einer anderen Welt befindet als die Frau, etwa wenn er aus der Berufswelt kommt: Er hatte Stress, reagiert gereizt und macht dann eben die zarte Stimmung kaputt.

Auch viele Fragen, die die Frau ihm stellt, versteht er nicht, oder er missversteht sie. Er weiß nicht, dass die Frau damit Nähe herstellen will – oder er weiß nur allzu gut, dass sie Nähe will, und genau diese Nähe fürchtet er.

5. Die Frau möchte als Subjekt wahrgenommen werden, nicht nur als Sexualobjekt

»Wenn ich mich als Objekt fühle, weil der Mann mich so sieht, habe ich nicht das Gefühl, dass ich persönlich gemeint bin. In

der Sexualität wirkt sich dieses Gefühl besonders störend aus. Zärtlichkeit und körperliche Nähe werden dann so gut wie unmöglich. Nicht ich fühle mich gemeint, meinen Körper, meinen Busen, meine Sinnlichkeit. Ich spüre etwas in der Atmosphäre zwischen uns, was nicht durch uns beide entstanden ist, zum Beispiel durch Fernsehkonsum, Pornokonsum oder so etwas.«

Der Mann ist häufig mit dem Objekt Frau zufrieden, sie aber nicht. Das erschwert natürlich die Situation. Der Mann holt sich seinen Appetit anderswo, lebt in der Vorstellung mit einer anderen Frau, mit dem Bild einer Frau, und das will die Frau nicht. Sie will als Person, eben mit ihrer individuellen Körperlichkeit wahrgenommen werden.

Wenn Männer mit Frauen sprechen

In der konkreten Begegnung zwischen dieser Männer- und Frauengruppe entstand eine gute Gesprächsstimmung, doch die Männer konnten nur charakteristisch auf die Beiträge der Frauen reagieren.

Ganz typisch war zum Beispiel, dass sie die Frauen ungeheuer lobten für ihre Beiträge, ja sie geradezu idealisierten. Eine solche Idealisierung der Frau durch den Mann ist immer schon der erste Schritt zum Nicht-ernst-Nehmen. Denn die Idealisierung weist darauf hin, dass der Mann der Frau vorher vielleicht nicht zugetraut hat, etwas so Imponierendes, Tiefgehendes, Wichtiges von sich zu geben. Anstatt zu idealisieren, wäre vielmehr gefragt, alle Kräfte zusammenzunehmen und mit den Frauen zu streiten. Streiten nicht in gewalttätiger, kämpferischer Weise, aber mit einer intensiven Kraftanstrengung, um den Dingen auf den Grund zu gehen.

Typisch war auch, dass die Männer nicht solidarisch waren. Kaum sind Frauen da, beginnen sie untereinander zu konkurrieren, werben um die Frauen, kommen sich dabei ins Gehege und vergessen ihre freundschaftlichen Beziehungen. Die Männer merken dabei nicht, dass die Frauen in dem Moment gar nicht umworben sein wollen, sondern dass sie ein konstruktives, sachliches Gespräch suchen. Doch die Männer spielen den Gockel und kommen dann auch von ihrer Angst nicht mehr weg. Ein Mann sagte später:

»Das Thema der Konkurrenz scheint mir sehr wichtig. Ich habe letztens beim Besuch der Frauen einen enormen Konkurrenzdruck gespürt. Wenn die Frauen weg sind, ist der nicht so stark. Wir haben in unseren Männergruppen einen kleinen frischen Keimling von Verbundenheitsgefühl untereinander und Solidarität ... Wenn aber die Frauen kommen, dann wird die Stimmung ganz anders. Das hört sich dann auf einmal wieder so spaßig und flapsig an. Dann werden Witze gemacht. Und mich hat das eigentlich traurig gemacht, das habe ich allerdings erst später bemerkt. Die Männergruppe unterliegt sofort dem Vorgang der Vereinzelung. Die Frauen allerdings treten als Gemeinschaft auf.«

Dieses mangelnde Gemeinschaftsgefühl, die Vereinzelung, führt zu Regressionen: Männer entwickeln Kleinheitsgefühle, fallen zurück in die Rolle des kleinen Jungen, machen ihre Späße und wollen dafür belobigt werden. Festgestellt wurde von den Männern auch, dass sich Frauen untereinander mehr Anerkennung geben. Auch Männer bekommen ihre Anerkennung überwiegend von Frauen.

Ein weiteres Handicap der Männer in den Gesprächen mit der Frauengruppe war, dass sie häufig Signale von Schwierigkeiten bei den Frauen nicht wahrnahmen. Das liegt daran, dass Männer und Frauen tatsächlich eine verschiedene Sprache sprechen. Frauen haben oft nicht nur eine andere Wortwahl, sondern auch eine andere Stimmung in ihren Gesprächen.

Das müssen wir Männer lernen, denn in der Schule wird zwar Deutsch und Englisch unterrichtet, aber nicht Mannsprache und Frausprache. Dabei könnte man das in der Schule ganz gut lernen. Senta Trömel-Plötz hat dazu ein interessantes Buch verfasst: »Frauensprache – Sprache der Veränderung«.

Männer nehmen Signale von Frauen, die den Wunsch nach Distanz ausdrücken, oft nicht wahr. Wenn es später dann zum sexuellen Kontakt kommt, wundern sie sich, warum die Begegnung nicht erfreulich und lustvoll ist. Weil Männer nur ihr eigenes sexuelles Interesse sehen, nicht die ablehnenden Signale, gehen sie einen sehr masochistischen Weg, einen Schmerz-Lust-Weg: Sie kommen zwar ans Ziel ihrer sexuellen Wünsche, fühlen sich aber nicht wohl dabei.

Frei nach Alfred Adler kann man also sagen: Männer laufen ihren Ohrfeigen nach. Adler sagte genau: »Neurotiker laufen ihren Ohrfeigen nach« – was jetzt nicht heißen soll, dass alle Männer Neurotiker sind.

Als die Frauen tatsächlich ihre Bedürfnisse geäußert hatten, reagierten die Männer mit Überforderungsgefühlen. Sie merkten, sie konnten kein Gegenüber sein. Doch Männer sollten dem Gespräch gewachsen sein. Aus den Begegnungen zwischen dieser Frauen- und Männergruppe kann man auf die Zweierbeziehung rückschließen. Dort ergeben sich dieselben Situationen und Gefühle, nur werden sie nicht so deutlich analysiert. Auch Paare verstehen ihre Gefühle oft nicht und sollten sich daher hinterher hinsetzen und fragen: Was war da los?

Ein solches ernsthaftes Gespräch über Probleme in der Sexualität und überhaupt über Probleme zwischen zwei Liebespartnern ist mit das Schwierigste, was im Leben zu leisten ist, und es ist lebenslang immer wieder zu führen. Bei diesen schwierigen Gesprächen kommt man nur schrittweise voran und gelangt millimeterweise zum Verständnis. Manchmal ist es sogar unmöglich, einen Konflikt im Gespräch darüber aufzulösen. Meine eigene Art und Weise in den letzten Jahren war, dass ich mich erst einmal trennte und unbedingt allein sein musste. Wenn wir dann nach einer Weile wieder darauf zurückkamen, konnten wir bisweilen auch etwas klären. Aber es ist oft völlig unmöglich, in einer Konfliktsituation am selben Tag oder auch am nächsten eine Beruhigung, eine Versöhnung oder überhaupt irgendetwas zu erreichen. Da scheint mir auch die Flucht erst einmal ein vernünftiger Weg zu sein.

Männer brauchen Männer

Bevor Männer wirklich mit Frauen ins Gespräch kommen können, müssten sie sich also erst einmal an andere Männer wenden. Aber das ist unbequem, sie warten ab, fühlen sich überfordert oder lassen es gar nicht richtig in ihr Bewusstsein dringen, dass sie das Gespräch mit Männern brauchen. Beziehungen unter Männern aber sind notwendig: Damit wir einander verstehen und uns gegenseitig stützen. Damit wir lernen, unsere Gefühle zuzulassen und unsere Gefühle zu äußern. Wir müssen das Gefühl entwickeln, dass wir den Frauen gewachsen sind. Dafür brauchen wir ein Gemeinschaftsgefühl – und auch das kann man aufbauen, lernen und üben.

»Gemeinschaftsgefühl« ist heute ein viel diskreditiertes Wort: Es stammt von Alfred Adler. Ihm wird unterstellt, dass er damit der Naziideologie Vorschub leistete. Ich glaube, dass er da bewusst missverstanden und missgedeutet wird.

Zu einem Gemeinschaftsgefühl, wie ich das Wort verstehe, gehört für uns Männer erst einmal, dass wir uns mit unserer Kindheit auseinandersetzen. Dazu gehört auch die Aufarbeitung der Sexualgeschichte unserer Kindheit. Etwa die Hälfte der Mütter waren eben nicht überwiegend lieb – und heute begegnen wir Frauen mit unerklärlichen Gefühlen von Sehnsucht, Schmerz und Rache. Die Mutter steht uns oft nicht mehr zur Verfügung, und wir reagieren uns an der Frau ab. Das ist ein unbewusster Vorgang – und damit er bewusst wird, müssen wir Kindheitsforschung betreiben. Dabei sollten wir Männer uns gegenseitig unterstützen, denn Frauen haben in der Kindheit ganz andere Dinge erlebt.

Zum Gemeinschaftsgefühl gehören auch freundschaftliche Beziehungen unter Männern, ein erwachseneres Umgehen mit Frauen und ein Verantwortungsgefühl für die Situation. Es genügt nicht, dieses Verantwortungsgefühl zu haben, man muss auch über die Fähigkeit verfügen, die Verantwortung in geeigneter Weise zu übernehmen, man muss es praktizieren, man muss es üben. Der Wunsch allein verändert nichts. Dieses Gemeinschaftsgefühl ist unbedingte Voraussetzung für ein offenes Gespräch unter Männern. Ein Gespräch, welches nicht nur Gedanken, sondern auch Gefühle beinhaltet.

Der Mann hat ein großes Interesse an der Sexualität, aber darüber reden will er nicht. Warum diese Zurückhaltung, die er doch im Beruf auch nicht hat? Ich habe dafür vier Gründe gefunden:

1. Wenig wissen
Die Menschen wissen zu wenig über Sexualität und sind nie richtig aufgeklärt worden. Die Aufklärer waren meist selbst nicht aufgeklärt, haben irgendetwas erzählt, und etwas ist haften geblieben. Viele Menschen leben ihr Leben lang mit diesem Bruchstück-Wissen und denken, sie wüssten alles. Oder sie spüren, dass sie zu wenig wissen, und trauen sich aus Unwissenheit nicht, darüber zu sprechen.

2. Vermeintlich wissen
Viele Menschen meinen, etwas zu wissen, und leben mit fatalen Irrtümern. Vor allem das falsche Männer- und das falsche Frauenbild spielen beim vermeintlichen Wissen eine große Rolle.

3. Verdrängen
Wir sind auch deshalb so wenig an Gesprächen interessiert, weil wir unsere Bedürfnisse verdrängen. Es dauert meiner Erfahrung nach 2 bis 3 Jahre, bis Männer überhaupt an ihre Bedürfnisse herankommen und sich über sie und auch über Probleme äußern können. Vorurteile, Klischees und Angst verdrängen die wirklichen Bedürfnisse. Das Problem in Männergruppen ist, dass die Männer in ihrer Entwicklung nicht gleich weit sind: Wenn ein Mann beginnt, konkret über Sexualität zu sprechen, fragt der nächste: »Warum sprichst du denn so detailliert darüber? Das muss ja nun wirklich nicht sein.« Es ist ihm peinlich, zu intim. Die Männergruppe ist ein geschützter, vertrauter Raum, aber das kann auch zum Problem werden und das Gespräch verhindern. Die Männer kennen sich, man wird sich in der nächsten Woche wieder sehen, deshalb treten Gefühle von Scham, Schuld und Peinlichkeit überhaupt auf.

4. Nicht können

Wir haben in der Regel nicht gelernt, über Sexualität und Erotik zu sprechen. Da könnte die Schule eine Rolle spielen, aber da müssten erst die Lehrer sich selbst aufklären. Und im Elternhaus müssten die Eltern vorleben, dass Sexualität ein Thema ist, über das man spricht.

Wenn nun aber Männer versuchen, das Gespräch über Erotik und Sexualität zu beginnen, haben sie das Sprechen nicht nur nicht gelernt. Sie sind darüber hinaus auch geprägt von dem, was sie bis dahin darüber gehört haben. So ein Gespräch findet ja nicht im luftleeren Raum statt: Alle Gesprächsteilnehmer kommen mit Erwartungen und Prägungen. Hier möchte ich zuerst auf die Beeinflussung durch die Medien eingehen.

Beeinflussung durch die Medien

Journalismus *per definitionem* ist die Übermittlung von Informationen und Meinungen, wohlgemerkt: nicht nur Information, sondern auch Meinung.

Im letzten Jahrhundert, als der Journalismus sich entwickelte, behinderte die Zensur durch die Staatsmacht die freie Meinungsäußerung. Heute sind die »Herrscher« weiter: Sie wissen, dass die freie Meinungsäußerung harmlos ist, weil Journalisten nicht wirklich aufklären wollen. Denn die Medienleute können nur das weitergeben, was in ihnen steckt, und tatsächlich stecken auch sie voller Fehlmeinungen und Irrtümer. Presse, Rundfunk, Fernsehen und neuerdings auch das Internet bilden die vierte Macht im Staat, und ihre Aufgabe ist die politische Meinungs- und Willensbildung. Sie sollen die Menschen beeinflussen, deren Willen, Handlungen und Unterlassungen bestimmen, und diese Aufgabe nehmen sie häufig so wahr, dass sie sehr eng an den politischen Machthabern dran sind. Eine Kontroverse zwischen Staatsmacht und Journalismus besteht heute praktisch nicht mehr.

Im Vordergrund stehen wirtschaftliche Interessen. *Bild* oder

Spiegel schreiben heute so, dass sie gekauft werden. Im Fernsehen zählen nur noch die Quoten, nicht die Qualität einer Sendung. Die Journalisten müssen sich also nach der allgemein verbreiteten Unaufgeklärtheit, Blindheit, Arroganz und Dummheit richten. Fortschritt und Aufklärung sind da nicht drin.

Die journalistischen Gestaltungsmittel sind vielfältig, man arbeitet nicht nur mit Wort und Bild. Es gibt auch psychische Mittel. Die Medien arbeiten viel mit Suggestion. Suggestion ist die Beeinflussung von Menschen in Bezug auf ihr Denken, Fühlen und Wollen. Das hat man früher bewusst eingesetzt, um so genannte Heilungen von so genannten Kranken vorzunehmen. Suggestion gehörte in die psychiatrische Klinik.

Heute bestimmt Suggestion das gesamte politische Leben und die journalistische Tätigkeit. Die Medien wollen den Leser, Hörer und Zuschauer in seinen Gedanken, Gefühlen und Handlungen beeinflussen, aber er soll es nicht merken und meinen, er habe sich sein eigenes Urteil gebildet.

Warum gehe ich so kritisch auf den Journalismus ein? Weil wir tagtäglich Medien konsumieren und weil wir uns bewusst machen müssen, welchen Manipulationen wir ausgesetzt sind.

Ein verbreiteter Vorgang etwa ist die Banalisierung. Sie lenkt vom eigentlich Wesentlichen ab, indem der Artikel oder die Sendung an kindliche Traumata anknüpft. Das ist psychologisch möglich: Da wird zum Beispiel an eine kindliche Phantasie eine Information angeknüpft, wir fühlen uns angesprochen und erkennen nicht mehr, dass das nicht die Realität ist, über die wir eigentlich informiert sein wollen. Oder die Sündenbockjagd: Es wird in den Medien immer gesagt, wer wirklich schuld ist, aber oft nicht direkt, sondern suggestiv, indem der Journalist an verdrängte Feindbilder aus der Kindheit anknüpft: der Jude, der Schwarze. So wird Richtiges als falsch suggeriert und Falsches als richtig. Journalistisch genutzt wird auch die Rationalisierung: Eine vordergründig logisch-sachliche Argumentation verschleiert die eigentlich ursächlichen Gefühle, Irrationalitäten und Gedanken, die oft recht komplex sind.

Sinn machen diese Techniken nur, weil sie im Leser, Hörer

oder Zuschauer tiefere Schichten ansprechen. Dann wird Angst aufgebaut, und wenn die Angst dann da ist, bietet der Journalist die Lösung, die man bereitwillig akzeptiert, weil man wieder raus will aus seiner Angst. Danach haben wir zwar weniger Angst, aber eben auch die falsche Information.

Bei diesen Botschaften geht es nicht immer nur um aktuelle Informationen, sondern um Lebensformen ganz allgemein: »Der moderne Mensch tut dies«, »der Deutsche tut das«. Die gezeigte Lebensform wird als selbstverständlich dargestellt – wer das nicht akzeptiert, ist entweder blöd oder ein Versager oder ein Outlaw oder verrückt. Das Feindbild wird gleich mitgeliefert.

Eine immer wieder bestätigte Lebensform in den Medien ist das herrschende Männer- und Frauenbild. Die Medien bestärken das Patriarchat auf der einen und die Sklavenmoral auf der anderen Seite. Kritisiert wird nicht, niemand soll sich empören.

Was vermitteln nun die Medien konkret? Was wollen die Journalisten, dass wir über Mann und Frau, über Erotik und Sexualität denken? Ich zitiere gerne die *Bild*. Die kann man mit großem Gewinn studieren, wenn man sehen will, wie Lügen und Verdummung lanciert werden und wie Unwahrheiten in die Gefühle der Menschen hinein platziert werden.

1993 stand in *Bild*, dass viele Frauen Pech in der Liebe haben. Das kommt an: »Genau, mein Mann ist auch nicht der Richtige.« Bestandsaufnahme: Die Frauen lernen die falschen Männer kennen, und deswegen gehen sie gewissenlosen Verführern auf den Leim. Erklärung: Männer und Frauen sprechen in Gefühlsdingen verschiedene Sprachen. – Das hört sich fortschrittlich an, das beruhigt. Und es folgt das Problemlösungsangebot: Jeder Mensch sendet unbewusst erotische Signale – auf diese Liebesbotschaften sollten Frauen achten: große Pupillen = bei ihm hat es gefunkt. Der Mann lässt seinen Blick in die Ferne schweifen = sein Interesse an dieser Frau ist riesengroß. Er kratzt sich ständig am Nacken und streicht sanft über seinen Bauch = Liebessignal. Wenn er unbewusst seine Lippen berührt = er hat Angst, dass ihn die Frau zurückweist. Und so weiter. Auf die Rezepte folgen Tipps, wie Frau den Mann »rumkriegt«:

Sie soll den Mann ermutigen, indem sie sich körperlich kleiner macht. Sie soll »aufrichtig« sein, das heißt: Nach dem ersten Kuss soll sie Hüften und Schultern rausschieben. Sie soll Vertrauen signalisieren, indem sie ihren Kopf auf seine Brust legt. Und wenn man sich nach einem Streit versöhnen will, soll man sich tief in die Augen schauen und sich eventuell umarmen.

Vielleicht stimmt ja tatsächlich ein Teil dieser Dinge, aber die Leute lesen das und tragen das in sich, wenn sie jemanden kennen lernen. So etwas wird ja nicht umsonst geschrieben.

Andere Meldungen, die regelmäßig kommen, lauten: »Machos haben wieder Konjunktur.« Oder: »Männer wollen keine arbeitenden Frauen, sondern liebevolle, zärtliche, die zuhören und hübsch sind.« Ich bin davon überzeugt, dass Männer das überwiegend wollen, aber das wird dann in der Presse nicht hinterfragt und ausgelotet, sondern einfach nur zitiert. Oder Männer behaupten: Frauen terrorisieren die Männer, knechten die Männer. Emanzipation ist »Diskriminierungsgeschwätz«, und Problembewusstsein ist »Beziehungsquatsch«. Die Männerbewegung muss sich angeblich wehren gegen die Frauenbewegung. Und Frauenbewegung ist überhaupt ein überflüssiger Luxus oder einfach nur eine Neurose.

Immer wieder werden Frauen in Zeitungen gefragt, ob sie sexuell erfüllt seien oder ob ihr Partner einfühlsam genug sei. In der *TAZ* stand 1995: 76 Prozent der Frauen sind sexuell unzufrieden, sind enttäuscht und haben kein Interesse mehr an diesem Partner, mit dem sie trotzdem zusammen sind und auch zusammen bleiben werden. Das geht durch alle Schichten. Der Grund ist, dass Männer sich nicht genug um die sexuelle Zufriedenheit der Frauen kümmern.

Da steckt ja nun ein Teil Wahrheit drin, aber es geht nicht nur darum, dass die Männer sich um die Frauen kümmern, sondern auch, dass die Frauen ihre Bedürfnisse äußern sollen.

Die Zeitungen sind voll von Meldungen weiblichen Unbefriedigtseins. Es fehlen jedoch die Meldungen männlichen Unbefriedigtseins.

Der *Spiegel* meldete 1996, dass die Männer nur noch halbe Männer sind, weil die Spermien so stark abnehmen. Pro Jahr um 2 Prozent, da kann man sich ausrechnen, wann der Mann keine mehr hat. Der Grund seien vor allem enge Hosen, aber auch Umweltgifte, Zigaretten, Alkohol und Autoabgase. Auf Versagensängste der Männer wird auch hingewiesen, die daraus entstehen, dass sie Angst haben, kein Kind mehr zeugen zu können. Ich weiß nicht, ob das stimmt, jedenfalls ist es wieder nur eine Teilwahrheit. Da gibt es noch ganz andere Ängste.

Aus all diesen Dingen schließe ich, dass es mit der Aufklärung über die wahren Probleme und Lösungen noch nicht weit her ist, dass wir uns vielmehr in einem Rückschritt befinden.

Vorurteile und Verdrängungen

Ich will nun männliche – und auch weibliche – Irrtümer über die Sexualität auflisten, um bewusst zu machen, mit welchen Vorurteilen wir ins Gespräch einsteigen. Oft beherrschen uns diese Vorurteile unbewusst und verstellen deshalb das offene Gespräch. Denn wenn zwei Menschen, die sich ineinander verliebt haben, von zwei völlig verschiedenen Annahmen ausgehen, werden sie nie zu einem richtigen Gespräch kommen und auch nicht zu einer wirklich lustvollen Begegnung. Wir müssen also an unserem Unterbewussten arbeiten, um vom Phantasierten in die Realität zu gelangen.

1. Vorurteil: Der Mann will immer nur das Eine

»Immer nur das Eine« unterstellt, dass der Mann immer nur Sexualität will, die Frau aber nicht. Dahinter versteckt sich auch, dass die Frau aktiv gewünscht wird, es aber nicht ist. Nancy Fridays Buch »Die Sexualität der Frauen« widerlegt das. Viele Männer beklagen, dass die Frauen eine passive Haltung haben. Vielleicht ist das aber so, weil die Frauen glauben, dass der Mann sowieso immer will, dann müssen sie sich ja nicht mehr bemühen. Für den Mann kann das dann dazu führen, dass er sich unter Druck fühlt, immer Lust haben zu müssen.

2. Vorurteil: Frauen müssen zur Sexualität verführt werden
Was heißt eigentlich »ver-führen«? Es bedeutet: vom rechten Weg abführen. Wenn also ein Mann sich aufmacht, eine Frau zu verführen, dann denkt er, er müsste die Frau irgendwohin locken, wo sie gar nicht hin will. Und damit liegt er schon falsch. Es ist Unsinn, nur daran zu denken, mit welchen Tricks er ihren Widerstand brechen kann. Wenn zwischen Mann und Frau vorher ein Gespräch stattfinden würde, würde er merken, dass auch sie Interesse an Sexualität und Zärtlichkeiten hat.

3. Vorurteil: Der Mann muss die Frau erobern
Erobern – wie eine Burg im Krieg? Die Frau verbarrikadiert sich und denkt vielleicht sogar, sie müsse sich zurückziehen und einmauern, und nur der Mann, der alle ihre Widerstände überwindet, ist ein richtiger Mann. Der Mann ist so auf Eroberung programmiert, dass er an der Frau, die ihm offen und interessiert entgegentritt, keinen Gefallen findet und sich immer nur um Frauen bemüht, die sich ihm verweigern. Das Erobern-Vorurteil enthält für manche sogar die Erlaubnis zur Gewalt: Die Frau will erobert werden, Widerstände sind zu brechen – anstatt Widerstände ernst zu nehmen und darüber zu reden.

4. Vorurteil: Der Mann muss die Führung übernehmen
Viele Männer denken: »Ich muss die Führung übernehmen in der Sexualität.« Damit setzen sie sich einerseits unter Druck, andererseits bekommen sie einen Riesenschreck, wenn sie an eine Frau geraten, die die Führung übernimmt, und können sich dann überhaupt nicht mehr auf Sexualität einlassen. Neue Wege und Erlebnisse bleiben ihnen so versagt, sie führen die Frau immer nur auf den gleichen Pfad.

5. Vorurteil: Ich muss alles über Sexualität wissen
Männer meinen oft, so tun zu müssen, als wüssten sie alles über die Sexualität und über die Frau. Sie trauen sich nicht, sich im Kontakt mit der Frau unwissend zu zeigen, und wagen es nicht, Fragen zu stellen. Manche Männer meinen auch, schon alles zu wissen über sich und die Frau, und fragen deshalb nicht.

6. Vorurteil: Ich muss »die Richtige« finden
Männer befinden sich häufig auf der Suche nach der »richtigen« Frau und wissen nicht, dass es die Richtige nicht gibt. Die richtige Frau ist höchstens die, die bereit ist, mit dem Mann zusammen in die Gesprächsarbeit einzusteigen, und die sich zum Beispiel nicht sträubt, wenn er sagt, er ist in einer Männergruppe. Wir wünschen uns sogar, dass die Frau die Männer in der Gruppe auch einmal kennen lernt – aber das macht nicht jede Frau.

7. Vorurteil: Recht auf Sexualität
Männer meinen, ein Recht auf Sexualität zu haben – mindestens zwei Mal pro Woche. Ein solches Anspruchsdenken wurzelt im Besitzdenken des Mannes: Er hat ein Recht auf den Körper der Frau. Er respektiert die Frau nicht und auch nicht seine eigene Stimmung.

8. Vorurteil: Phantasien müssen realisiert werden
Männer denken, dass sie ihre erotischen Phantasien auch in die Tat umsetzen müssen und dürfen. Wenn die Frau nicht mitspielt, ist diese eben unlustig oder gar frigide. Das ist falsch: Man kann alle möglichen Phantasien haben, aber man kann nicht davon ausgehen, dass alle in die Tat umgesetzt werden können, denn in der gemeinsamen Sexualität soll nur das geschehen, was beide wollen. Deshalb muss man über Phantasien reden und dann – vielleicht – einen Weg finden, sie umzusetzen.

9. Vorurteil: Männer brauchen weniger Zärtlichkeit
Das ist ein Vorurteil, das vor allem Frauen haben und das Männer von ihnen lernen: Männer brauchen weniger Zärtlichkeit als Frauen. Das stimmt ganz entschieden nicht. Im Lauf der Jahre haben wir immer wieder festgestellt, dass Männer ein starkes Interesse an Zärtlichkeiten haben.

10. Vorurteil: Zärtlichkeit ist nicht so wichtig
Viele Männer meinen, das eigentlich Wichtige in der Sexualität

sei der Koitus, Zärtlichkeit sei nicht so wichtig. Dieses Vorurteil kommt oft von den Erfahrungen mit der Mutter, in deren Nähe die Jungen unangenehme Dinge erlebt haben. Sie wollen die zärtliche Nähe nicht, weil sie in Ängste und Beklemmungen hineingeraten. Es gelingt ihnen höchstens, den Koitus möglichst schnell zu vollziehen, die körperliche Aktivität lenkt dabei von den feineren, tieferen Gefühlen ab und überdeckt die Angst vor Zärtlichkeit und Nähe.

11. Vorurteil: Der Penis ist das wichtigste Sexualorgan
Der Penis ist das zentrale Sexualorgan, für manche Männer sogar das einzige. Männer wissen dabei nicht, dass Erotik und Erregung auch über andere Organe zu erreichen ist, zum Beispiel über die Haut: von den Lippen über die Brustwarzen bis zu den Fußsohlen.

12. Vorurteil: Erektion = Lust
Wenn ein Mann eine Erektion hat, hat er Lust. Oder umgekehrt: Wenn er keine Erektion hat, hat er keine Lust. Das stimmt genauso wenig wie die Annahme: Wenn eine Frau keine feuchte Vagina hat, hat sie keine Lust. Aber Männer meinen, wenn sie keine Erektion haben, können sie nicht lustvoll und zärtlich sein. Darüber muss man sprechen. Ich bin der Überzeugung, dass eine Erektion für eine lustvolle Sexualität nicht unbedingt notwendig ist. Sie ist auch nicht nötig für einen Orgasmus.

13. Vorurteil: Der Koitus ist die eigentlich richtige Sexualität
Mit diesem Zwang zum Koitus begibt man sich in eine Sackgasse oder fährt ständig auf der selben Einbahnstraße. Gerade die Selbstbefriedigung ist, wie bereits ausgeführt, eine höchst zufrieden stellende Form der Sexualität. Auch für Mann und Frau gibt es unzählige Formen des erotischen und sexuellen Umgangs miteinander, eine Reduktion auf den Koitus führt zwangsweise in die Langeweile.

14. Vorurteil: Kondome stören den Koitus

Dieses Vorurteil ist angesichts der Aidsgefahr geradezu lebensgefährlich. Kondome stören vermeintlich deshalb, weil sie verschämt, versteckt und notgedrungen benutzt werden. Es gibt eine unübersehbare Vielfalt von Kondomen, man muss nur gemeinsam besprechen und ausprobieren, welches beiden gefällt und gut tut.

15. Vorurteil: Ohne Orgasmus keine Erfüllung

Der Zwang zum Orgasmus nimmt der Sexualität das Spielerische, Leichte. Es ist wie die Fahrt auf der Autobahn: Man will nur auf dem kürzesten Weg ans Ziel, für die landschaftlichen Reize hat man keine Zeit und keinen Blick. Der selbst auferlegte Orgasmus-Leistungsdruck verhindert echte Erotik. Dabei kann es höchst spannend und zufrieden stellend sein, den Orgasmus sogar zu vermeiden und auf Entdeckungsreise zu gehen.

16. Vorurteil: Der gleichzeitige Orgasmus

Uralt und weit verbreitet ist das Vorurteil, dass der gleichzeitige Orgasmus der schönste und dass er ein Zeichen für gelungene Sexualität ist. Ich habe das immer als eine enorme Reduzierung der Lust empfunden, wenn er zugleich stattfindet, denn wenn ich einen Orgasmus habe, bekomme ich nicht mehr so gut mit, was die Frau erlebt und fühlt. Und wenn ich mich auf die Frau konzentriere, erlebe ich nicht jede Faser an mir.

17. Vorurteil: Sexualität ist ein organisch (biologisch) bestimmter Trieb

Trieb heißt, ein Verlangen ist einfach da und muss befriedigt werden. Doch die Sexualität ist nicht nur natürlich, sie ist auch kultürlich. Gefühle, Klischees, Vorurteile und der Umgang miteinander bestimmen sie zu mindestens 50 Prozent. Jeder findet Sex auf seine Art schön. Ich spreche auch gern von einem Kunstwerk, das von zwei Menschen kreiert werden muss, wenn sie eine glückliche, lustvolle Sexualität haben wollen. Der

Orgasmus soll auch nicht nur ein körperlicher, sondern ein seelischer Höhepunkt sein.

18. Vorurteil: Die Frau ist sexuell triebhafter als der Mann
Dies Vorurteil gibt es auch umgekehrt: Der Mann sei triebhafter als die Frau. Die Triebhaftigkeit – bei aller soeben erläuterten Problematik des Wortes – hängt ausschließlich von der einzelnen Person ab, nicht vom Geschlecht.

All diese oder auch nur ein Teil von diesen Vorurteilen stecken zum Teil bewusst, zum Teil unbewusst in uns. Mit diesem Ballast steigen wir also ins Gespräch über Erotik und Sexualität ein.

Was Männer sich in der Sexualität wünschen und was sie verschweigen

»Ich möchte mich spüren dürfen und nicht verstellen müssen. Ich will nicht in der Sexualität immer in einem aufgeregten Zustand des Rennens mich befinden, sondern ich will zur Ruhe kommen. Ich will meine Stimmungen wahrnehmen dürfen, auch wenn die Frau dabei ist, auch Trauer, Schmerz und Angst, mich trauen, das zu zeigen, mir das nicht zu verbieten, um dann zum eigentlichen Sexualakt schnell hinzukommen.«

Im Rahmen eines therapeutischen Aufenthalts habe ich Männer aufgefordert aufzuschreiben, was sie sich in der Sexualität wünschen.

Der oben zitierte Mann will auch nicht immer das Bild des guten Liebhabers aufrecht erhalten müssen. Er wünscht sich Genussfähigkeit, möchte lernen, Komplimente anzunehmen. Er wünscht sich, dass er seine Partnerin als Person im Gefühl haben kann und nicht als brave Frau, die in der Sexualität einfach alles mitmacht, damit sie den Mann nicht verliert.

Der zweite Mann wünscht sich viel Zärtlichkeit, Hautkontakt, Streicheln, eine Partnerin, die ihn nicht fragt, was sie tun soll, sondern das selber weiß. Er wünscht sich Entspannung, Lust, Gelassenheit, Lachen und außerdem, keine Angst in der

Sexualität zu haben. Übrigens haben fast alle Männer Angst vor der Kritik der Frau, vor ihrer Zurückweisung.

Der dritte Mann wünscht sich Ruhe, Ausgeruhtsein, Zeit, umworben werden, Lebenslust, Geborgenheit. Er will keine Angst vor Verletzungen haben müssen. Er wünscht sich das kontinuierliche Gespräch. Er will kein abruptes Ende der Sexualität, er will, dass die Frau nach dem Orgasmus nicht aufsteht und weggeht, sondern dass sie noch eine Weile bei ihm bleibt.

Der vierte Mann wünscht sich mehr Mut im Gespräch, überhaupt der Frau gegenüber ein größeres Selbstbewusstsein. Er will lernen, mit sich zufrieden zu sein, weiß, dass er da für Entwicklung sorgen muss, dass er lernen muss, sich zu vertreten. Er will akzeptiert werden als Mensch, will aber auch die Frau richtig sehen, an seinen Projektionen und Übertragungen arbeiten. Er wünscht sich Zärtlichkeit, Weichheit.

Das sind typische Wünsche von Männern, die sie nach einiger Zeit in der Männergruppe oder in Einzelgesprächen aufschreiben können. Was aufgeschrieben wurde, ist natürlich alles richtig. Aber hier hat der Verstand gesprochen, die Spitze des Eisbergs wurde sichtbar. Die eigentlichen Probleme liegen viel tiefer, und die Verdrängungen waren noch massiv wirksam.

Als ich in einer Männergruppe die Frage stellte: »Seid ihr mit eurer Sexualität in der Partnerschaft zufrieden?«, hatten die Männer ungeheure Mühe, deutlich zu sagen, was los war. Sie gaben zwar zu, dass sie sich wünschten, weniger Angst zu haben und darüber reden zu dürfen, dass sie noch nicht befriedigt waren und Wünsche offen hatten. Aber zur Frau sagten sie das nicht. Hier wird klar, wie ängstlich Männer eigentlich gegenüber Frauen sind. Selbst in der Männergruppe trauen sich manche Männer nicht, über ihre Frauen zu sprechen.

Wenn ich frage: »Seid ihr mit eurer Sexualität in der Partnerschaft zufrieden?«, sagt erst einmal keiner etwas, und es ist auffällig, wie viele Männer auf diese Frage hin gähnen. Das ist für mich ein Zeichen, dass sie beim Nachdenken über diese Frage sofort viel Kraft verlieren, dass sie einen enormen Kraftaufwand leisten müssen, um alles Mögliche zurückzudrängen, um nichts zu sagen, um nicht das Risiko einzugehen, dass die Partnerin etwas erfährt.

Hinzu kommt die Konkurrenz. Der Mann möchte seinen »kleinen Schatz« für sich behalten, hat Angst, dass er ihm weggenommen wird, wenn er darüber spricht. Das geben manche Männer auch zu. Andere Männer schieben auch Gründe vor:

»Ich hab mir das überlegt und mich gefragt, was ich eigentlich zu dem Thema beitragen kann. Und da fiel mir nach längerem Nachdenken ein, dass mich das Wort ›Sexualität‹ unglaublich stört. ›Ich habe mit jemandem Sex gehabt‹ – das ist für mich ein Unding. Ich habe auf jemanden Lust. Oder: Ich habe mit jemandem geschlafen. Oder: Ich will mit jemandem schlafen. Aber dieses Wort ›ich habe mit jemandem Sex gehabt‹ – das ist für mich etwas unglaublich Aseptisches und etwas ganz Steriles. Ich habe da sprachlich einen richtigen Widerstand, über dieses Thema ›Sexualität‹ zu reden. Ich habe Lust, darüber, was mir Lust macht und was ich als lustvoll empfinde, zu sprechen. In meiner Partnerschaft ist das Thema ›Sexualität‹ eigentlich ein ganz heißes Thema, hat es auch schon zu Krisen zwischen uns gebracht. Jedenfalls ist es ein pikantes Thema.«

Dieser Mann hat eine Wortphobie vor »Sexualität«. Das ist eine Rationalisierung, denn es geht nicht um dieses Wort, es geht um seine Mühe, über dieses Thema zu sprechen. Das Bedürfnis, etwas zu äußern, scheint da zu sein. Wir müssen also die Abwehr untersuchen, die da erkennbar ist.

Hier die Stellungnahme eines Mannes, der seine Probleme schon relativ offen ausdrücken kann:

»Ich wollte darüber sprechen, warum es uns so schwer fällt, über das Thema ›Sexualität‹ ins Gespräch zu kommen. Mir persönlich geht es zum Beispiel so, dass ich manchmal wochenlang keine Sexualität mit meiner Partnerin erlebe und dass es mir dann immer so geht, dass ich denke: Ach, es ist doch eigentlich in Ordnung. Was soll ich noch darüber reden? Ich habe mich also ein Stück weit eingerichtet, mit diesem Mangelzustand. Ich habe zwar noch keinen Notzustand, aber es fällt mir einfach nicht mehr ein, was ich eigentlich brauche. Ich habe mich damit abgefunden. Im Nachhinein bedaure ich das dann. Denn im-

mer, wenn wir hier in der Männergruppe über Sexualität sprechen, finde ich das sehr anregend. Danach habe ich dann häufiger Sexualität … Und ich merke dann, dass mir eigentlich im Alltag etwas entgeht. Ich bin in meiner Beziehung nicht so hinterher, dass ich diese lebendige Lebensstimmung beibehalten kann. Außerdem verspüre ich eine Schamhaftigkeit bei mir. Wenn das Gespräch in der Männergruppe ansteht, denke ich: Ich kann doch hier nicht schon wieder als Lüstling auftreten. Neulich hat ein anderer Mann erzählt, wie seine Freundin ihm den Schwanz streichelt. Da wurde ich richtig neidisch. Ich habe das auch schon einmal an meine Partnerin herangetragen, bin der Sache dann aber nicht weiter nachgegangen. Ich habe es sozusagen liegen lassen. Ich muss mit ihr wieder darüber sprechen. Ich wünsche mir, dass sie mir in einer bestimmten Weise meinen Schwanz streichelt. Und diesen Wunsch offen auszusprechen, das mobilisiert meine Scham. Ich denke dann rationalisierend: Ach, sei doch etwas geduldiger. Allmählich wird aber der Wunsch stärker, und ich trage ihn an meine Partnerin heran, habe zwar auch Angst davor, dass sie auf meine Wünsche dann nicht eingeht, dass sie sich darauf nicht einlassen kann, aber ihr anderen Männer in der Gruppe spielt auch eine Rolle dabei. Euch gegenüber ist es mir unangenehm, als Lüstling zu gelten, obwohl ich eigentlich gern ein Lustmolch sein möchte. In der Sexualität mit meiner Partnerin habe ich das Gefühl, dass ich mehr gebe, mich mehr um die Stimmung bemühe, als ich zurückbekomme von ihr. Ich habe den Wunsch, noch mehr zu kriegen. Aber meine Partnerin arbeitet sehr viel.«

Worüber Männer dann sprechen

Wenn Männer tatsächlich beginnen, unter Männern über Sexualität zu sprechen, sagen einige, dass es ihnen sehr schwer fällt, einzuschätzen, ob sie in der Sexualität zu kurz kommen und ob es vielleicht ein Problem der Frau ist. Sie zögern sofort, es als Problem der Frau zu bezeichnen, dass es so selten zur Sexualität kommt.

Manche Männer sind neidisch, dass sie »höchstens ein Mal« zum Orgasmus kommen, die Frau aber zwei bis fünf Mal. Sie wünschen sich, dass es auch bei ihnen öfter wäre.

Manche geben zu, dass der Koitus schmerzhaft wird, wenn er zu lange dauert, dass sie dann auch keinen Orgasmus mehr erreichen. Aber sie trauen sich nicht aufzuhören, weil sie von sich selbst fordern, die Frau unbedingt zum Orgasmus zu bringen. Sie erzählen der Frau nicht, dass das lange Durchhalten für sie auch schmerzhaft sein kann. Männer freuen sich zwar, wenn die Frau zum Höhepunkt kommt. Es fällt ihnen aber schwer, die Frau zu fragen: »Wie willst du es?«

Wenn Männer schon länger in der Gruppe sind, finden sie eine solche Orgasmus-Fixierung nicht mehr so gut und beginnen, sich darüber auszutauschen. Männer, die kürzer in der Gruppe sind, stören sich an dieser Offenheit. Nur allmählich entwickeln Männer den Mut, andere Männer zu fragen, wie es ihnen ergeht, was sie erleben.

Gesprochen haben wir in den Männergruppen immer wieder über die Frage: Was wollen wir eigentlich im Orgasmus? Lust oder Entspannung? Das ist nicht so einfach zu beantworten, denn dahinter stehen viele andere Fragen und zuallererst: Was will *ich* eigentlich? Entspannung, Eroberung, Angst-Lust, Abenteuer, Verwöhnung, Innigkeit, Glück, Sinn im Leben, Ausgefülltheit als Entschädigung für Leere im außersexuellen Bereich, als Kompensation für meine Minderwertigkeitsgefühle? Will ich die befriedigte Frau? Welche Gefühle will ich? Welche empfinde ich? Wie kann ich mich hingeben, wie erlebe ich die Hingabe der Frau? Will ich kontrollieren?

Männer machen sich die problematischen Bereiche allmählich bewusst, wissen aber nicht, wie sie sich verhalten (sollen). Empfinde ich einen »Sieg« über die Frau? Ist die Sexualität Belohnung der Frau für gutes Verhalten? Ist die Sexualität gleichberechtigt? Ist die Frau im Bett Person oder nur Objekt?

Entgegen gängigen Klischees wollen viele Männer mehr Zärtlichkeit und mehr Zeit für Zärtlichkeit. Sie sprechen darüber, dass sie zu wenig Zeit haben und dadurch in Unruhe und Eile kommen.

Sie sprechen über die Ritualisierung in der Sexualität und die Langeweile, die sich aus dem immer gleichen Ablauf ergibt. Männer wünschen sich auch das Gespräch mit der Frau und fragen die anderen Männer: Wie sprecht ihr das an?

Sie formulieren bisweilen auch, was sie nicht wollen: Die Frau, die ihnen etwas vorspielt, die nur aus Pflichtgefühl mitmacht, um dann ihre Ruhe zu haben, die nur erobern und siegen will. Männer wollen nicht die Lückenbüßer für eine langweilige Ehe sein. Sie wollen keine Frau, die Sexualität ansteuert, obwohl sie eigentlich Verständnis, Wärme, Sicherheit, Geborgenheit, Zärtlichkeit will. Und sie wollen keine Frau, die wie eine Prostituierte alles schnell erledigen möchte.

Im Lauf meiner jahrelangen Beschäftigung mit dem Thema habe ich festgestellt, dass die Männer Sexualität viel höher bewerten als Frauen. Männer verbinden Sexualität mit dem Selbstwertgefühl. Wenn Sexualität selten stattfindet oder für die Frau nicht befriedigend verläuft, entwickeln Männer enorme Minderwertigkeitsgefühle, obwohl sie sogar sexbesessen sein können.

Manche Männer wollen in der Beziehung zur Frau und in der Sexualität überhaupt alle Wünsche befriedigt haben, die sie im Leben haben. Das geht natürlich nicht, aber wenn Männer sich das nicht bewusst machen, wissen sie nicht, dass ihre Wünsche manchmal unerfüllbar sind.

Die wirklichen Probleme der Männer

»Ich bin unglücklich in der Sexualität. Ich habe immer gedacht, bei diesem Punkt ›Sexualität‹ brauche ich gar keine Hilfe von anderen. Ich bin nicht einmal auf die Idee gekommen, ich hätte Hilfe gebrauchen können oder dass da überhaupt irgendetwas im Argen liegt. Ich wusste nicht einmal, dass es so etwas wie Hilfe unter Männern geben kann. Ich habe unerhört viel Lust. Ich bin oversexed.«

Ich komme zurück auf die vier erwähnten Männer, die ihre Probleme aufgeschrieben hatten, und stelle sie jetzt mit ihren wirklichen Problemen vor. Die tatsächlichen Probleme der Männer sind oberflächlich gesehen Ängste, Hemmungen, Unsicherheit und Schüchternheit. Diese Oberfläche ist immer da, sie ist auch ernst zu nehmen. Doch woher die Ängste kommen, das erfährt man nur durch eine intensive Psychotherapie, in der die Männer allmählich Vertrauen gewinnen und wirklich darüber sprechen.

Der erste Mann wollte sich vor allem spüren dürfen und mitteilen, sich nicht verstellen müssen und die Frau als Person erleben. Er wünschte, in der Gruppe darüber zu sprechen, dass er sich unfähig fühlt, eine Beziehung aufzunehmen und diese dann in Gang zu halten. Er sagt:

»Ich kann nicht aktiv auf Frauen zugehen. Da habe ich eine Bremse, erlebe mich immer als reaktiv. Ich vermute auch bei Frauen erst einmal die Haltung, dass sie von Männern Gewalt erwarten, ziehe mich in meine Einsamkeit zurück. Außerdem ist meine Art zu reden knallhart. Ich kann nicht freundlich und weich werben, sondern bin immer knallhart. … Dass ich jetzt Probleme habe, mir eine Partnerin zu suchen, ist vielleicht wichtig, weil meine Mutter die erste Frau war, mit der ich geschlafen habe.«

Ein solcher Missbrauch ist natürlich eine traumatische Erfahrung. Selbst ich als Therapeut, als der Mann 1984 erstmals davon erzählte, hatte mich mit dem Missbrauch von Frauen gegenüber Männern damals noch nicht befasst und hielt das im Grunde auch für unmöglich. Ich schreibe das hier so offen, weil ich davon ausgehe, dass das vielen Menschen, auch Therapeuten, ebenso geht. Ich als Therapeut habe mich durch Verdrängung geschützt. Wie massiv muss dieser Mann sich im Kontakt mit Frauen schützen? Im Kontakt mit der Frau erlebt er immer wieder Panik, weil er die Angst vor der Mutter wieder erlebt. Er kann einer Frau das alles ja auch nicht gleich erzählen, damit sie seine Reaktionen versteht. Es tut ihm weh, dass er sich verstellen muss, dass er die harte Schale vorzeigen muss, die ihm eigentlich nicht entspricht. Außerdem war seine Mutter sehr gewalttätig: So wurde er eingeschüchtert, vielleicht sogar, damit er nichts erzählt.

Der zweite Mann hatte sich »Zärtlichkeit, Hautkontakt, Streicheln« gewünscht. Nach langer Vorbereitungszeit kam dann der »Durchbruch«, das Gespräch, in dem er über das, was er immer verschwiegen hatte, erzählen konnte: Er litt unter starker Unruhe, unter großem Zärtlichkeitsbedürfnis, aber auch unter masochistischen Anwandlungen, sich Frauen zu unterwerfen. In der Kindheit hatte er Neurodermitis, deswegen hatte er zu wenig Zärtlichkeit von der Mutter bekommen. Vielleicht hatte er auch Neurodermitis, weil er zu wenig Zärtlichkeit bekommen hatte. Die Haut als Organ hat immer etwas mit Gefühlen zu tun. Hautprobleme sind immer Zärtlichkeitsprobleme. Die Haut schreit, weil der Junge sich keine Zärtlichkeit verschaffen kann. Dafür wird er mit immer weniger Zärtlichkeit bestraft, und die Neurodermitis wird schlimmer.

Er hatte sich immer sehr um seine Mutter bemüht, und jetzt bemüht er sich um Frauen. Er lässt sich leicht von ihnen beeinflussen und will ihnen jeden Wunsch erfüllen. Dafür nimmt er sogar Quälereien in Kauf: Eine Frau hat ihm sogar erzählt, wie sie mit einem anderen Mann geschlafen hat. Die Partnerinnen dieses Mannes waren immer wie seine Mutter: viel Härte, wenig Zärtlichkeit. Daher diese schmerzhafte Unruhe in ihm. Dabei hat er immer Angst, dass seine Partnerin ihn verlässt. Als sie einmal von einer Reise zurückkam, fragte er sie: »Hast du Lust auf mich?« Sie verneinte. Da fragte er gleich nach, ob das jetzt für immer sei, und entwickelte Panikgefühle. Mit der Nachfrage lief er seiner seelischen Verletzung förmlich nach. Er sagt:

»Ich habe Angst, ich bastle mir irgendetwas zurecht, suche mir irgendetwas. Ich denke zum Beispiel daran, dass sie jetzt jemand anderen gefunden hat. Ich habe einen immensen Drang, sie zu sehen, fühle mich außerordentlich unruhig, kann mich nicht konzentrieren, werde erst dann ruhig, wenn ich wieder mit ihr zusammen bin.«

Das ist die definierte Frauensucht: Sie befriedigt nur, wenn er mit ihr zusammen ist.

Der dritte Mann hatte sich Ruhe und Angenommensein von der Frau gewünscht. Dieser Mann war von Anfang an in der Gruppe dadurch hervorgetreten, dass er viel Mitgefühl für

Frauen hatte. Er hinterfragte sogar, ob er seine Männerrolle behalten dürfe. Er fragte immer wieder: »Was bewegt Frauen? Wie kann ich dafür sorgen, dass es der Frau gut geht?« Vor Männern hatte er eine Riesenangst, fürchtete, von ihnen belächelt zu werden. Er machte sich immer große Sorgen um seine Mutter: Wenn sie krank war, ging es ihm schlecht.

Dieser Mann hat sich vasektomieren lassen (= Durchtrennung des Samenleiters, Sterilisation des Mannes). Eines Tages erzählte er uns, dass die Frau sich wünschte, dass er länger eine Erektion habe, und er sagte in der Männergruppe: »Vor der Vasektomie habe ich länger durchgehalten.« Wir Männer hatten dann den Verdacht, dass er einen vorzeitigen Samenerguss habe. Diese »Diagnose«, die sich später tatsächlich als falsch herausstellte, hat ihn sehr geschmerzt und geärgert, aber er konnte sich nicht dagegen wehren. Ja, er fragte sich sogar, ob er überhaupt Ärger äußern dürfe. In der Kindheit gab es für ihn ein strenges Streitverbot. Und alles Männliche war ihm von der Mutter als eklig, verfault, stinkend hingestellt worden, deshalb wollte er kein Mann sein. Deshalb hatte er auch so empfindlich auf »vorzeitiger Samenerguss« reagiert, weil das angeblich typisch männlich ist, und männlich wollte er eben nicht sein.

Nach meinem Verständnis ist auch dieser Mann von seiner Mutter missbraucht worden. Zwar nicht direkt sexuell, aber ich nenne das symbiotischen Missbrauch: Die Mutter bindet den Sohn stark an sich und lässt ihn nicht aus dieser Symbiose heraus.

Der vierte Mann hatte sich mehr Mut und Selbstbewusstsein gewünscht, wollte aber auch die Frau richtig sehen und seine Projektionen und Übertragungen abbauen. Dieser Mann kam erst nach langer Zeit an den wirklichen Kern seiner Probleme. Er hatte starke Onaniephantasien und auch masochistische Haltungen gegenüber Frauen, enorme Selbstzweifel. Er erlebte merkwürdigerweise, dass er zunächst in eine Frau verliebt ist und nach einer gewissen Zeit, drei Wochen oder auch ein oder zwei Jahre, überfallsartig das Gefühl hat, mit dieser Frau nicht mehr zusammenbleiben zu können. Er fühlt Panik, merkt, dass seine Freundin an ihm herumnörgelt, dass er in der Beziehung nicht so sein kann, wie er wirklich ist, dass er sich verstellen muss. Er leidet unter diesem plötzlichen Gefühlswandel, fürchtet die Trennung, hat aber in der Männergruppe immer wieder darüber gesprochen, dass er so etwas wie eine vorauseilende Selbstkritik hat, dass sein Gespräch immer mit vernichtender Selbstkritik einhergeht:

»80 Prozent meines Denkens und Fühlens dreht sich um Sexualität. Das bedrückt mich und raubt mir Kraft. Der Hauptteil meiner Sexualität ist aber nicht die reale Praxis, indem ich mit Frauen schlafe oder mit meiner Partnerin schlafe, sondern sie spielt sich überwiegend im Kopf ab, in meiner Phantasie. Die Phantasie kommt häufig. Wenn ich zum Beispiel auf der Straße eine Frau sehe, die ich nicht kenne, oder eine Kollegin, die mich irgendwie anmacht, die ich attraktiv finde, werde ich angeregt, kriege ich Lust, mit der zu schlafen. Ich sehe diese Frau, sehe, dass sie mir gefällt. Meistens geht es um Äußerlichkeiten. Ich bin dann aber lange mit ihr beschäftigt, gehe überhaupt nicht auf sie zu. Aber es kommen Wünsche auf. Ich will etwas von der Frau. Ich stelle mir dann vor, wie sie aussehen könnte. Das bringt mich jeweils in arge Konflikte, zum Beispiel mit meiner jeweiligen Partnerin. Sie reizt mich dann eventuell nicht mehr in der gleichen Weise. Am Anfang war das so, jetzt ist es nicht mehr so da. Ich habe nun Interesse am Körper meiner Partnerin. Das heißt noch nicht, dass, wenn ich auch Interesse an Körpern anderer Frauen habe, ich dann untreu werde, sondern dass ich mich eben in der Phantasie mit dieser Frau befasse. In meiner Beziehung werde ich dann unglücklich, werde auch lustloser unter Umständen, habe keine Lust mehr, mit der Freundin zu schlafen, und stelle mir andere Frauen vor. Meine Phantasie ist in Bewegung. Ich sage mir dann, dass das an meiner Beziehungslosigkeit liegt.«

In jahrelanger Arbeit an der Beziehung haben wir festgestellt, dass er sich seiner damaligen Partnerin gegenüber überhaupt nicht vertreten kann, dass er sich ihr gegenüber absolut masochistisch verhält und dass er die Härte, die diese Frau gelebt hat, überhaupt nicht bemerkt hat.

Gesprächsthemen erotisch erfahrener Männer

Erst wenn Männer zum Kern ihrer Probleme vorgedrungen sind, können sie beginnen, sich zu entwickeln, daran zu arbeiten, und allmählich ihre eingeübten Verhaltensmuster verändern. Das ist kein einfacher Weg. Gespräche mit erfahrenen, entwickelten Männern helfen über Klippen hinweg, geben Hinweise auf Blockaden, Vorurteile und Verhaltensmuster und eröffnen neue Möglichkeiten.

Ich will hier nur kurz zusammenstellen, worüber erotisch erfahrene Männer sprechen. Viele dieser Themen sind in den Beispielen eben angeklungen, auf manche werde ich im Verlauf des Buches intensiver eingehen. Die Themenliste soll auch Anregung sein für das Gespräch mit sich selbst und mit Freunden.

1. Ängste, Hemmungen, Unsicherheit und Schüchternheit
Woher kommen sie? Wovor in unserer Lebensgeschichte haben wir Angst? Was wollen wir nicht anrühren? Was verunsichert uns?

2. Beschämungen und Demütigungen
Beschämen und demütigen wir andere? Was beschämt uns? Wer demütigt uns? Das Gespräch soll vor allem auch beinhalten, wie wir uns dagegen wehren und uns davor schützen können.

3. Passivität
Der passive Mann entspricht nicht dem Klischee und wird deshalb von vielen Männern nicht erkannt und erst recht nicht thematisiert. Aber nur wer aktiv Verantwortung übernimmt, wird zu einer erotisch-lebendigen Beziehung finden.

4. Hautkontakt und Streicheln
Das Bild vom »harten Kerl« verstellt vielen Männern den Zugang zu ihren weichen Seiten. Männer sollten sich über ihre Bedürfnisse nach Zärtlichkeit und Streicheln austauschen, auch um das Klischee »weiche Frau – harter Mann« aufzubrechen.

5. Sadomasochismus
Masochistische und sadistische Impulse werden von vielen Männern verdrängt oder nur unter großen Schuldgefühlen phantasiert. Das Gespräch unter Männern muss immer wieder zurück in die Kindheit führen: Warum lasse ich mir Quälereien gefallen? Warum quäle ich mich? Warum quäle ich meine Partnerin? Ähnliches gilt für das Thema Lust auf Unterwerfung.

6. Untreue
Was suchen wir im Seitensprung, was die Partnerin nicht bietet? Treiben uns Flucht, Sehn-Sucht oder Abenteuerlust? Männer unter Männern sollten nach den wahren Ursachen fragen: Prahlerei mit Eroberungen ist dabei ebenso wenig angebracht wie quälende Selbstvorwürfe, notwendig ist der fühlende Blick auf sich selbst. Das Gespräch unter Männern ist hier deshalb notwendig, weil ich der Meinung bin, dass man nicht jeden Kontakt mit Dritten der Partnerin erzählen sollte.

7. Partnerinnen nach dem Mutter-Muster
Viele Männer wiederholen mit der Frau die Mutter-Beziehung. Das ändert sich erst, wenn sie sich mit dem kleinen Jungen auseinander setzen, der sie einmal waren.

8. Trennungsangst
Angst vor dem Verlust der Partnerin ist die häufigste und verdrängteste Angst der Männer. Doch wer von der Partnerschaft abhängig ist, wird nie den Mut aufbringen, sich zu einer gleichberechtigten Partnerschaft aufzumachen und auf diesem Weg auch eine (zeitweise) Trennung in Kauf zu nehmen. Männer können sich gegenseitig stärken und die Angst gemeinsam bearbeiten.

9. Trennung
Männer sollten über ihre Trennungserlebnisse sprechen. Trennungen geben Hinweise auf Konflikte, sie ermöglichen die Selbstkritik. Manche Trennung ist notwendig, wenn ein Mann

zu sich selbst finden möchte. Wie geht es mir jetzt? Geht es mir besser? Was fehlt mir? Was habe ich gewonnen?

10. Eifersucht

Ein vollkommen natürliches Gefühl, das mit vielen Tabus belegt ist. Nur das Gespräch bricht Tabus auf und lässt uns entspannter mit unserer Eifersucht umgehen. Tabus und Zwänge lassen die Eifersucht so omnipräsent werden, dass jede leichte, lebendige, frivole, phantasievolle Erotik unmöglich wird. Und sie verleitet uns dazu, die Frau einsperren zu wollen.

11. Phantasien

Männer sollten sich über *alle* sexuellen Phantasien austauschen. Das heißt nicht, dass sie auch realisiert werden müssen, aber wer sich die Phantasien verbietet, verbietet sich den Zugang zu Gefühlen und Erotik.

12. Kontakt mit Männern

Habe ich Kontakt mit Männern? Dies ist eine zentrale Frage, die sich Männer üblicherweise erst einmal nicht stellen, wenn es um ihre Kontakte zu Frauen geht. Aber nur selbstbewusste Männer, die sich in einer Gemeinschaft von Männern geborgen fühlen, können Frauen ein vollwertiger, interessanter Partner sein.

13. Vasektomie

Über die männliche Sterilisation muss zunächst einmal sachlich informiert werden. Der Austausch mit Männern, die Bescheid wissen oder sich selbst vielleicht vasektomieren ließen, macht erst die Entscheidung möglich, ob der Eingriff für den Mann wichtig oder notwendig ist.

14. Vorzeitiger Samenerguss

»Ich komme zu früh, die Frau hat keinen Orgasmus.« Leistungsdruck und Schuldgefühle entstehen aus einer Fixierung auf den Orgasmus. Der Austausch mit erfahrenen Männern eröffnet erotische Alternativen und einen neuen Blick auf das »Problem«.

15. Selbstzweifel
Das Gespräch unter Männern ist nicht nur dazu da, Probleme zu wälzen. Männer sollten sich gegenseitig stärken und männliches Selbstbewusstsein aufbauen.

16. Verliebtheitswahn
Die wahnhafte Verliebtheit ist meist auf ein bis zwei Monate begrenzt. Manche Männer wollen nur diesen Wahn, fallen von einer Verliebtheit in die andere, gehen von einer Frau zur nächsten. Männer können diese »Don Juans« aus solchem Wahn herausholen, ihnen helfen, sich von Frauen fern zu halten oder auch mit einer Frau, die es wert ist, eine Beziehungsarbeit aufzunehmen.

17. Nähe
Wie empfinde ich Nähe? Halte ich Nähe aus? Habe ich zu viel Nähe? Bemühe ich mich um Nähe? Kann ich mich wieder entfernen? Männergespräche geben Mut zur Nähe und zur notwendigen Entfernung.

18. Kritik durch die Partnerin
Männer können mit Kritik ihrer Partnerin schlecht umgehen: Entweder nehmen sie alles an, oder sie wehren alles ab. Das Männergespräch ist der Weg, verständnisvolle Rückmeldungen von außen zu bekommen: Kann meine Partnerin Recht haben? Ist es völlig überzogen, was sie verlangt? Im Männergespräch kann man üben, seine Position zu festigen und sicher zu vertreten.

19. Die Frau wird unattraktiv
Wenn Attraktivität plötzlich verschwindet, stehen meist andere Gefühle dahinter. Im Gespräch mit Männern können sie genauso erforscht werden wie das Problem, ständig Lust (Sexaholic) auf Sex zu haben. Vorhandensein von Lust ebenso wie Lustlosigkeit, das Beschreiben der Anziehungskraft des weiblichen Körpers, das Sprechen über sein Interesse am Körper der Frau – das alles gehört zum Gespräch unter Männern

und hat nichts mit dem zu tun, was am Stammtisch geprahlt wird.

20. Selbstbefriedigung

Fast alle tun es, Schuldgefühle sind nicht angebracht, genießen sollte man es. Und da hilft der Kontakt mit Männern: Wie machst du es? Was fühlst du dabei? Was denkst du dabei?

Bei allen Gesprächen ist wichtig, dass man auch über die »Probleme« lachen kann. Erotik und Sexualität sind Bereiche, die nur mit einer Portion Leichtigkeit und Humor gelingen. Dieses miteinander Lachen im Männerkreis, Fröhlichkeit bis hin zur Albernheit, kann der erste Schritt zu einer befreiteren Sexualität sein.

Pornographie ist Kampf und Gewalt

Ob politisch links oder rechts, alle wollen sich am Frauenkörper delektieren. Pornographie ist nicht Anregung zur Sexualität, sondern Pornographie ist Anstiftung zum Benutzen, zum Demütigen und zum Lächerlich-Machen, zum Quälen und zum Töten von Frauen durch Männer.

Volker Pilgrim

Ich will der Pornographie hier ein eigenes Kapitel widmen, weil vor allem Männer glauben, dass Pornographie etwas mit Erotik zu tun hat. Meiner Meinung nach ist Pornographie das Gegenteil von Erotik. Pornographie ist Gewalt.

Mein erklärtes Ziel ist Gewaltlosigkeit. Ich bin nicht nur im gesellschaftlichen Maßstab gegen Gewalt, zum Beispiel gegen Kriege. Ich will auch im privaten Maßstab etwas gegen Gewalt unternehmen, zum Beispiel dagegen, dass Männer Frauen und Kinder gewalttätig behandeln, sie schlagen, ihnen Angst machen oder nicht mit ihnen reden. Gewaltlosigkeit, Humanität und Anständigkeit sind meine Ziele als Psychotherapeut und Männerforscher. Anständigkeit und Anstand sind zwei altmodische Worte geworden. Ich benutze die Begriffe bewusst, weil ich es für wichtig halte, sich in Beziehungen anständig zu benehmen.

Was ist Pornographie?

Das Problem in der Porno-Debatte beginnt bei der Definition. Wer sich nicht die Mühe macht, Pornographie zu definieren, leistet einer Verschleierung und Diffusität Vorschub, die im besten Fall unbewusst ist. Man kann aber auch unterstellen, dass die Verschleierung Taktik ist, um nicht weiterdenken zu müssen.

Ein generelles Problem der Porno-Debatte ist, dass es nur um Porno-Verbot oder Porno-Begeisterung geht, nicht aber um Alternativen. Wir müssten uns eigentlich dafür interessieren, welche zärtlichen und sexuellen Bedürfnisse Kinder haben und wie sie erzogen werden können, damit der Porno-Konsum nicht nötig wird. Diese meiner Meinung nach entscheidende Frage wird überhaupt nicht diskutiert.

Matthias Frings, der im Fernsehen die Sendung »Liebe Sünde« moderierte, gesteht: »Das Definitionsproblem des Begriffes ›Pornographie‹ ist bekannt und nicht gelöst ... Ich glaube, dass es nicht lösbar ist ... Wer will Pornographie von Kunst trennen?« Diese Aussage ist für einen Mann, der sich angeblich mit dem Thema befasst hat, ein Armutszeugnis. Er schreibt: »Es kann nicht darum gehen, die Darstellung von sexuellen Inhalten zu verhindern.« Da stimme ich ihm zu. Sexualität ist ein wichtiger Teil unserer Existenz. Frings meint, dass man Sexualität ohne Verantwortung praktizieren können muss, und hier widerspreche ich heftig: Sexualität ohne Verantwortung ist etwas Furchtbares. Gerade in der Sexualität müssen wir Verantwortung übernehmen.

Ein Mann aus der Männergruppe erzählte, seine Freundin wolle keine Präservative und sie beanspruche freie Sexualität für sich, wolle ihm nicht treu sein. Das ist Sexualität ohne Verantwortung: Beide haben keinen Aids-Test gemacht, riskieren also eine Infektion mit Aids und muten sich den Tod zu.

Frings tritt ein »für das Recht eines jeden, anzuschauen, was er will«. Wenn also im Film ein Mann eine Frau quält, und ein Mann schaut begeistert zu, dann will Frings das Recht durchsetzen, dass er das darf. Ich weiß, ich kann das nicht verhindern. Die Porno-Industrie ist enorm stark. Aber ich frage nach der Erziehung: Was ist mit dem Mann in der Kindheit geschehen, dass er mit Lust und Befriedigung zuschaut, wenn eine Frau von einem Mann gequält wird? Das ist nicht natürlich, das ist von der Kultur anerzogen worden.

Ganz anders äußert sich der Autor Volker Pilgrim zur Pornographie: »Ich kenne den Unterschied zwischen Kunst und Pornographie. Rembrandt, Rubens, Raffael, Tizian, Tintoretto, Watteau, die etwa zeigen Mann und Frau in sexueller Brunst. Leda mit dem Schwan, Europa mit dem Stier, Frauen im Wollen, in Vorbereitung, in der Bewegung, im Rausch. Daran habe ich meine Freude gefunden.« Zur Pornographie sagt Pilgrim: »Die Frau wird als wollendes Subjekt in der Pornographie gänzlich ausgeschaltet. Sie ist nicht einmal mehr erkennbar als Wesen, das sich aus eigenem Willen als Objekt darstellt.« In der Pornographie wird die Frau also erkennbar als dem Willen des Mannes unterworfen dargestellt, als willenloses Objekt. Nach Pilgrim ist sie nicht einmal mehr Gegenstand der Lust, sondern nur noch Gegenstand der Demütigung, der Qual und des Sterbens unter Folter. Für ihn ist Pornographie »Hexenverfolgung per Celluloid. Pornographie ist die Theorie, Vergewaltigung die Praxis.«

Nicht die nackte Darstellung einer Frau ist Pornographie, nicht die Darstellung eines Sexualaktes ist Pornographie. In der Pornographie werden die Frauen benutzt, voyeuristisch ausgeforscht, erniedrigt und gequält. Frauen werden als gefährliche Wesen dargestellt.

Nach drei Männern will ich nun Andrea Dworkin zitieren aus ihrem Buch »Pornographie – Männer beherrschen Frauen«. Das ist mir deshalb wichtig, weil Männer im Allgemeinen bei diesem Thema nicht leiden. Dworkin schreibt anders, sie spricht auch über Gefühle: »Beim Schreiben dieses Buches habe ich die extremste Isolation erfahren, die ich je als Autorin kannte. Ich lebte in einer Welt der gefesselten und zerschnittenen Frauenkörper, der Gruppenvergewaltigungen, der Folter von Frauen durch Männer, aber auch lesbische Vergewaltigungen, Herausreißen von Eingeweiden, Exkrementen, Urin.« Das Lesen und Betrachten der Belege, die Andrea Dworkin für ihr Buch brauchte, machte sie körperlich krank, ängstlich, leicht irritierbar. Sie hatte das Gefühl, sich niemandem verständlich machen zu können, wurde von niemandem ernst genommen: »Frauen wussten nicht Bescheid über das Thema, Männer klopften die üblichen Sprüche.« Andrea Dworkin definiert Pornographie als das, was Männer Frauen antun. »Porne« heißt Hure, und »graphos« heißt schreiben, also: über Huren schreiben; mittlerweile sind natürlich optische Darstellungen dazugekommen. Pornographie heißt nicht

– das grenzt Dworkin deutlich ab – über Sexualität schreiben, heißt nicht Darstellung von Erotik, nicht Darstellung sexueller Handlungen, nicht Darstellung nackter Körper, nicht Wiedergabe sexueller Dinge. Ich füge hinzu: Pornographie heißt auch nicht Beschreibung von Zärtlichkeit. Das hat nichts mit Pornographie zu tun.

Pornographie heißt laut Dworkin Darstellung von Frauen als wertlose Huren. Huren sind die niedrigste Art der Prostituierten. Pornographie ist die Darstellung von Gewalt im Zusammenhang mit der Herabsetzung von Frauen. Andrea Dworkin: »Die Tatsache, dass man unter Pornographie die Wiedergabe sexueller Dinge versteht, belegt, wieweit die Bewertung von Frauen als niedrige Huren verbreitet ist und dass weibliche Sexualität als niedrig angesehen wird, dass der wirkliche Spaß bei der Sexualität in der Herabsetzung von Frauen liegt, dass der weibliche Körper, besonders die Genitalien, schmutzig und bedrohlich sind.«

Man muss natürlich auch sehen: Es gibt eine Menge Frauen, die das mitmachen, die an solchen Darstellungen teilnehmen. Die sind mitverantwortlich und mitschuldig, und wir müssen uns fragen: Warum tun Frauen das und übernehmen nicht die Verantwortung für ihre Befreiung und für ihre Menschenwürde?

Die Zeitschrift *EMMA* definiert Pornographie als: »Sexuelle Darstellung von Frauen oder Mädchen, die verharmlosende oder verherrlichende, deutlich erniedrigende Tendenz enthalten.«

Die staatliche Definition findet sich im so genannten Literaturgesetz, dem §184 des Strafgesetzbuches: »Darstellungen in Wort und Bild, die auf Erregung eines sexuellen Reizes beim Betrachter abzielen und dabei die im Einklang mit allgemeiner gesellschaftlicher Wertvorstellung gezogenen Grenzen sexuellen Anstands eindeutig überschreiten.« Diese Definition im Literaturgesetz ist laut Alice Schwarzer eine eindeutig männliche, denn: »Es gibt keine für Frau und Mann gleichermaßen gültige Grenze des sexuellen Anstandes.« Was für Männer meist noch in Ordnung ist, erniedrigt Frauen meistens schon.

Wenn der Gesetzgeber das nicht berücksichtigt, geht er in die Irre.

Ich möchte hinzufügen, dass das nicht nur frauen-, sondern auch in höchstem Maße männerfeindlich ist. Es gibt auch sensible und liebesfähige Männer, die unter solchen Darstellungen leiden.

Irmgard Hülsemann schreibt in ihrem Buch »Mit Lust und Eigensinn«, dass Pornographie Frauen in ihrer Sexualität drosselt. Sie fühlen sich von den Männern gekränkt, fühlen sich mit den Porno-Models verglichen, fürchten, im sexuellen Beisammensein nicht mehr selbst als Person gemeint zu sein: »Pornographie ist die Aufforderung zur männlichen Herrschaft über die Frau, Frauenhass, abwertender Blick, Aufforderung zur Machtausübung und Gewaltanwendung gegen die Frau.«

Zusammenfassend: Pornographie ist vor allem Männersache, es geht hier um Männerphantasien, und Männerphantasien sind häufig Gewaltäußerungen. Pornographie ist keine Kunstform, sondern ein Kommerzgeschehen. Es wird enorm viel Geld dadurch verdient, dass Frauen nicht mehr als Subjekte dargestellt werden, die von sich aus handeln können, sondern als ein Objekt, das erniedrigt wird. Nicht jede Darstellung nackter Körper und sexueller Inhalte ist pornographisch, aber wenn die Frau als erniedrigtes Objekt und Gegenstand von Männerphantasien dargestellt wird, dann ist das Pornographie.

Was ist lustvolle Sexualität?

Wer sich mit der Definition von Pornographie auseinander setzt, muss sich die alternative Frage stellen: Was ist lustvolle Sexualität? Denn die Aufforderung zu Lust, zum Werben um Lust ist keine Pornographie. Pornographie steigert die sexuelle Lust nicht.

Eine Mindestbedingung für die Sexualität zwischen Mann und Frau ist, dass nichts ohne den ausdrücklich geäußerten Willen der Frau geschieht. Alles sollte vorher besprochen werden, und das ist nicht einfach.

Männer halten mir immer wieder entgegen: »Da wird ja alles lustlos, wenn man da vorher drüber spricht.« Sie behaupten, dann werde alles langweilig und unspontan. Diese Gegenargumente beweisen mir nur, dass diese Männer mit Frauen noch nie über Sexualität gesprochen haben. Sonst wüssten sie, dass nichts lustlos wird, nur weil man darüber spricht und sich darüber im Klaren ist, was man gegenseitig will. Wenn man sich intensiv und ernsthaft gegenseitig die sexuellen und zärtlichen Wünsche mitgeteilt und geschildert hat, dann wird auch im spontanen Akt alles wieder spontan sein, angereichert mit dem Wissen, welche Lust die Frau dabei empfindet. Wobei ich nicht meine, dass man das vor jedem Sexualakt wieder durchsprechen muss.

Der nächste Einwand ist: »Und wenn die Frau Gewalt will?« Meiner Meinung nach sind Frauen, die Schläge und andere Gewalt als erotisch und lustvoll erleben, patriarchal und frauenfeindlich infiziert. Meinetwegen soll die Frau das halten, wie sie will. Aber die Frage ist, ob der Mann so etwas mitmacht? Das sollte bei ihm eher Unlust und Ekel auslösen, und er sollte das ablehnen. Meiner Meinung nach sind das ohnehin Männermärchen, dass Frauen Gewalt wollen und gequält werden wollen. Die meisten Frauen wollen das nicht.

Es kann ja auch sein – und das ist die nächste Klippe –, dass die Frau auf die Frage: »Was willst du, was wünschst du dir?« nur Dinge will, von denen sie weiß, dass der Mann sie auch will, weil sie Angst hat, ihn zu verlieren. Sie weiß nicht, dass sie ihre Gefühle nicht kennt, ist sich nicht bewusst, dass sie nicht Nein sagen kann, selbst die Angst, den Mann zu verlieren, ist womöglich unbewusst. Wir Männer müssen uns bewusst machen, dass die Zustimmung der Frau zu irgendwelchen von uns gewünschten Perversitäten noch nicht ausreicht, um zu wissen, was sie wirklich will. Das kompliziert die Sache.

Hier ist der Punkt, wo auch die Frauen mit ihrer Arbeit gegen das Patriarchat beginnen müssten: Sie müssten sich ihrer eigenen verdrängten Wehrhaftigkeit bewusst werden, müssten das Nein-Sagen lernen und lernen, ihre wirklichen Bedürfnisse zu benennen.

Irmgard Hülsemann beschreibt in »Mit Lust und Eigensinn« einiges, was Frauen wollen. Sie wünschen sich einen ruhigen, geduldigen Mann, der viel Zeit für sie hat. »Sie wollen geküsst und gestreichelt werden. Sie wollen richtige Gespräche, auch über Sexualität, nicht immer nur Alltagsgespräche und dann die Forderung nach Sex.« Doch die meisten Männer wollen nicht über Sexualität sprechen, weil sie das dazu notwendige Einfühlungsvermögen und Taktgefühl nicht haben und auch nicht entwickeln wollen. Frauen wollen auch nicht immer das Gleiche im Bett, allerdings wünsche ich mir dann von den Frauen, dass sie den Mut aufbringen und ihren Männern einmal sagen, was sie langweilt.

Lustvolle Sexualität ist nur möglich, wenn wirklich Erotik da ist. Und die Voraussetzung für Erotik ist, dass die Menschen, die miteinander zu tun haben, sich wechselseitig respektieren und achten und nicht verletzen. Wodurch eine Frau sich verletzt fühlt, das ist individuell sehr verschieden. Wer nicht bereit ist, nachzufragen und zuzuhören, übt schon Gewalt aus.

Pornokonsum und Gewalt

Steigert Pornographie die Gewalt gegen die Frau? Ich meine: Ja.

Matthias Frings dagegen sagt, man dürfe durchaus pornographische Phantasien ausleben: »Sexuelle Phantasie ist nicht die Realität.« Er kritisiert an den Anti-Porno-Schriften, dass die Filmszenen so beschrieben werden, als wären sie Wirklichkeit. Er meint, man könne die Filmszenen ruhig genießen, ohne frauenentwertend zu sein. Er behauptet: »Es gibt keine direkte Verbindung zwischen Pornokonsum und Gewalt.«

Aber Pornographie suggeriert, dass dem Mann Gewalt gegen die Frau erlaubt ist. Man weiß mittlerweile, dass Filme und pornographische Darstellungen zur Imitation und Weiterführung geradezu auffordern. Das Anschauen stumpft gegen Gewalt ab, Konsum ist passives Dulden der Gewalt. Sarah Haffner zitiert in ihrem Buch über Gewalt die Antwort eines Mannes auf die Frage, warum er nicht eingeschritten sei, als auf der Straße eine

Frau von einem Mann attackiert wurde: »Ich dachte, es sei seine Frau.« Das ist Abstumpfung gegen Gewalt.

Pilgrim schreibt: »Mit zunehmender Pornographie steigt auch die Gewalt gegen Frauen ... Pornographie entzügelt die männliche Gewalt nicht nur, sie stößt auch auf eine latent vorhandene Bereitschaft der Männer, sich sadistisch gegenüber Frauen zu benehmen. Das Gewaltpotenzial ist in den Männern schon angelegt und bekommt mit Hilfe von Porno-Erzeugnissen einen der ganz vorzüglichsten Wege seiner Freilegung geebnet.« Hier muss man natürlich fragen: Was meint Pilgrim mit »angelegt«? Die Gefahr besteht, dass das so interpretiert wird, als sei Gewaltbereitschaft den Männern angeboren. Ich meine, dass das Gewaltpotenzial der Männer gegen Frauen in der Kindheit entstanden ist, weil meist nur die Mütter die Söhne erziehen und auch missbrauchen. Die Männer rächen sich bei der Frau für das, was sie bei ihrer Mutter erlitten haben. Die Pornographie ist Distanz zur Frau: Lustausübung, ohne der Frau Lust zu gönnen.

Der Mann stumpft nicht nur ab, er wird sogar zu Gewalt stimuliert. Alice Schwarzer zitiert in ihrem Buch »Von Liebe und Hass« aus einem Artikel in der *Zeit*: »Die neuere psychologische Wirkungsforschung beweist eindeutig direkte Zusammenhänge zwischen dem Konsum von Pornographie und der Zunahme sexueller Aggressionen von Männern ... Pornovideos mindern das Unrechtsbewusstsein, lassen das Horrende als normal erscheinen, bauen also Hemmungen ab. Sie verbreiten das Verbrechen.« Das wird als Stimulationstheorie bezeichnet.

Eingebracht in die Diskussion wird dann immer auch die Katharsis-Theorie, etwa dass Fußball-Anschauen Gewalt abbaue. Für Fußball ist längst das Gegenteil bewiesen, denn die Gewalt beginnt immer erst nach dem Spiel.

Als Tiefenpsychologe meine ich, dass die Frage, ob einer kathartisch oder zu Gewalt stimuliert auf Porno-Konsum reagiert, sehr stark von der Persönlichkeit abhängt. Verschiedene Männer reagieren verschieden. Wenn ein Mann in der Kindheit viel Gewalt erlebt hat, ist die Wahrscheinlichkeit, dass er Gewalt an Schwächere weitergibt, erheblich höher, als wenn er wenig Gewalt erlebt hat.

»Männer, die Pornographie konsumieren, leben Distanz zu Männern.« Das ist eine Aussage von Helmut Ziegler, die mir sehr wichtig erscheint. Männer konsumieren Pornos ja nicht offen, gemeinsam und lustvoll, sondern gesenkten Blicks, allein und mit großer Unsicherheit. Sie sprechen nicht darüber, sie wissen nicht voneinander und schämen sich, ihre Gefühle konkret zuzugeben. Pornographie führt laut Ziegler nicht zum Kennenlernen neuer Menschen, sondern in die Isolation – und das ist Gewalt gegen sich selbst.

Haben Männer Angst vor der Sexualität? Meine Antwort vorneweg: Nein, wir haben keine Angst vor der Sexualität. Vor allem Männer haben keine Angst vor der Sexualität. Wenn sie Angst hätten, würden sie nicht zu Prostituierten gehen und Pornos konsumieren.

Aber sie haben Angst vor der Erotik, weil Erotik eine gewisse Nähe und ein In-Beziehung-Setzen voraussetzt, was ja bei der heute überwiegend praktizierten, so genannten Sexualität beinahe gar nicht geschieht. Männer haben Angst vor einem sensiblen Miteinander-Umgehen, vor Nähe, vor Bindung, vor Dauer in der Beziehung.

Erotik ist für mich einfach Lebendigkeit. Ein lebendiger Mensch wirkt schon erotisch, auch wenn er gerade nichts Körperliches oder Sexuelles macht, denkt oder fühlt. Ein erotischer Mensch ist begeisterungsfähig, nicht nur für den anderen Menschen, auch für ein Buch, eine Pflanze, die Natur. Zur Erotik gehört Zärtlichkeit; das ist das Geschehen zwischen zwei Menschen, das Nähe stiftet und Verbindlichkeit erfordert. Sexualität dagegen läuft meist nur technisch ab, und dann wird häufig noch behauptet, dass der Mensch nichts anderes will.

Frings sagt, Pornographie sei ein Kampf gegen Sexualität, und er verwechselt dabei Erotik mit Sexualität. Er meint auch, dass es falsch sei, Angst, Unsicherheit und Zweifel zu wecken. Da bin ich ganz anderer Meinung: Ich halte es für wichtig, dass jemand seine Angst, seine Unsicherheit und seine Selbstzweifel wahrnimmt. Das Problem ist nur: Wie kann man sie wecken?

Denn ich kann mir ja nicht einfach vornehmen: »Ich habe jetzt Angst.« Das haben wir alles sehr gut verdrängt, und ich habe auch keine einfache Antwort darauf, wie man die Menschen zum Selbstzweifeln bringt.

Noch einmal zu Matthias Frings, und er steht da wohl für die Mehrheit in unserer Kultur: Das Hauptproblem ist, dass er Pornographie als sexuelles Thema interpretiert. Pornographie ist aber ein Gewaltthema, und das Problem ist, dass Männer zu wenig Angst davor haben und ihre Angst vor Gewalt verdrängen.

Gewinn beim Pornokonsum

Welche Bedürfnisse befriedigt nun die Pornographie? Volker Pilgrim: »Pornographie ist die Anstiftung zum Benutzen, zum Demütigen von Frauen, zum Lächerlich-Machen, zum Quälen und zum Töten von Frauen.«

Alice Schwarzer meint, die Männer »haben ein Bedürfnis, ihre Verachtung der Frau auszuleben, die Frau zu erniedrigen. Und die Männerphantasien, die in der Pornographie ja Gestalt annehmen sollen, sind Phantasien von Macht über die unterlegene Frau.« Die angebliche »männliche Überlegenheit« ist ein uralter Bestandteil männlicher Weltorientierung. Wer als Mann ehrlich mit sich umgeht, entdeckt das in sich: Körperlich ist man sowieso stärker, man denkt auch, man ist klüger und tüchtiger, geduldiger, ausdauernder, sportlicher. Ich fürchte, das sind alles Irrtümer, entstanden aus der Angst, die Frau könnte uns ebenbürtig sein. In der Pornographie zelebrieren Männer ihre Macht, beim Porno-Konsum haben sie Allmachtsphantasien.

Adler interpretiert den Wunsch nach Macht als ein anerzogenes Motiv: Macht will nur ein Mensch ausüben, der von klein auf stark unterdrückt worden ist. Ein Mensch, der frei aufwächst und mit seiner Person von klein auf geachtet wird, wird kein Bedürfnis nach Macht über andere entwickeln.

Die Frau ist für die meisten Männer in unserer Kultur ein verfügbares Wesen, sie steht zur Verfügung: Ich muss mich nicht um sie bemühen, sie ist da, wenn ich sie brauche, ich kann sie entwerten, sie ist wertloser als ein Mann, ich muss sie nicht ernst nehmen. Dazu gehört auch der Impuls: »Die Frau darf mich nicht bestimmen. Sie darf nicht Recht haben, gegen die muss ich mich durchsetzen, sonst bin ich ein Waschlappen.« Also muss er die Frau beherrschen, und das geht am besten, indem man sie in Armut hält und erniedrigt.

In der Pornographie ist die Frau vollkommen entpersönlicht, entmenschlicht und auf bloße Benutzbarkeit reduziert. Viele Männer haben eine Geliebte: Das Wort müsste man ändern auf »Benutzte«: Wenn er Zeit hat zwischen Arbeit und Familie, kommt er zu ihr, und sie ist dann benutzbar, steht zur Verfügung. Andrea Dworkin beschreibt: »Der wirkliche Spaß bei der sexuellen Betätigung liegt in der Herabsetzung der Frau ... Mutter bedeutet gefickt werden. Vater bedeutet selbst ficken.«

Joachim Parpat hat einmal Pornographie analysiert und dabei verschiedene Motive herausgearbeitet. Als erstes Motiv nennt er die Angst vor der Frau: Im Porno unterdrückt der Mann die Frau, von der er eigentlich abhängig ist und gegen die er sich dauernd abgrenzen will. Im Porno fühlt er sich groß und befreit und wird dann sogar süchtig danach.

Viele Männer befriedigen mit der Pornographie ihre Verwöhnungswünsche. Das bezieht Parpat nicht nur auf sexuelle Verwöhnungswünsche. Männer sind auch im Beruf ständigem Druck ausgesetzt, haben Vorgesetzte und Zielvorgaben und schwierige Kunden. Sie kompensieren dies in der Verwöhnung: Im Porno darf der Mann herrschen, das entlastet vom Druck.

Im Porno werden auch oft Machtbeweise für den Mann inszeniert. Die Frau ist das naive Dummchen, das geil auf den Mann ist, und der Mann spielt den Lehrer: Er der Chef, sie die Sekretärin, er der Handwerker, sie die Hausfrau. Der Mann, der ja im realen Leben häufig in der Rolle des Nicht-Herrschenden ist, identifiziert sich mit dem herrschenden Mann im Porno.

Pornographie befriedigt das Bedürfnis nach Sadismus: In pornographischen Inszenierungen kommt es häufig vor, dass die Frau fremdgeht und dafür bestraft wird. Prinzipiell gilt: Die Frau ist immer schuld, sie ist ein Wesen, das unterworfen werden muss von einem starken Mann. Die Emanzipation war nur ein Irrtum, die Frau muss wieder vernünftig werden und sich vom Mann vergewaltigen lassen.

Gestützt wird die Fiktion, dass die Frau sexuelle Gewalt will, durch die Veröffentlichung von sexuellen Phantasien von Frauen. Aber es wird nicht nachgefragt, woher solche Gewaltphantasien kommen und inwieweit sie in die Realität umgesetzt werden. Pornographie verbreitet das Märchen von der immer geilen Frau, die dauernd Sexualität will. Das ist eine reine Projektion des technisch orientierten Mannes, der überhaupt nicht mehr erotisch sein kann.

Ein weiteres Porno-Motiv: Die untreue Frau kehrt reumütig zu ihrem Mann zurück und muss ihm nun Gunstbeweise abliefern. Oder die lesbische Frau wendet sich schließlich doch dem Mann zu.

In der Realität ist es so, dass sich viele Porno-Darstellerinnen enorm ekeln und nur unter Drogen in der Lage sind, diese Szenen darzustellen.

Pornographie befriedigt also nicht die Bedürfnisse nach sexueller Begegnung und Erotik. Befriedigt wird vielmehr das Bedürfnis der Männer nach Verwöhnung. Er muss sich nicht entwickeln, er muss sich nicht in Frage stellen, er braucht nicht an sich zu arbeiten, er braucht keine Verantwortung zu übernehmen. Er kann den Porno konsumieren und es sich bequem einrichten. Pornokonsum ist vielleicht sogar eine Reaktion auf die Frauenemanzipation, die Intensivierung des Kampfes gegen die Frauen. Ich sehe darin auch deutlich reaktionäre Tendenzen. Rechtsextreme Persönlichkeiten zeigen genau diese Strukturen: gewalttätig und verantwortungslos.

Das Pornobedürfnis ist anerzogen

Wie entsteht dieses Bedürfnis nach Macht und Gewaltausübung? Männer sind nicht von Natur aus Monster, aber sie sind hilflos. Pornographie ist der Ersatz für Gleichberechtigung, Nähe und verantwortungsvollen Austausch mit der Frau, weil die meisten Männer nicht gelernt haben, mit Frauen umzugehen.

Die Gewaltphantasien kommen aus der Kindheit, und deshalb ist es wichtig, sich Gedanken darüber zu machen, was man in der Kindheit erlebt hat. Ich erinnere mich zum Beispiel, dass Mutter und Vater sich bekämpft haben und dass meine Mutter mich geschlagen und gleich hinterher wieder gestreichelt hat. So kam eine Kopplung von Zärtlichkeit und Gewalt zustande. Es lohnt sich für jeden, in seiner Kindheit nachzuforschen, was er da erlebt hat, um zu verstehen, warum er nun gerade diese Praxis, diese Vorliebe oder diese Phantasie entwickelt.

Auch Volker Pilgrim beschreibt das ähnlich: Der Hass auf Frauen, der in der Pornographie seine Ausbildung erfährt, stammt aus der Beziehung des Mannes zu seiner Mutter. Die Mutter ist bei Pilgrim steril, weil entweder keine Sexualität zwischen den Eltern stattfindet, zumindest wird nicht darüber gesprochen, oder sie ist eine Madonna, die auf den Sockel gehoben wird und zu der man auch keine richtige Beziehung mehr entwickeln kann.

Was Pilgrim nicht sagt: Auch der Vater ist sexuell stillgelegt, aber die Mutter-Sohn-Beziehung, die ist nicht stillgelegt. Etwa die Hälfte der Söhne wird von ihren Müttern sexuell ausgebeutet. Das wird von vielen Seiten vehement bestritten und ist auch für die Betroffenen nur schwer zugänglich. Es erfordert meist jahrelange Arbeit, bis die Männer sich das bewusst machen können.

Alice Schwarzer sagt: »In der traditionellen patriarchalen Familie, die heute zwar angeknackst, aber keineswegs in ihren Grundfesten erschüttert ist, üben Männer und Frauen tagtäglich die Achtung und Verachtung, das Geben und Nehmen, das Oben und Unten. Und hier steht das Fundament für die Ungleichheit in der Welt.« Das wird sich erst verändern, wenn der Mann tatsächlich genauso viel Zeit in die Beschäftigung mit den Kindern und die Beziehung zu ihnen investiert wie die Frau.

Immer wieder wird behauptet, die Sexualität sei ein Trieb, ein angeborener, natürlicher Trieb. Aber unser »Trieb« ist kulturell so stark beeinflusst, dass wenig Natur bleibt. Wir praktizieren Kultur, und unsere Kultur ist doch eine Gewaltkultur, eine Kultur der Herrschaft der Männer. Zugleich wird das männliche Kind in der Familie gewalttätig behandelt, angeschwiegen, geschlagen, gedemütigt, verraten, ausgebeutet, im Stich gelassen und überfordert. Die Söhne waren also als Kinder die Opfer und haben gleichzeitig gesehen, wie man es als Großer »richtig« macht.

Ein wichtiger Autor in diesem Zusammenhang ist Arno Gruen. Wir müssen davon ausgehen, dass nicht die so genannten psychisch Kranken die gefährlichen in unserer Kultur sind, gefährlich sind oftmals die normal Erscheinenden. Arno Gruen schreibt in seinem Buch »Wahnsinn der Normalität«: »Mütter übernehmen die Sichtweise der Männer, akzeptieren den Mythos der Macht und verraten sich dadurch selbst. Viel zu viele Frauen glauben an die männliche Überlegenheit, glauben daran, dass der Mann überlegen ist, und verneinen auch zuweilen mütterliche Fürsorge. Es beginnen Frauen, weibliche Werte zu verachten, und machen ihre eigenen Kinder zu Objekten von Missbrauch, aber auch von einer unechten Zuneigung.« Viele Mütter bewundern ihre Söhne, himmeln sie an, stellen sie auf einen Sockel und verpäppeln sie. Das ist der Ursprung männlichen Größenwahns. Die Mutter beabsichtigt damit eigentlich etwas anderes: Sie will im Sohn einen Verbündeten, der sie am Vater rächt. Doch der Sohn will sich nicht mit dem schwachen Weiblichen identifizieren, er ist lieber so stark und frei wie der Vater und behandelt Frauen ebenso wie er.

Die Aufgabe für uns Männer lautet, unsere Kindheit zu erforschen, damit wir verstehen, woher unsere Bedürfnisse nach Allmachtserlebnissen, Macht, Verwöhnung oder Gewalt kommen, die dem Pornokonsum zugrunde liegen. Es gilt die Wurzeln von Ohnmachtsgefühlen verstehen zu lernen.

Gegen Pornographie hilft nur Aufklärung

Verbote, das habe ich bereits erwähnt, erscheinen mir sinnlos. Pornographie kann man sowieso nicht verbieten; solange dieses starke Bedürfnis danach da ist, findet es auch seine Wege.

Die Pornographie ist außerdem ein blühender Geschäftszweig, an dem der Staat enorm viel verdient.

Pilgrim sagt: »Männer sollten einfach darauf verzichten, auf diese grauenhaft ausbeuterischen Anregungspunkte.« Das ist aber leider sehr schwierig für Männer, sie sind ja dazu erzogen worden. Man muss also die Erziehung verändern. Das wiederum heißt: Man muss die Sexualität der Eltern verändern, ihren Umgang damit, man muss den Menschen Erotik beibringen, man muss die patriarchalen Machtverhältnisse verändern. Überhaupt müsste die Macht raus und an ihre Stelle die Gleichberechtigung treten.

Das kann man nicht verordnen, das ist ein langer Prozess, an dessen Anfang die Aufklärung stehen muss. Elmar Kraushaar zitiert einen Mann zum Porno-Konsum: »Vielleicht kriege ich hier schöne Frauen, die dauernd bereit sind, die keinen stehen lassen. Porno ist meine alltägliche Kost, das hat doch mit Sucht nichts zu tun.« Das ist die typische Aussage eines Mannes. Er weiß nicht, was Sucht ist, und schon gar nicht, dass Porno-Konsum auch Suchttendenzen beinhaltet. Der Mann muss zuallererst aufgeklärt werden, was Sucht überhaupt ist.

Kraushaar zitiert einen weiteren Porno-Konsumenten, 31 Jahre alt, Germanistik-Student: »Mir geht es nicht gut dabei, doch passiert es immer wieder. Die Geschichte des jungen Mannes, der nach dem Konsum harter Pornos eine Frau vergewaltigte und dann tötete, ging mir noch lange durch den Kopf. Ich fühlte mich beschissen und hilflos. Ich bin kein Vergewaltiger. Und dann hatte ich Angst, dass mir so etwas auch mal passiert, wie bei Drogen: Du fängst an mit einem neuen Joint und landest bei härteren Sachen. Und dann weißt du nicht mehr, ob du nicht auch einmal ausrastest dabei.«

Eine wichtige Stellungnahme, weil dieser Mann auch ausdrückt, dass er nicht genau weiß, wozu er fähig ist. Helfen, aus dieser Unsicherheit zu entkommen, aus den Schuldgefühlen und Ängsten, kann der Mann sich nur, indem er sich selbst kennen lernt, in intensiver Männerarbeit, in Selbsterforschung zusammen mit anderen Männern.

Solche Männerarbeit ist immer noch die Ausnahme. Männer

müssten Männerkenntnis erwerben. Männerkenntnis ist eine Form von Menschenkenntnis. Wir erwerben sie nur über die Erforschung der eigenen Kindheit. Wir müssen die Macht, die erlittene Machtausübung in der Familie, die Demütigungen aufarbeiten. Das ist Angstarbeit, denn wir müssen in die Angst hineingehen, wenn wir uns mit diesen Themen beschäftigen.

Wichtig in der Männerarbeit ist auch, die Frauensucht zu bearbeiten, nicht mehr abhängig von den weiblichen Stärken zu sein, sondern sich selbst weibliche Werte zu erarbeiten, weibliche Werte für Männer nutzbar zu machen, etwa aus Schwäche Kraft zu ziehen oder aus Unsicherheit Erkenntnisse. Das wäre der Weg, und dieser Weg ist auch beschreitbar. Der Mann hätte mehr Unsicherheit zu ertragen und mehr Angst. Aber er hätte auch einen Gewinn dabei: interessante Begegnungen.

Es gibt tatsächlich Gewinne beim Pornoverzicht. Aber diese Arbeit zu leisten ist schwer. Trotzdem möchte ich Männern gerne sagen: Es ist möglich, daran zu arbeiten. Es ist möglich, mit Frauen bessere, stabilere und menschenwürdigere Beziehungen herzustellen. Es lohnt sich, auf Pornographie zu verzichten.

Alfred Adler sagte über seine Lehre: »Die Individualpsychologie fordert weder die Unterdrückung berechtigter noch unberechtigter Wünsche.« Dieses Zitat halte ich für sehr wichtig. Unterdrückung des Wunsches nach Pornographie ist also nicht Sinn der Sache. Adler weiter: »Aber sie [die Individualpsychologie] lehrt, dass unberechtigte Wünsche als gegen das Gemeinschaftsgefühl verstoßend anerkannt werden müssen und durch ein Plus an sozialem Interesse zum Verschwinden, nicht zur Unterdrückung gebracht werden können.« Dieses »Plus an sozialem Interesse« bedeutet den Weg aus der Pornographie hin zur Gewaltlosigkeit.

Es gibt viele Wege, seinem Leben einen Sinn zu geben. Nur leider sind diese Wege in unserer Kultur nicht sehr verbreitet. Das erfordert von jedem Einzelnen, sich dieser individuellen Lebensaufgabe zu stellen.

Romantik, Psychoanalyse und Sehnsuchtsgefühle der Männer

Ich empfinde die Männerarbeit als meine Lebensaufgabe: zu verstehen, wie der Mann geworden ist. Deshalb möchte ich auf alles zurückgreifen, was überhaupt je zu diesem Problem geschaffen worden ist, und dazu gehört auch einiges aus der Epoche der Romantik. Schon als Kind hatte ich ein Faible für Romantik. Heute ist das noch drängender, da ich der Auffassung bin, dass man zurück in die Romantik muss, um den Mann zu verstehen.

Gefühle und das Bemühen, sich selbst zu verstehen und zu entwickeln –, das sind Motive der Tiefenpsychologie und ebenso der Romantik. Die Epoche der Romantik war nicht lang, etwa von 1800 bis 1850. Bekannte Autoren sind Novalis, Joseph von Eichendorff, Ludwig Tieck, Clemens Brentano.

Die Romantik ist meiner Meinung nach total missverstanden worden. Es ist auch heute in bestimmten Kreisen Mode, so etwas wie Einfühlsamkeit zu belächeln oder gar zu bekämpfen; »romantisch« wird beinahe wie ein Schimpfwort verwendet, auf jeden Fall ist es abwertend, etwas, das man nicht ernst nehmen muss. Warum war die Romantik nur so kurz? Warum wurde sie so stark bekämpft?

Die Romantik war eine Gegenreaktion auf die Aufklärung. Die Aufklärung war sehr sozial und auf Brüderlichkeit ausgerichtet, drohte aber auszuarten in Rationales, in Vernünfteleien. Das haben die Romantiker schmerzlich gespürt. Die Aufklärung wurde zwar als absolut notwendig anerkannt, auch weil sie sich zum ersten Mal nach 1700 Jahren gegen die seelische und geistige Vorherrschaft der Kirche richtete. Aber die Aufklärung hat nicht über Gefühle aufgeklärt.

Die Romantiker nun haben versucht, diesen Mangel auszudrücken, und haben die Gefühle mit ins Spiel gebracht. Dabei kam es auch zu Verlautbarungen, die zu viel Gefühl, Gefühligkeit, bedeutet haben, die von Gefühlsüberschwang angekränkelt waren. Aber es gibt auch Schriften der Romantiker, die das deutliche Bemühen zeigen, sich selbst zu verstehen – doch das gelang ihnen meist nicht. Dazu hätten sie wahrscheinlich die Psychoanalyse gebraucht, aber die stand damals noch nicht zur Verfügung.

Joseph von Eichendorff

In der Romantik hat vor allem Joseph von Eichendorff Wichtiges geschaffen. Er trägt dazu bei, Männer besser zu verstehen. Eichendorff hat vieles erlebt und auch zum Ausdruck gebracht, auf zum Teil sehr berührende Weise, obwohl er vieles nicht verstanden hat, weil er den Zugang zum Unbewussten nicht hatte. Seine Geschichte »Das Marmorbild« enthält typische romantische Elemente:

Florio, ein junger Edelmann, reitet in eine Stadt hinein und trifft dort viele Menschen, unter anderem Bianka, ein Mädchen, das ihm sehr gut gefällt.

Interessant ist hier das positive Frauenbild Eichendorffs: Zierlich ist sie, fast von kindlicher Gestalt, sie ist sittlich, anständig, anmutig, bietet den Männern einen angenehmen Anblick. Das Mädchen bewegt sich frisch und heiter, sie hat schöne, große Augen, sie errötet – vermutlich, weil ihr Florio gefällt. Das ist uns Männern natürlich angenehm, wenn die Frau errötet, denn dann wissen wir, dass wir Eindruck hinterlassen haben.

Als holdselig wird das Mädchen beschrieben, das heißt: dem Manne geneigt, dem Manne günstig gesinnt, dem Manne zugetan, außerdem treu ihm ergeben und ihm dienstbar. Holdselig wird als Wort heute nicht mehr benutzt, der moderne Mann wünscht sich eine starke, gleichberechtigte Frau. Aber ich bin mir nicht sicher, ob das »holdselige« Frauenbild nicht noch in den Köpfen der Männer steckt.

Die junge Frau strahlt eine stille Freude aus, ist lieblich, ermutigend, erquicklich und »niedlich«. Niedlich heißt: angenehm anzusehen, eifrig, wünschenswert, dem Manne wünschenswert. Außerdem ist sie still und schüchtern, auch furchtsam, also in keinster Weise dem Mann gegenüber aggressiv. Sie wirft ihm zwar dunkle, glühende Blicke zu, aber ansonsten ist sie heiter und vergnügt. Florio reagiert träumerisch, still. Sie schaut ihn schelmisch an, senkt schnell wieder das Köpfchen. Als er herzbewegend singt, schaut sie ihn mit schönen, bittenden Augen an und lässt es schließlich geschehen, dass er sie auf die roten, heißen Lippen küsst.

Nachts träumt Florio von seiner jungen Schönen, doch da erscheint ihm im Park die Marmorstatue einer Venus: Überirdisch schön erinnert sie Florio an eine langgesuchte, nun plötzlich erkannte Geliebte und erscheint ihm lebendig. Doch plötzlich verändert sich das Marmorbild, es wird weiß und regungslos, sieht ihn schrecklich aus steinernen Augenhöhlen an. Am Morgen hat Florio das Grauen vergessen und begegnet kurz darauf einer großen Frau, die mit ihrer wunderbaren Schönheit der Marmorstatue gleicht. Sie singt:

»Die schöne Mutter grüßen tausend Lieder,
die, wie der Jung, im Brautkranz süß zu sehen;
der Wald will sprechen, rauschend Ströme gehen,
Najaden tauchen singend auf und nieder.«

Hier taucht das Muttermotiv auf, Florio ist, als hätte er die Dame schon in früherer Jugend irgendwo gesehen.

Florio sieht zwar auch das zierliche Mädchen wieder, doch die große Dame fesselt ihn mit ihrer Schönheit. Sie lädt ihn in ihr Schloss ein, verführt und verwöhnt ihn. Dabei flicht Eichendorff auch Erinnerungen an die Kindheit mit ein – ohne sie deuten zu können. Heute wissen wir, dass die Beziehung zur Mutter die Beziehung zur Frau stark beeinflusst.

Auf einmal verwandelt sich die schöne Frau in ein Horrorbild. Davor bekommt er große Angst und flieht in den Park zur Statue. Eichendorff deutet die grauenvolle Verwandlung als eine ehemalige Göttin, die keine Ruhe gefunden hat und nun ihr teuflisches Verführungs-Blendwerk an jungen, sorglosen Gemütern erprobt, schwankend zwischen wilder Lust und schrecklicher Reue. Nach heftigen Gemütsbewegungen hat die Geschichte ein gutes Ende: Florio findet zu Bianka zurück.

Die naive Deutung, dass da eine Göttin ihr Unwesen treibt, kann uns heute, wo wir Zugang zur Psychoanalyse haben und vom Unbewussten wissen, nicht zufrieden stellen. Meine Vermutung ist, dass Eichendorff hier etwas Schlimmes andeutet, das er in der Kindheit erlebt hat.

Eichendorffs Biograph Paul Stöcklein behauptet, er wäre ein »ländlich-fröhliches Kind« gewesen. Das scheint mir falsch zu sein, denn wer ländlich-fröhlich ist, kann sich nicht so grauenvolle Geschichten ausdenken. Das Werk eines Menschen lässt doch immer Rückschlüsse auf seine Gefühle und seinen Charakter zu. Die meisten schreiben in verschlüsselter Form über das, was sie erlebt haben.

Aus der Biographie erfahren wir nur wenig, aber als Jugendlicher hatte Joseph in der Nacht, wohl aus einem Traum heraus, einen schrecklichen Anfall; das ganze Schloss war in Aufregung, und erst seinem Erzieher gelang es, ihn mit Klaviermusik zu beruhigen. Damals glaubte man, ein Mensch könne von einem auf den anderen Tag irrsinnig werden. Ich glaube, dass da mehr vorgefallen sein muss, sich vielleicht aufgestaut hat, zum Ausbruch gekommen ist. Es heißt zudem, er sei als Kind »nicht frei von Schwermut« gewesen, und an anderer Stelle steht, dass die Kinder – er hatte einen Bruder und eine Schwester – den Vater mehr geliebt haben als die Mutter. Es muss also Tragödien zwischen Kind und Mutter gegeben haben, denn die Mutter ist ja die Erste, die mit den Kindern zu tun hat. Es ist auch bekannt, dass die Mutter seinen Roman »Ahnung und Gegenwart« abgelehnt hat. In dem Roman kommt eine Frau vor, die die Züge der Mutter trägt, und das war ihr offenbar unangenehm. Sie hat nicht nur diesen Roman abgelehnt, sondern ihrem Sohn auch sonst viel übel genommen, zum Beispiel, dass er sich mit Frauen einließ, die kein Geld hatten.

In einem Werk schreibt Eichendorff: »Ich möcht' mich gern einmal bei Nacht verirren recht im tiefsten Wald.« Da stellt sich die Frage: Wie schrecklich muss es zu Hause ausgesehen haben, dass sich jemand wünscht, er möge sich bei Nacht im Wald verirren? Die Nacht war im Übrigen für Eichendorff immer voller Schrecken, und er hatte viele Angstträume. Heute wissen wir, dass in den Träumen meist das Verdrängte hochkommt. Was musste er also verdrängen?

Eichendorff gibt dem Eros oft auch etwas Zerstörerisches, dargestellt wie beim Marmorbild, bleich und tot. Die eheliche Liebe stellt er oft sehr spießig dar, vertritt auch die Ansicht, dass die Ehe etwas Zerstörerisches an sich habe.

Ich deute die Motive in Eichendorffs Werk so: Die Kindheit bedeutete eine große Nähe zur Mutter, die aber auch Grauen beinhaltete. Davor ist er geflohen: in die Ferne, in den Wald. Sicher war er oft einsam, hatte dann auch Heimweh, aber diese Sehnsucht nach der Heimat war zwiespältig. Einerseits das Sehnen nach Wärme und Geborgenheit, nach seinen männlichen Bezugspersonen, zu denen er immer ein gutes Verhältnis hatte. Andererseits beinhaltete das Heimatmotiv auch Angst, Bedrohtheit von Wahn. »Hüte dich«, heißt es in seinem Werk immer wieder, aber wovor, das wird nie eindeutig klar.

Ich schätze Eichendorff sehr und glaube, dass er zu seiner Zeit und auch heute noch verkannt wird. Er wird als zurückgezogen, introvertiert geschildert. Doch er hatte ein leidenschaftliches erzieherisches Ethos. Auch das deutet darauf hin, dass er in seiner Kindheit gelitten hat.

Ein weiteres Motiv bei Eichendorff ist das Gefühl, draußen zu stehen und über die Mauer zu schauen. Er ist also nicht drin im Geschehen. Dieses sich in der Entfernung aufhalten ist auch ein typisches Problem heutiger Männer.

Novalis

Auf der Suche nach weiteren Parallelen zwischen der Psychoanalyse und der Romantik bringt Novalis' Werk interessante Erkenntnisse. Friedrich von Hardenberg alias Novalis lebte nur von 1772 bis 1801, starb schon mit 29 Jahren. Bilder zeigen ihn mit langen Haaren, hoher Stirn, mädchenhaft, Güte und Weichheit ausstrahlend, aber auch Klugheit, Ernst, manchmal Spuren eines Lächelns, stets aber Heiterkeit und Wohlwollen.

Novalis' Vater war tiefreligiös, konservativ und asketisch.

Die Mutter gebar elf Kinder und wird beschrieben als kluge, verständnisvolle, fein empfindende Frau, die aber auch verschüchtert und unterwürfig war und sich zum Teil gequält fühlte.

Novalis, der älteste Sohn, war seiner Mutter innigst zugeneigt, diese Liebe war aber stark mit Mitleid, Mitleiden verbunden. Das kennen wir auch heute von Männern: Die Gefühle des Sohnes sind die Gefühle der Mutter, und er hat ungeheure Probleme, seine eigenen Gefühle überhaupt wahrzunehmen. Novalis schwärmte stark für seine Mutter, sie scheint sehr lieb zu ihm gewesen zu sein, bis hin zum Inzestuösen. Die vorbildlichen Frauenfiguren in seinem Werk haben alle die Züge der Mutter: besonnen, nicht leichtfertig, herzensgut, mild, froh, eine Frau des schlichten Landlebens, treu, herzensinnig. Verstand und Witz wünschte er sich von einer Frau, und schön sollte sie sein, geschmückt wie die Natur, nicht wie ein Püppchen.

Novalis hat einen einzigen Roman geschrieben: Heinrich von Ofterdingen. Das ist ein recht merkwürdiges Buch: Heinrich geht mit seiner Mutter auf Reisen, kommt zu vielen klugen Männern, und dort werden schöne Gespräche geführt. Auf diese Weise bringt Novalis viele Stilformen – Märchen, Gedichte, Träume – und Motive ein: Kindheit, Mutter, Vater, Liebe, Lehre, Lernen, Trennungen. Dieser Heinrich von Ofterdingen sucht milde Menschen, bescheidene, ungezwungene, zarte, interessierte, liebevolle Menschen. Mit dieser Suche, bei der es natürlich auch zu Enttäuschungen kommt, drückt Novalis die Sehnsucht nach Geborgenheit und Verständnis aus. Das romantische Symbol dafür ist die Suche nach der blauen Blume. Sie drückt all das aus, was man sich damals wünschte: Menschen, die so sprechen, dass man ergriffen ist, dass man ruhig wird, wenn man ihnen zuhört, dass man das normale Gehetzte und Schnelle ablegen kann. Menschen, die Geist haben, die einem wohlgesonnen sind, die ein wenig das Motiv der Unvergänglichkeit verkörpern, Menschen, bei denen man sich so wohl fühlt, dass man den Tod vergisst, und die einem eine bleibende, schöne Welt, eine tröstende Begegnung vermitteln. Das alles hat Novalis wundervoll zum Ausdruck gebracht. Es ist ein Buch über das Ich und die Welt.

Novalis hat ein positives Männerbild. Der Mann, vor allem der Dichter, ist für Novalis liebevoll, er hat ein lauteres Herz und ein empfängliches Gemüt, kann trauliche Gespräche führen, ist genügsam und strahlt eine innere Herzlichkeit aus.

Besonders interessant im Hinblick auf den Vergleich Romantik – Psychoanalyse ist eine Sammlung von Novalis-Texten mit dem Titel »Blütenstaub«. In diesen Texten hat Novalis viele tiefenpsychologische Erkenntnisse vorweggenommen. Das war lange vor Freud, und die Wortwahl ist eine andere, aber Novalis hat sich eindeutig mit dem Unbewussten beschäftigt und auseinander gesetzt. Freud trat Forschungsreisen in das Innere des Menschen an, die Maximen aber, die er für dieses Erforschen des Inneren aufstellte, die hat Novalis schon beherzigt:

»Wir träumen von Reisen durch das Weltall. Ist denn das Weltall nicht in uns? Die Tiefen unseres Geistes kennen wir nicht. Nach innen geht der geheimnisvolle Weg, die Außenwelt ist die Schattenwelt. Jetzt scheint es uns fraglich, innerlich so dunkel, einsam, gestaltlos. Aber wie ganz anders wird es uns dünken, wenn diese Verfinsterung vorbei, wir werden mehr genießen als je. Denn unser Geist hat entbehrt.«

Die »Verfinsterung vorbei« bedeutet, dass Licht ins Dunkel gebracht wurde, Aufschlüsse gewonnen wurden über das Unbewusste: erinnern, durchleben, wiederholen – das sind die Worte, die die heutige Psychologie dafür verwendet.

»Der Mensch vermag ein übersinnliches Wesen zu sein.«

Mit »übersinnlich« meint Novalis nicht die fünf geläufigen Sinne, die nach außen gerichtet sind, sondern eine übersinnliche Fähigkeit, die zur Erforschung des Inneren dient. »Übersinnlich« wird schnell in eine verrückte, versponnene Ecke gestellt, aber ich glaube, dass Novalis etwas sehr Ernsthaftes gemeint hat:

»Freilich ist die Besonnenheit, Sich-Selbst-Findung sehr schwer. Unaufhörlich echte Offenbarungen des Geistes, es ist kein Schauen, kein Hören, kein Fühlen, sondern eine Empfin-

dung unmittelbarer Gewissheit, eine Ansicht meines wahrhaftesten eigensten Lebens.«

Novalis bleibt nicht bei der Selbsterforschung stehen, sondern beschreibt auch die Beobachtung der Außenwelt und nennt Elemente, die Menschenkenner auch heute noch einsetzen: die Beobachtung von Augen, Mimik und Bewegung. Er kommt zu dem Schluss:

»Der erste Schritt wird Blick nach innen, absondere Beschauung unseres Selbst. Wer hier stehen bleibt, gerät aber nur halb. Der zweite Schritt muss ein wirksamer Blick nach außen sein. Die höchste Aufgabe der Bildung ist, sich seines Selbst zu bemächtigen. Ohne vollendetes Selbstverständnis wird man nie andere wahrhaft verstehen lernen.«

Das hat Novalis als relativ junger Mann schon gewusst, und das ist dasselbe, was wir in der Therapie versuchen, Selbsterkenntnis sagen wir heute dazu. Eine zweite interessante Schrift von Novalis ist »Hymnen an die Nacht«.

Die Nacht ist bevorzugt die Zeit, in der wir mit unserem Unterbewussten konfrontiert werden, zum Beispiel im Traum. Deshalb kann man jedem nur raten, sich mit seinen Träumen zu beschäftigen, und zwar nicht nur mit dem eigentlichen Traum, sondern vor allem mit der Einschlaf- und Aufwachphase. Dabei hat man häufig Visionen und Bilder vor sich, die außerordentlich aufschlussreich für die eigene Lebensplanung und die Lebensgefühle sind.

»Was quillt auf einmal so ahnungsvoll unterm Herzen? Dunkle Nacht, was hältst du unter deinem Mantel, das mir unsichtbar kräftig an die Seele geht? Dunkel, unaussprechlich fühlen wir uns bewegt.«

Was sagt Novalis hier anderes, als dass im Traum das Unbewusste hochkommt? Das, was uns bestimmt, was wir aber nicht bewusst wahrnehmen.

»Himmlischer als jene blitzenden Sterne, dunklen um die unendlichen Augen, die die Nacht in uns geöffnet, weiter sehen wir.«

Damit meint er die Traumdeutung, die Ängste und Visionen beim Einschlafen und Aufwachen.

Probleme der Männer: Gefühle und Sehn-Sucht

Echte Gefühle entwickeln und verstehen

Gefühl gehört wohl unbestritten zur Erotik, und natürlich denkt jeder, er wisse, was Gefühl ist. Doch ich habe festgestellt, dass zwar viel über Gefühle geschrieben wird, dass aber ein tiefergehendes Verständnis für die Gefühle und vor allem für die Nicht-Gefühle der Männer total fehlt.

Ich frage, und jeder Mann kann sich diese Fragen stellen: Warum weinen Männer so wenig? Viele Männer können nur im Kino weinen. Das zeigt eine auffällige Gefühlsverhaltenheit der Männer. Die nächste Frage: Worüber muss ich lachen? Oder: Warum lache ich so wenig? Es gibt in unseren Männergruppen Männer, die sitzen im Kreis, wir lachen zusammen, und sie können nicht mitlachen. Männer sollten sich auch fragen: Warum schlägt mein Herz für jemanden? Warum mag ich jemanden? Oder: Warum mag ich niemanden?

Auf diese Fragen kann man keine schnellen Antworten finden. Schnelle Antworten auf solche Fragen sind meist suspekt. Denn bei diesen Fragen müssen wir wirklich hinhören, was in uns vorgeht. Da ist Einfühlungsvermögen für sich selbst gefragt, und das muss man lernen. Politische Menschen sagen oft: »Die Welt muss verändert werden.« Ich glaube, es ist sinnlos, die Welt verändern zu wollen, wenn man sich selbst nicht verstanden hat.

Um sich selbst zu verstehen, reicht die reine Naturwissenschaft nicht aus. Die rein rationale, ökonomische Ausrichtung bewirkt heute ein Machertum, das überall verändert, ohne etwas zu verstehen. Selbst in der Psychotherapie und Psychiatrie sollen Menschen verändert, »gesund« gemacht werden, symptomlos, ohne sie zu verstehen. Das kann nicht zum Ziel führen.

Wer verstehen will, warum bestimmte Gefühle entstehen, und – was in der Männerarbeit viel häufiger aufkommt – warum bestimmte Gefühle nicht entstehen, muss das Unbewusste erforschen. Das Unbewusste wiederum sind die Motive, die in uns wirken, sehr kraftvoll wirken, von denen wir aber nichts wissen. Wenn ich Aufschlüsse über dieses Unbewusste habe, dann kann ich auch mit bestimmten Gefühlen in bestimmten Situationen besser umgehen.

Das Problem vieler Männer sind fehlende Gefühle, etwa die Angst. Viele Männer haben überhaupt keine Angst, auch nicht in gefährlichen Situationen. Oder Trauer: Viele Männer, die eine wichtige Person oder etwas anderes sehr Wichtiges verlieren, können nicht trauern. Warum nicht?

Dass Männer keine Gefühle haben, keine haben sollen oder sie zumindest nicht äußern dürfen, ist in dieser Gesellschaft weit verbreitet. Eine solche Geheimhaltung ist für mich ein wichtiges Problem dieser Kultur, deshalb kommt es auch zu einem eklatanten Mangel an Gemeinschaftsgefühl. Denn um ein Gemeinschaftsgefühl entwickeln zu können, Gemeinschaft zu stiften und menschliche Begegnungen zu ermöglichen, müssen Gefühle da sein und auch kommuniziert werden. Fehlende Gefühle sind ungesund und unproduktiv.

Folge dieser Gefühllosigkeit der Männer ist eine Entpersönlichung, das zeigt sich auch in der Sprache: »Der Typ« sagt man heute, man könnte auch sagen »der Klischeemensch«. »Der Typ da gefällt mir nicht«, so drücken wir uns aus, als ob wir es mit Maschinentypen und Technik zu tun hätten. Das ist anonym, öde und langweilig – da entsteht keine Erotik.

Männer müssen als Erstes lernen, Gefühle zu entwickeln, die zur Situation passen. Wir brauchen sie, um die Situation zu bewältigen. Bestimmte Gefühle nicht entwickeln zu können, bedeutet, in bestimmten Situationen hilflos zu sein. Das heißt auch, Frauen gegenüber hilflos und ausgeliefert zu sein. Ich kenne viele Männer, die Frauen überhaupt nicht gewachsen sind und sich ihnen entziehen: durch Flucht in den Beruf, zu einer anderen Frau oder gar durch Flucht in den Krieg. Es gelingt wenigen Männern, auch kritischen Situationen in der Beziehung standzuhalten, sie durchzusprechen, vielleicht auch manchmal in lautstarker Form. Ich möchte, dass Männer Gefühle entwickeln, um sich besser behaupten zu können.

Zweitens müssen Männer lernen, Gefühle zu verstehen. Gefühle fallen nicht vom Himmel, sie entstehen in der Kindheit, und zwar in den Beziehungen zu den wesentlichen Personen unserer Kindheit. Von dort kommt auch die Gefühlsblockade des typisch patriarchalen Mannes. Er hat keine Gefühle, weil ihm niemand zuhörte. Der Vater nicht, weil er abwesend war und sich nicht um den Sohn kümmerte. Und die Mutter ist ebenfalls kritisch zu sehen, weil sie dem Sohn oft nicht die Chance gab, seine eigenen Gefühle zu entwickeln.

Um Gefühle zu verstehen, ist ein dritter Schritt nötig: sich erinnern. Sich erinnern ist in der tiefenpsychologischen Arbeit wichtig: »Erinnern, wiederholen, durcharbeiten«, hat Freud propagiert, und so heißt auch eine Schrift von ihm. Durch das Erinnern erkennen wir unsere Lebensaufgaben, die wir dann fröhlich oder auch traurig, aber auf jeden Fall mit Gefühl angehen sollten.

Als vierter Punkt beim Umgang mit Gefühlen ist mir die Langsamkeit wichtig. Wir sollten uns unbedingt hüten, jeden Tag wieder in diese schnellen Gangarten zu verfallen. Es ist außerordentlich schwierig, langsam zu leben, Stress und Hektik sind normal. Aber man sollte sich immer bewusst sein, dass Gefühle und Erotik Zeit und Geduld brauchen. Man kann nicht schnell, gleichsam zwischen zwei Terminen und auf Knopfdruck, erotisch sein.

Ich wünsche mir, dass Männer sich nach diesen vier Punkten sehnen. Nur wenn sie sich nach Gefühlen sehnen, werden sie sich an die Arbeit machen, und dann werden schließlich vielleicht neue Männer entstehen, neue Menschen.

Das produktive Sehnen

»Ich halte mich gern in Sehnsüchten auf. Ich empfinde, dass in der Sehnsucht immer etwas Schmerzvolles, aber auch Schönes liegt, immer eine Mischung von beidem. Für mich ist Sehnsucht auch etwas Wichtiges. Wenn ich nur Sehnsucht hätte, dann wäre mir das zu wenig. Aber ich habe ja auch noch viele Glücksmo-

mente im Leben, schöne Begegnungen, Erlebnisse und Freundschaften, was auch immer. Trotzdem gehört für mich dazu, dass ich immer einen Teil Sehnsucht behalten möchte. Das muss sich nicht auf eine Frau konzentrieren, auf die Partnerin oder auf eine andere Frau. Das kann in Richtung Beruf gehen. Ich halte mich aber gern in diesen Gefühlen auf.«

Dieser Mann spricht von »Sehnsucht«, doch ich möchte seine sich auch erfüllende Sehnsucht als »sich sehnen« bezeichnen. Er hat das Wechselspiel von sich sehnen und Erfüllung der Sehnsucht sehr gut in Worte gefasst. Sehn-süchtige Männer suchen sich oft unerreichbare Frauengestalten, das trifft auf den zitierten Mann nicht zu. Er hat durchaus erreichbare Frauen kennen gelernt.

Der Sinn des Sehnens ist nicht nur die Befriedigung von Bedürfnissen, sondern auch eine Vergrößerung der Fähigkeit, sich sehnen zu können. Das Sehnen ist ein völlig gesundes Verlangen und ein Bedürfnis, das befriedigt werden kann. Ich definiere diesen positiven Vorgang des Sehnens in fünf Schritten:

1. Der Mann empfindet ein Sehnen als Gefühl des Mangels oder der Unvollständigkeit.
2. Er erkennt klar, was – welchen Zustand – oder wen – welchen Menschen – er sich ersehnt. Er nimmt sein Gefühl wahr.
3. Der Mann entwickelt den Willen, sich den ersehnten Zustand oder Menschen zu erobern. Er erlebt einen gewissen Freiheitsspielraum der psychischen Bewegung und eine gewisse Offenheit.
4. Der Mann leistet Arbeit zur Eroberung, zur Erreichung seines Ziels.
5. Der Mann erlebt in der Erreichung seines Ziels einen Genuss und Freude.

»Sehnsucht ist ein Motor in meinem Leben. Dort, wo ich nicht bin, da ist das Glück, was ich nie erreichen werde. Unzufriedenheit mischt sich bei. Ich kann mir aber ein Leben ohne Unzufriedenheit gar nicht vorstellen. Ich brauche einen Motor, eine Antriebskraft. Insofern verstehe ich unter Sehnen zum Beispiel zweierlei: Ich habe ein starkes Sehnsuchtsgefühl nach

Gemeinschaft. 20 Jahre lang war das ein Sehnsuchtsgefühl nach Familie. Heute, nachdem ich geschieden bin und meine Kinder bei meiner Frau sind, habe ich ein zweites Sehnsuchtsgefühl: Ich habe mich schon immer danach gesehnt, einmal bei einer Frau schwach sein zu dürfen und trotzdem akzeptiert zu werden, wie ich bin. Das ist eine ganz starke Sehnsucht. Ich weiß von meinen beiden Sehnsüchten, dass sie erfüllbar sind, dass sie ein Motor sind in meinem Leben, ein Stück, das zu verwirklichen ist.«

Bei vielen ist die Fähigkeit, sich zu sehnen, völlig verkümmert. Sie wollen immer gleich alles haben, können nicht warten oder holen sich das, was sie wollen. Dadurch verkümmern der Schaffensdrang, die Schaffensfreude, die Leidenschaft – doch die sind nötig für die Erotik. Sehnende Erotik gibt uns die Kraft, unser jetziges Leben zu übersteigen, mehr zu wagen im Leben, wachsen zu können, über uns hinauszustreben. Das wirkliche Sehnen führt zur Begegnung und zur Erfüllung.

Sehnen ist also bei Menschen, die aktiv werden und sich auf den Weg machen, keine Sucht. Sehnen ist ein produktives Lebensgefühl. Ich meine sogar, es könnte ein Trieb sein: Der Sehnen-Trieb lässt Menschen aufeinander zugehen und bringt sie zusammen, weil sie einander brauchen. Der Sehnen-Trieb ist uns von Geburt an eigen, denn der Mensch ist ein Gemeinschaftswesen, allein kann er nicht überleben. Das Mit-anderen-Menschen-Zusammensein ist ein wesentliches Kriterium psychischer Gesundheit.

Die Sucht, in der Ferne zu sein

»Es ist ganz klar in der Sehnsucht etwas Masochistisches enthalten. Etwas von Trauer und Traurigkeit gehört dazu.« [Anm. d. A.: Trauer allein ist noch nichts Masochistisches.] *»Man stellt sich etwas vor, was es einmal gab oder geben könnte. Sehnsucht hat man nie nach etwas total Nichtgreifbarem, es ist prinzipiell greifbar. Aber man hat dieses Gefühl, zum Beispiel Sehnsucht nach einer Person, und wenn man dann die Person trifft, mit ihr*

die Begegnung hat, die Realität einen einholt, dann findet die Ernüchterung statt, und es werden wieder neue Sehnsüchte produziert.«

Diese Aussage eines Mannes klingt viel hoffnungsloser als die beiden vorhergehenden. Daneben stelle ich ein Gedicht von Gustav Schwab, 1792 bis 1850, Professor für Literatur in Stuttgart, der zum Kreis der Romantiker zu zählen ist.

Nur eine lass von deinen Gaben,
verschwundene Liebe, mir zurück.
Nicht deine Freuden will ich haben,
nicht dein beseligendes Glück.
Oh, schenke nur den Schmerz mir wieder,
der so gewaltig mich durchdrang,
den tiefen Sturm der Klagelieder,
der aus der wunden Brust sich schwang.
Ich will ja nicht ein fröhlich' Zeichen,
auch keinen Blick, kein fröhlich' Wort.
Nur nicht so stille lass mich schleichen,
aus dieser Ruhe treib' mich fort.
Lass mich mit deiner Wehmut füllen.
Flieh weit, doch zieh mein Herz dir nach.
Gib mir den Durst, der nie zu stillen,
gib mir dein Leiden, deine Schmach.
Dein Seufzen, deine Last, dein Sehnen,
was andere nur an dir verschmähen,
oh, gib mir alles, bis mir Tränen
in den erstorbnen Augen stehen.

In diesem Gedicht sind beide Motive enthalten: Sehnen und Sehn-Sucht bis hin zum Masochismus. Gustav Schwab hatte die Fähigkeit, das zu formulieren, was viele Männer heute nicht einmal mehr ausdrücken können, was sie vermissen. Ihnen steht der Mangel nicht zur Verfügung, sie spüren den Mangel nicht.

Angesichts solch drastischer Formulierungen heißt es dann oft, diese Sehn-Suchts-Motive aus der Romantik wären nicht mehr zeitgemäß. Dem will ich einen – etwas verkürzten – Text von Marius Müller-Westernhagen entgegenhalten:

Ich würd' mich für dich erhängen
und ich würd' vom Hochhaus springen.
Ich würd' mich für dich erschießen,
mit Benzin mich übergießen.
Ich glaubte nie an Liebe,
die dann immer Liebe bliebe.
Und ich glaubte nie an Sehnsucht,
die mir mein verdammtes Herz bricht.
Denn Garantien gibt mir keiner.
Und ein Mann, der soll nicht weinen,
doch ich genieße meine Tränen ganz und gar.

Der sehn-süchtige Mann ist süchtig nach dem Zustand des Niemals-ans-Ziel-Gelangens. Er hält sich immer nur in der Entfernung von Menschen auf, sehnt sie von ferne an. In diesem Zustand verharren viele Männer ihr Leben lang. Sie haben flüchtige Begegnungen, leben vielleicht auch länger andauernde, aber niemals tief greifende Beziehungen. Der sehn-süchtige Mann erscheint sehr verhalten, überwiegend cool, oft auch abweisend, manchmal gar frostig. In seiner Phantasie ist er dennoch zu erotischer Leidenschaft fähig. Passend zu seiner Gefühlsarmut, zur Unfähigkeit, seine Gefühle zu zeigen, sucht er sich eine Frau, die ihn umwirbt, umschmeichelt und verwöhnt, die ihn also erlöst von dieser seelischen Kraftlosigkeit. Er braucht die emotionale Ergänzung durch die weiblichen Gefühle, aber er überspielt das gern durch verkrampftes Temperament, angestrengte Aktivität und gezwungenen Charme.

Für seine Gefühlsarmut hält sich der Mann nicht verantwortlich. Er unternimmt fast nichts gegen seine Unlebendigkeit, außer eben Sehn-Sucht zu spüren. Aber es ist kein produktives Sehnen, sondern der sehn-süchtige Mann leidet, fühlt sich einsam. In gewisser Weise genießt er dieses Leiden, das ist Masochismus. Die Träume und Phantasien des leidend-sehnsüchtigen Mannes haben mit der Wirklichkeit so gut wie nichts zu tun.

Schwelgen in der Sehn-Sucht ist typisch für den romantischen männlichen Typen. Er bringt kaum eigene Gefühle zum Ausdruck und schwärmt dafür von Gefühlen. »Romantiker«

wollen in der Sehnsucht bleiben, wollen nicht ernsthaft an sich arbeiten, verbindlich und greifbar werden in der Partnerschaft. »Romantiker« leben im Unendlichen, schwärmen für die Natur, anstatt im Hier und Jetzt konkret ihr Leben einzurichten.

Typisch für viele sehn-süchtige Männer ist die Verklärung der Vergangenheit, und das betrifft vor allem Erlebnisse in der Kindheit: Dass sie sich gern in einer sich nicht erfüllenden Sehnsucht aufhalten, ist erklärbar aus dem ambivalenten Verhältnis zur Mutter. Auf der einen Seite war sie die erste, die nächste Bezugsperson, sie war sicherlich zärtlich, aber eben unter Umständen auch eklig, Furcht erregend. Heute sehnt sich der Mann zwar nach der Frau, aber jede Frau muss damit rechnen, dass ihr Partner auch Abwehr gegen sie in sich trägt, die er aus der Beziehung zu seiner Mutter mitbringt.

Erotik kann ein sehn-süchtiger Mann nicht entwickeln, dazu hält er sich viel zu viel in der Ferne auf.

»Ich kenne … sehr gut in der Partnerschaft dieses ganz starke Gefühl, was immer stärker wird, je weiter man entfernt ist von der Partnerin. In dem Moment, wo das Spannungsfeld praktisch dadurch zusammenfällt, dass man beieinander ist, fällt die Sehnsucht in sich zusammen, die Realität holt einen ein. Die Realität ist dann da, aber man kann sie eigentlich nur sehr mühsam mit dem vereinbaren, was man sich in seinen Sehnsüchten ausgemalt hat. Bei mir gibt es dieses Pulsieren, dieses Anstreben. Und gleichzeitig, in dem Moment, je stärker man es anstrebt, und in dem Moment, wo man es erreicht, zerstört man es. Das erlebe ich als ein ganz wichtiges Element beim Thema Sehnsucht.«

Die Distanz in den meisten Beziehungen und die Sehn-Sucht können zu einem fatalen Kreislauf führen: Je länger der Mann keinen Frauenkontakt hatte, je ferner ihm die Frau ist, desto mehr sehnt er sich nach ihr. Wenn dann die Begegnung stattfindet, ist er jedes Mal wieder erstaunt, wie schwierig es mit der Frau ist. In der Distanz hatte er sich das gar nicht so vorgestellt. Und weil es so schwierig ist, entwickelt er Angst vor der Frau oder baut die vorhandenen Ängste aus und geht wieder auf Distanz, weil das einfacher ist. Dann wächst die Sehn-Sucht wieder – ein Kreislauf, warum Mann und Frau nie richtig zusammenkommen. Es gibt immer nur punktuelle Begegnungen, von Wunsch, Sehnsucht und Phantasie angetrieben, endend in großer Enttäuschung oder Konflikten.

Arten der Sehn-Sucht

Die Sehn-Sucht nach der Frau kann auch in der Sehn-Sucht nach einer anderen Frau ausgelebt werden. Neben der Sehn-Sucht nach der Frau gibt es weitere Sehn-Suchtsarten, die Auswirkungen auf Beziehungen haben.

1. Sehn-Sucht nach der Kindheit

Ein Motiv, das heute und in der Romantik eine große Rolle spielt, ist die Sehn-Sucht nach der Kindheit. Diese Sehn-Sucht ist ambivalent, so wie auch die Beziehung zur Mutter ambivalent ist. Differenziert ausgedrückt muss man also sagen: Männer sehnen sich nach den lieben Anteilen der Mutter und haben Sehn-Sucht nach den bösen.

Sehnen nach der Kindheit ist eine Sehn-Sucht nach etwas, was nie mehr wiederkehren wird. Das Sehnen ist also aussichtslos. Je mehr Männer in diesen Gefühlen und dieser aussichtslosen Sehn-Sucht verhaftet sind, desto weniger werden sie ihre realen Lebensaufgaben angehen. Jeder Mann sollte sich die Frage stellen, wie stark er in der Sehn-Sucht nach der Vergangenheit lebt und seine anstehenden Lebensaufgaben versäumt oder verdrängt.

Sehn-Sucht nach der Kindheit ist auch Sehn-Sucht nach wirklicher Liebe und Geborgenheit. Das kann ambivalent sein. Wenn der Mann überwiegend Verwöhnung erfahren hat, will er weiter verwöhnt werden. Er schwelgt in der Erinnerung an die kuschelige Kinderzeit und versäumt, sich als Erwachsener darum zu kümmern, diese geborgene, zärtliche Stimmung zu schaffen. Er will verwöhnt werden und übernimmt keine Verantwortung dafür, die Partnerin zu verwöhnen.

2. Sehn-Sucht nach der Heimat

Männer sehnen sich nicht nur nach der Kindheit, sondern auch nach der Heimat. Das scheint mir die ausgestaltete Sehn-Sucht nach der guten Mutter zu sein. Nicht nur in fremden Ländern, auch in Krisenzeiten wünschen sich Männer die so genannte Heimat wieder zurück. Denn der Mensch braucht eine Heimat, eine soziale Heimat, sonst wäre er einsam. Mit dem Heimweh wünschen sich Männer die Zeit der Erfüllung zurück, einmal empfangene Liebe und natürlich auch die Liebste.

Bei Herbert Grönemeyer klingt diese Sehn-Sucht so:

Gesichter sehn verbittert aus,
kein Lachen, kein ähnlicher Laut,
die Miene gefroren, die Seele verhökert,
alles sinnentleert, keine innere Heimat,
keine Heimat mehr.

3. Sehn-Sucht nach der Ferne

Die Sehn-Sucht nach der Ferne, das Fernweh, bedeutet weg von der Heimat, weg von zu Hause. Nicht unbedingt, weil es dort zu langweilig ist, sondern weil es im Gegenteil eher zu grausam oder horrormäßig ist. Die Sehn-Sucht nach der Ferne, nach dem Nie-zu-Findenden ist vermutlich auch die Sehnsucht nach Ruhe und Frieden.

Symbol für die Ferne war in der Literatur der Romantik das Posthorn, heute sind es die Harley, die Straße, der schnelle Wagen mit der schönen Frau am Steuer, die in vielen Songtexten und Kinofilmen vorkommen. Die boomende Fernreisen-Branche ist wohl nicht nur ein Ausdruck von Abenteuerlust, sondern auch der Flucht von zu Hause.

Ein Mann aus einer Männergruppe beschreibt die Sehnsucht nach der Ferne so:

»Bei uns zu Hause war es oft sehr bedrängend, und ich konnte nicht fliehen. Ich bin ein paar Mal geflüchtet, bin aber nicht weit gekommen, weil ich noch zu klein war. Mir ging es dann so, dass ich sehr starkes Fernweh entwickelt habe, starke Sehnsucht nach der Ferne als Kind schon. Und dadurch habe ich mich von der Familie im Grunde genommen entfernt. Ich

hatte die Sehnsucht, allein sein zu können in der Ferne, fern von dieser bedrängenden Situation in dieser bedrängenden Familie.«

4. Sehn-Sucht nach dem Tod

Der nächste Bestandteil männlicher Sehn-Sucht ist die Sehnsucht nach dem Tod. Sie ist vorhanden bei Männern, die schon in der Kindheit gequält und vielleicht auch missbraucht wurden.

5. Sehnsucht nach dem Vater

Die Sehn-Sucht nach dem Vater steht für Sehn-Sucht nach Schutz, Stärke, Hilfe. Der Vater ist einer, der zuhört, der ein Freund ist, hilft, anregt, Mut macht, durch Krisen begleitet. Der Vater sollte auch den Gegenpol zur Mutter bilden, doch hier sind viele Jungen enttäuscht worden. Die Väter waren und sind oft abwesend, es bleibt eine unerfüllte Sehnsucht. Das Problem ist, dass sich die kleinen Jungen am abwesenden, abweisenden Vater orientieren und vielleicht selbst auch wieder solche Väter werden.

Wie Sehn-Sucht entsteht

Das Sehnen halte ich für ein hilfreiches Gefühl, aber wie entsteht die Sehn-Sucht im Mann, die ihn daran hindert, zur Erfüllung zu kommen?

Sehn-Sucht hat immer mit der Angst vor der Frau zu tun. Die erste Frau in unserem Leben ist die Mutter, und vor der haben viele Männer Angst gehabt und übertragen diese Angst auf alle Frauen.

Sehn-Sucht hat auch etwas mit Leiden zu tun, mit einem sich im Leidenszustand Aufhalten. Der kleine Junge erlitt das oft jahrelang, er konnte nicht weg, und irgendwann hielt er Leiden für den Normalzustand. Er hatte nicht gelernt, dass man an seiner Situation etwas ändern kann, weil jeder Widerstand, jede Eigeninitiative gebrochen wurde. Viele Mütter wollen ihren

Jungen fest halten – was übrigens ein ganz normaler gruppendynamischer Vorgang ist. Auch die Familie ist ja eine Gruppe.

Eine weitere Ursache für Sehn-Sucht ist Menschenscheu. Menschenscheue Männer haben Mühe, auf Menschen und besonders auf Frauen zuzugehen. Das ist entstanden aus der Erfahrung der Distanzlosigkeit: Sie wurden lieblos behandelt, in der Familie herrschte zu viel Hektik und Chaos. Die Männer wünschen sich Ruhe, das kann auch Alleinsein bedeuten, und dann entsteht die Sehn-Sucht nach anderen Menschen. Aber wenn der Mann menschenscheu ist, kann er die Kluft zu anderen nicht überwinden.

Sehn-Sucht zerreißt den betroffenen Mann: Auf der einen Seite will er zur Frau, auf der anderen Seite kann er sich ihr nicht wirklich nähern oder ist von jeder Annäherung enttäuscht. Zerrissen zwischen dem Wunsch nach Liebe und der Angst vor Nähe. Auch die Zerrissenheit ist das Erbe der Beziehung des Sohnes zur Mutter: Auf der einen Seite braucht er die Mutter, ist abhängig von ihr, auf der anderen Seite tat ihm dieselbe Person nicht gut.

Wie Männer Sehn-Sucht aushalten

Unter dieser ständigen Zerrissenheit können Männer nun aber nicht leben und müssen ihre Sehn-Sucht irgendwie befriedigen. Hier habe ich nun so eine Art Selbstbefriedigung der Sehn-Sucht gefunden, die nichts mit der sexuellen Selbstbefriedigung zu tun hat. Die »soziale« Selbstbefriedigung des Mannes besteht meiner Beobachtung nach aus einem rigiden, radikalen Maskulinismus mit patriarchalen Werten: Gewalt, Macht, Herrschaft. Weil er an seine wirklichen Bedürfnisse nicht herankommt, sie nicht befriedigen kann, baut der Mann als Ersatzspielzeug diese brutale Kultur auf, die für alle menschenfeindlich ist, nicht nur für Frauen und Kinder.

Roger Garaudy hat dies sehr gut in seinem Buch »Das schwache Geschlecht ist unsere Stärke« beschrieben: Er vertritt die These, dass die männliche Ordnung von Macht und

Unterdrückung nur deshalb funktioniert, weil die Frau unterdrückt werden kann und weil sie nicht die gleichen Rechte hat. Der Mann stützt sich auf Gewaltanwendung, Ausbeutung und Entwertung der Frau sowie auf Konkurrenz mit den Männern.

Tatsächlich gibt es Männer, die in diesem Machtapparat perfekt funktionieren und ihre Sehnsucht befriedigen. Sie halten sich für völlig gesund, leben in diesen Hierarchien, üben Macht aus und lassen nichts Irritierendes an sich heran. Unterstützt wird das von den patriarchalen Organisationsformen wie Hierarchie, Staat, Kirche, Militär, die alle nach dem Prinzip Befehl und Gehorsam funktionieren. In der Konkurrenz mit anderen Männern, auch im Sport, wird das System eingeübt: Jeder will den anderen unterdrücken, überflügeln, schwächen.

Aber es gibt auch Männer in dieser Kultur, die an ihrer unbefriedigten Sehn-Sucht leiden. Zusammenfassend möchte ich nun fünf Gangarten der Sehnsucht vorstellen, also die Formen, wie Männer ihre Sehnsucht leben und ausagieren.

1. Nähefeindlichkeit

Der Mann lebt in der Ferne, weil er die Nähe der Frau nicht ertragen kann. Er strebt danach, ihr fern zu bleiben, ihr nicht zu nahe zu kommen, um nicht völlig ausgelöscht zu sein, wie er das bei der Mutter erlebt hat.

Bei Männern, die solche Nähefeindlichkeit nicht bewusst erleben und deshalb in der Nähe bleiben, kann es zu einer allmählichen Verödung kommen. Männer, die 30, 40 Jahre immer mit einer Frau zusammen waren, sind oft sozial verödet, können nichts mehr selber, bekommen alles vorgeschrieben: wann sie ins Bett gehen, wann sie fernsehen, wann sie ausgehen oder ein Bier trinken dürfen, wann sie zum Arzt gehen müssen.

Ich habe mit diesen Männern zu tun und höre auch von jüngeren Männern, wie deren Väter sind. Die Väter sind verödet, weil sie zu dicht an der Frau dran waren. Deshalb ist Entfernung für Männer absolut wichtig, mindestens phasenweise. Erotik kann nur im Wechsel von Nähe und Distanz entstehen.

Entfernung heißt aber nicht ständige Flucht. Allerdings ist für manchen Mann das Losreißen von der Frau die einzige

Möglichkeit, überhaupt sein Ich wieder zu fühlen und nicht nur ein Ich-Anhängsel zu sein. Aber das Losreißen kann sich als Motiv verselbstständigen: Das sind dann Männer, die in den fatalen Kreislauf von Distanzlosigkeit und Flucht geraten.

2. Sprachphobie und Sprachfeindlichkeit

Sprachfeindlich ist der Mann, weil er das Sprechen nicht gelernt hat. Er hat es bei der Mutter nicht gelernt, weil er nur zuhören und nur das tun durfte, was sie sagte. Novalis schreibt: »Unaussprechlich fühlen wir uns bewegt.« – Das genau ist das Männer-Thema: Zerrissenheit und die Unfähigkeit, darüber zu sprechen. Oder aber der Mann spricht so, dass ihn keiner versteht.

Ein Beispiel für diese unverständliche Sprache bieten die so genannten Wissenschaftler. Es gibt viele Vorlesungen, in die man geht und dann denkt: Was redet der da? Ich versuche zu verstehen, aber es gelingt mir nicht. Diese Unverständlichkeit ist Programm, denn jedes Verstehen würde den Mann angreifbar machen. Wer versteht, kann Fragen stellen, und da könnte es ja passieren, dass man nicht antworten kann und das offen zugeben muss. Die Skepsis gegen Verständlichkeit ist heute in der Wissenschaft und Wirtschaft stark verbreitet: Man spricht unverständlich, dann traut sich keiner zu fragen.

Polemisiert wird allenthalben gegen Menschen, die Gespräche führen, die das Gespräch suchen. Das wird als unmodern, romantisch, idealistisch hingestellt: »Die denken, sie könnten mit Worten die Welt verändern, dabei geht doch ohne Worte alles viel besser.« Das tragen die Männer auch in die Beziehung: »Reden? Worüber willst du denn reden, ist doch alles okay. Komm, sei lieber zärtlich zu mir.« – Womit dann gemeint ist, dass der Mann mit der Frau schlafen will. Wirkliche Entwicklung findet aber nur statt, wenn das angeblich Unaussprechliche ausgesprochen wird. Für die Erotik ist es ungeheuer fördernd, Hemmungen, Geheimnisse, Phantasien anzusprechen und gemeinsam durchzusprechen.

3. Gefühlsduselei, Gefühlsüberschwang

Die Abwendung von echter Nähe und von echtem Gespräch kann in einer Gefühlsduselei kulminieren. Das ist die Absage an jegliche Vernunft, die pseudo-romantische Entfernung von den Menschen. Man schwelgt dann nur noch in Gefühlen und versucht, Heilsbotschaften zu lancieren. Viele der modernen Psychogruppen sind so orientiert, also meist sehr einseitig. Da heißt es dann zum Beispiel, Körperarbeit sei das einzig Wahre. Oder sie machen Handauflegen. Heilsbotschaften, Magie, Mystik, Esoterik, Okkultismus – darin steckt bisweilen ein wahrer Kern, aber deren Erheben zum einzigen Maß der Dinge widerspricht jeder therapeutischen Vernunft.

In der Erotik verschüttet dieser Überschwang den Zugang zu den eigentlichen eigenen Gefühlen und Bedürfnissen. Die Männer sind fremdbestimmt und erhoffen sich dadurch eine Erfüllung ihrer Sehn-Sucht.

4. Idealisierung der Frau

Die Idealisierung als Gangart der männlichen Sehnsucht ist ein Vorgang, den wir oft in unseren Gruppen erlebt haben, wenn Männer und Frauen zusammengekommen sind. Dazu Zitatbruchstücke eines Mannes nach den Äußerungen einiger Frauen zum Thema Sexualität:

»Ich möchte sagen, dass ich enorm berührt bin, wie ihr gesprochen habt … Ich fühle mich reich beschenkt … Da habt ihr uns ein ganz tolles Geschenk mitgebracht … Ich fühle mich sehr eingestimmt … auf eine Weise, die jenseits dessen liegt, was für mich normalerweise im Blick ist … Das hat mich sehr gefreut … Ich kann das gar nicht allein so entwickeln. Es berührt mich noch tiefer, als wenn ich mit der Frau zusammen ins Bett gehe und es zum Beispiel um den Koitus geht.«

Diese Idealisierung stört mich enorm, weil ich darin auch eine Kleinmacherei sehe. Idealisieren muss ich nur, was ich vorher klein gemacht habe. Die Beziehung zwischen Mann und Frau braucht keine Idealisierung: weder dass die Frau den Mann idealisiert – so wie das im Patriarchat passiert – noch umgekehrt.

Loben und Schwärmen ist ja ganz nett, aber es bringt den Mann und die Beziehung nicht weiter. Viel besser wäre eine positive Auseinandersetzung mit der Frau. Bewusst lebende Frauen wollen ein Gegenüber haben, sind nicht damit zufrieden, dass sie idealisiert werden, und sagen vielleicht: »Hör auf mit dem Schmus. Ich will richtig mit dir reden.« Korrumpierbare Frauen dagegen nutzen das und machen mit dem Mann, was sie wollen.

5. Widerstand gegen das Gespräch

Diese fünfte männliche Sehnsuchtsgangart ist bereits mit angeklungen. Gefühlsduselei ist ein Widerstand gegen das Gespräch, Idealisierung ebenfalls: Wenn ich eine Frau idealisiere, muss ich mich nicht mit ihr auseinander setzen. Manche Männer leben auch in der Vorstellung: »Mit der Frau kann man sowieso nichts Vernünftiges reden: Von der kommen immer nur Gefühle oder Forderungen.« Aber an seine Gefühle will der Mann nicht heran, und mit Forderungen kann er schlecht umgehen, das hat er bei der Mutter schon nicht gelernt: Entweder er schottet sich ab, oder er erfüllt alles. Aber was die Männer brauchen, ist eine wirkliche partnerschaftliche Entwicklung, und dazu gehört unbedingt das Gespräch.

Sprache ist ein unverzichtbares Element jeder echten Erotik.

Aber die Sehn-Sucht hat auch Vorzüge. Einer davon ist auf jeden Fall die Gewaltlosigkeit.

Sehn-Sucht ist ein Sich-in-der-Entfernung-Aufhalten, und wer weit weg ist, kann nicht gewalttätig werden. Aus diesem Blickwinkel ist mir Sehn-Sucht immer noch lieber als die Distanzlosigkeit und die ausgeübte Gewalt. Ich habe da eine eigene These entwickelt: Vielleicht stellt der Mann die Distanz her, weil er spürt, dass er gewalttätig wird, wenn es zu nah wird.

Ein Problem ist, dass gewalttätige Männer manchmal auf Frauen treffen, die sich das gefallen lassen. Diese Frauen fliehen dann vielleicht in Frauenhäuser, aber das Schlimme ist, dass sie wieder zu ihren Männern zurückgehen, obwohl sie wissen, dass der Mann sich nicht verändert hat und dass sie wieder Gewalt zu erwarten haben. Es gibt Untersuchungen, zum Beispiel von Margrit Brückner, die das belegen. Darüber sollten Frauen nachdenken, denn das Problem ist, dass sie häufig ein Bedürfnis nach völliger Verschmelzung haben: Aber vollständige Verschmelzung bedeutet Chaos und unter Umständen Zerstörung.

Ein weiterer Vorzug der männlichen Sehn-Sucht ist die Vermeidung von Verliebtheitswahn. Wohl jeder kennt die Verliebtheit, einen wahnähnlichen, irrealen Zustand, der normalerweise sechs bis acht Wochen dauert. Manche Männer begeben sich von einer Verliebtheit in die nächste, sind immer dabei, Frauen zu erobern, und freuen sich dann über ihre Leistung. Man nennt das Don-Juanismus.

Wenn ein Mann Sehn-Sucht entwickelt, ist das Positive daran, dass er sich fern hält, dass er nicht ständig in diesen Verliebtheitswahn gerät, völlig korrumpierbar wird und der Frau ausgeliefert ist. Denn in dieser Zeit der totalen Verliebtheit danken Männer ab, stellen alle ihre Interessen zurück und wünschen sich nur noch die Verwöhnung durch die Frau.

Von der Sehn-Sucht zur Entwicklung

Ziel für jeden Mann muss sein, dass aus seiner Sehn-Sucht ein produktives Sehnen wird. Männer müssen beginnen, Männerfeindlichkeit und weibliche Herrschsucht in Beziehungen nicht mehr zu dulden. Sie müssen für sich selbst die Verantwortung übernehmen, sich Selbsterkenntnis, aber auch Frauenkenntnis erarbeiten. Denn die meisten Männer kennen weder sich noch die Frau wirklich. Der selbstverantwortliche, erwachsene Mann wird auch der Frau ein klares Gegenüber sein. Aus unaussprechlichen, unerfüllbaren Sehn-Süchten werden geäußerte, geforderte Bedürfnisse des Mannes.

Nach meiner Erfahrung dauert eine solche Entwicklung fünf Jahre. Ich habe dann allerdings erlebt, dass die Frauen das sofort als aggressiv empfinden, wenn die Männer konkret gegenhalten. Dagegen wehre ich mich: Wenn Männer, die vorher nicht richtig sprechen konnten, die Angst vor Frauen haben, die Frauen idealisieren, die sich selber klein machen, wenn diese Männer erstmals wirklich ihre Bedürfnisse äußern, darf das nicht als Aggression interpretiert werden.

Abschließend das Zitat eines Mannes, der im Grunde zum ersten Mal seine Bedürfnisse formuliert hat. Ich wünsche mir, dass Frauen es nicht – wie geschehen – als aggressiv empfinden, sondern sich ernsthaft damit auseinander setzen, wenn ihr Partner sich äußert.

»Vorab heißt Freiheit, dass außer Frage steht, dass ich die Beziehung zu meiner Partnerin und die Arbeit an dieser Beziehung will, heißt also nicht, dass ich autonom oder ohne jede Abhängigkeit von meiner Partnerin sein will. Freiheit heißt außerdem, dass ich auch an mich selbst Ansprüche stelle, zum Beispiel meine Bedürfnisse klar und deutlich äußern zu können, und dass auch meine Entwicklung zu einer freiheitlichen Beziehung gehört. Das, was ich hier vortrage, ist auch das Ergebnis langer Entwicklung in der Therapie. Meine Bedürfnisse haben sich da sehr verändert. Freiheit heißt also ganz konkret, dass ich mein gebrauchtes Frühstücksgeschirr auf dem Tisch stehen lassen kann, dass ich anziehen kann, was ich will, mich rasieren kann, wann ich will, dass ich keine Rechenschaft ablegen muss, mit wem ich mich treffe, dass mich meine Partnerin in Ruhe lässt und sich nicht immer nur an mich wendet, sondern eigene Freundinnen hat, dass ich nicht mit meiner Partnerin zusammenwohne, dass ich nach großer Nähe oder sogar nach einer intimen Situation selbst entscheide, ob ich gleich weggehe oder die Partnerin auffordere, in ihre Wohnung zu gehen. Das heißt allgemeiner: Die Partnerin soll mich und meine Handlungen grundsätzlich so respektieren und akzeptieren, wie sie sind. Sie soll nur Kritik äußern, wenn sie sich dadurch gestört fühlt, also ihre Nähe zu mir dadurch behindert ist. Und wenn sie Kritik äußert, so habe ich immer noch die Freiheit zu entscheiden, ob ich auf ihre Kritik eingehe oder nicht. Ich riskiere also einen Streit oder eine Trennung. Und ich möchte eine Partnerin, die dem standhält, die streitfähig ist und sich von mir trennen kann, ohne sich wochenlang schmollend zurückzuziehen.«

Die Mutter – erste Quelle erotischer Erfahrungen. Und was ist mit dem Vater?

»Es versteht sich von selbst, dass wir uns in der Gruppe auch mit der Tatsache beschäftigen müssen, dass die Mutter für den Jungen die erste Quelle erotischer Erfahrung ist. Das männliche Kind erlebt im Kontakt mit ihr symbiotische Verschmelzung.

Da es bei vielen Müttern unbewusste oder auch bewusste Tendenzen gibt, den Sohn für sich behalten zu wollen, weil er das einzige männliche Wesen ist, dass ihnen wirklich nahe ist und zur ›Verfügung‹ steht, soll er ›nicht so schnell groß und selbstständig werden.‹

Diese unter dem Deckmantel von Liebe praktizierte Vereinnahmungstendenz bewirkt in Jungen häufig die Bewegung des gewaltsamen Losreißens von der Mutter und eine lebenslange Furcht vor weiblicher Nähe.

In der Beziehung des erwachsenen Mannes spielen daher ambivalente Gefühle eine starke Rolle. Seine Sehnsucht und sein erotisches Begehren bewirken, dass er immer wieder die Nähe der Frau sucht, in der konkreten sexuellen Liebessituation mit einer Frau den vertrauten weiblichen Körper wiederfindet, den er aus der Kindheit kennt und dessen Nähe er fliehen muss, sobald sein ›Hunger‹ gestillt ist.

Diese Erfahrung prägt die männliche Erotik entscheidend.

Häufig wird von Frauen und Männern in diesem Zusammenhang übersehen, dass die Frauen sich im Liebesakt den ›fremden Männerkörper‹ erst vertraut machen müssen. Denn auch für die weiblichen Kinder war die Mutter die erste erotische Erfahrung.

Ein Junge entwickelt seine männliche Identität – auf Grund patriarchaler Strukturen – quasi durch die Trennungsbewegung und Distanzierung von der Mutter. Männliche Haltung von Schwäche oder Aggressivität haben hier ihre primären Wurzeln.

Die Mutter war oft stark, willkürlich, wurde immer als überlegen empfunden. Und gleichzeitig sollte ihr Sohn Partnerer-

satz, Helfer oder auch Retter sein. Wir erinnern uns mit Schmerzen an bestimmte Situationen, in denen wir von der Mutter gedemütigt und verletzt worden sind. Gleichzeitig sollten wir Söhne aber auch immer lieb und brav sein.

Wir haben also eine Menge Ängste, die wir mitbringen, die uns häufig unbewusst sind und die wir in die Beziehung zu den Frauen mit einbringen. Unbewusst gewordene Kindheitserinnerungen prägen dann die Wünsche in der Gegenwart, Phantasien und auch die konkrete Ausprägung der Sexualität. Durch die Beziehung zur Mutter hat der Mann einen Wunsch nach Verwöhnung entwickelt und erwartet, dass die Frau ihm alle Wünsche von den Lippen abliest. Aber er hat auch die Helferrolle mit auf den Weg gegeben bekommen. Das kann dazu führen, dass der Mann immer auf die Frau schaut, sie glücklich machen will, sie befriedigen will, ganz konkret gesprochen: zum Orgasmus bringen will, dass das sein Hauptziel ist. Außerdem suchen sich Männer häufig starke und dominante Frauen, nicht die zärtlichen, weichen und entgegenkommenden, also Frauen, die die Übergriffigkeit der Mutter verkörpern. Das führt zu einer großen Angst vor Nähe mit dieser Frau. Die Demütigungen und Verletzungen aus der Kindheit drücken sich bei Männern auch häufig in sadomasochistischen Phantasien und Praktiken aus.

Weil den Sohn und auch später den Mann die Ansprüche, die von der Mutter formuliert wurden und die er völlig vergessen hat, immer noch bestimmen, kann er der Frau nicht gerecht werden. Das führt dann im Gegenzug zu einer Abwertung der Frau und gegebenenfalls auch zu Gewaltanwendung.

Uns geht es also in der Männergruppe darum, diesen Kindheitserinnerungen auf die Spur zu kommen, einen Bewusstwerdungsprozess in Gang zu setzen und die Kindheitserlebnisse durchzuarbeiten, um dann unsere Gefühle zu verändern.«

Die Feministinnen haben sich darum bemüht, den erwachsenen Mann zu attackieren, aber sie haben sich nicht darum bemüht, den kleinen Jungen zu verstehen. Diese Arbeit müssen wir Männer leisten. Wir »erwachsenen« Männer sollten uns bemühen, den kleinen Jungen in uns zu verstehen. In unserer Männerarbeit haben wir in dieser Richtung schon gearbeitet: Wir haben zum Beispiel, jeder für sich, einen Brief an den kleinen Jungen geschrieben, der wir einmal waren. Das war außerordentlich schwierig, weil die ganzen Einflüsse der Eltern hochkamen und wir anfingen, uns selbst zu beschimpfen und als nicht angenehm zu empfinden. Es fällt außerordentlich schwer, freundliche Worte an den Kleinen zu richten, der wir einmal waren. Ein Teil dieser Briefe ist im Kreuz Verlag unter dem Titel »Liebe Mutter, du tust mir nicht gut« erschienen.

Jede zweite Frau hat nach Schätzung von Feministinnen irgendwelche sexuellen Übergriffe erlebt. Ich schätze mittlerweile dasselbe in Bezug auf die Männer. Hier soll aber auch ganz klar betont werden, dass rund die Hälfte der Mütter ihre Söhne anständig behandelt hat, liebevoll, verständnisvoll, dass die Mütter ihren Söhnen Kraft gegeben haben. Aber bei der anderen Hälfte der Männer ist das eben nicht so. Die haben eine problematische Kindheit erlebt – vor allem im Verhältnis zur Mutter, denn der Vater war ja sowieso meist abwesend, der war als Alternative für die Jungen nicht greifbar und leistete dadurch einer gewissen Verwahrlosung vor allem der Söhne Vorschub. Oder, eine ebenso schlimme Alternative, er war ebenfalls gewalttätig dem Jungen gegenüber und vielleicht auch gegenüber der Mutter. Es geht mir nicht darum, Mütter anzuklagen oder gar zu verurteilen – auch sie sind Opfer im Patriarchat. Ich will die Mütter dazu ermutigen, Sohneskennerschaft zu erwerben, denn ich will die Söhne schützen.

Viele Männer übertragen ihre Erfahrungen aus dem Verhältnis zur Mutter auf ihre Beziehungen zur Frau. Nachfolgend zwölf Punkte, die zeigen, wie problematische Mutter-Sohn-Verhältnisse aussehen können.

1. Idealisierung der Mutter

Manche Männer haben eine trügerische Vorstellung von ihren Müttern, schwärmen von ihnen, verklären und idealisieren sie, das heißt: Sie schonen sie. Der Grund ist Mitleid. Solche Männer ergreifen für die Mutter Partei, haben ihre Gefühle übernommen. Diese Übernahme ist ein komplizierter psychischer

Vorgang, da musste einiges geschehen. Diese Männer wissen alles über ihre Mütter, über ihre Krankheiten, Enttäuschungen, Trauer. Über sich selbst wissen solche Männer aber sehr wenig. Selbst wenn man einen auffordert, über sich als kleinen Jungen zu reden, spricht er gleich wieder über seine Mutter. Er hat in Symbiose mit ihr gelebt und bezahlt die Verklärung der Mutter mit einer Unfähigkeit, sich persönlich als Mensch zu entwickeln. Er hat keine Kraft gewonnen, sich mit der Mutter auseinander zu setzen, geschweige denn, ihre Übergriffe abzuwehren. Er spürte ihre Hilflosigkeit, war dabei selbst hilflos und fühlt sich auch heute noch der Welt gegenüber hilflos. Doch auf ihre Mütter lassen betroffene Männer nichts kommen.

»Damals fing ich an, mir einen Panzer zuzulegen, mir meine Gefühle nicht anmerken zu lassen, mich nur auf mich zu verlassen und mit meinen Problemen möglichst alleine fertig zu werden. Das machte mich unverletzbar und unabhängig, und nicht selten wurde ich für meine Selbstständigkeit auch noch bewundert. Aber der Panzer, der mich vor Verletzungen von außen schützte, verhinderte gleichzeitig, dass meine Gefühle, Bedürfnisse und Erwartungen nach außen gelangten und von denen wahrgenommen wurden, deren Nähe ich suchte. Es hat unendlich viel Kraft gekostet, mich auf diese Weise zu behaupten und mich nicht klein kriegen zu lassen. Noch heute habe ich das Gefühl, mich auszuliefern, wenn ich meine Gefühle zeige, und es fällt mir schwer einzusehen, dass nicht jede kleine Kränkung wirklich böse gemeint und nicht jede Distanzierung schon eine Zurückweisung oder gar eine Demütigung ist. Und noch heute reagiere ich äußerst empfindlich, wenn mir ein Gespräch verweigert wird oder ich vor vollendete Tatsachen gestellt werde. Dann werde ich wieder zum Einzelkämpfer, der ich nicht mehr sein will, und lasse mich auf völlig überflüssige Machtkämpfe ein, einzig und allein aus Angst, bevormundet oder gedemütigt zu werden. Kämpfen ist wesentlich einfacher, als zuzuhören und miteinander zu reden, und bewusst eingesetztes Schweigen hat eine verheerende Wirkung.«

Das sagt der schweigende Mann, der an seine Gefühle nicht herankommt, der auch mit Männern nicht ins Gespräch kommt, weil er viel Schlimmes mit seiner Mutter erlebt hat. Solch deutliche Äußerungen sind sehr selten.

Grund für die Schonung kann aber auch die Angst vor der Mutter sein, vor ihrer Rache: Schläge, Schweigen, Liebesentzug.

2. Die interesselose Mutter

»Du projizierst in mich irgendwelche Vorstellungen und Bedürfnisse von dir. Du zeigst keine Gefühle, kein Interesse für mich. Es geht dir auch gar nicht um eine konkrete Vorstellung, wie du mein Leben gestalten willst. Es geht um Herrschaft, du willst mich beherrschen.«

Die interesselose Mutter hat kein echtes Interesse an ihrem Sohn. Sie kennt ihn nicht, fragt ihn aber auch nicht, erzählt immer nur von sich und meist von Krankheiten, Miseren, Geldmangel. Sie richtet ungeheure Liebesansprüche an den Sohn, er bleibt ihr Objekt. Er soll ihre gescheiterten Entwicklungs- und Lebenspläne verwirklichen. Söhne, für die sich die Mutter nie wirklich interessierte, haben es als Männer sehr schwer, sich selbst wichtig und ernst zu nehmen.

Es gibt den Mythos, dass Frauen Männer besser verstehen als umgekehrt. Diesen Eindruck habe ich tatsächlich von erwachsenen Partnerschaften. Aber Mütter verstehen ihre Söhne oft überhaupt nicht. Weil sie sich überhaupt nicht einfühlen können und weil sie kein Interesse haben. Mütter verstehen die Schmerzen, die Hilflosigkeit und die Trauer ihrer Söhne nicht. Die so genannte Mutterliebe ist für mich nur ein Mythos, der diese Tatsache verschleiert.

3. Nicht die richtige Zärtlichkeit für den Sohn

»Bei deinen Abschieds- und Begrüßungsumarmungen haben sich mir früher alle Nackenhaare gesträubt. Heute kann ich es bisweilen zulassen, aber manchmal empfinde ich dabei auch noch zwiespältige Gefühle. Denn ich empfinde dabei weniger ein Ausdrücken von Zuneigung, die mir auch Raum lassen würde, als vielmehr dein Festhalten an einem Stück von dir.«

Damit meint der Mann sich, die Mutter empfindet ihn als ein Stück von sich. Sie hält fest an ihm als einem Stück von ihr. Das ist eines der Hauptprobleme, die Eltern gegenüber ihren Kindern haben: Sie meinen, die Kinder seien ihr Eigentum und sie könnten damit machen, was sie wollen. Mütter quälen ihre Söhne mit unerwünschten »Zärtlichkeiten« und wecken damit eine Aversion gegen jede Zärtlichkeit in ihnen. Ursache ist oft das ungestillte Zärtlichkeitsbedürfnis der Mutter.

Manche Mütter geben auch zu wenig Zärtlichkeit. Sie sind zu beschäftigt mit sich oder unfähig, zärtlich zu ihren Söhnen zu sein. Diese Männer können später nur schwer zärtliche Stimmungen herstellen und zärtlich sein.

4. Demütigung und Beschämung

Viele Mütter demütigen und beschämen ihre Söhne: Sie respektieren zum Beispiel beim Arzt, gegenüber Freundinnen oder auch zu Hause die Intimsphäre und Geschlechtlichkeit der Söhne nicht. Diese Männer müssen sich später sehr mühsam ihre Grenzen, ihr Selbstwertgefühl erarbeiten. Keine einfache Voraussetzung für eine selbstbewusste Erotik. Ein Sohn erinnert sich:

»Du hast ein Problem daraus gemacht. Du wolltest beim Waschen, dass ich meine Vorhaut zurückziehe. Mir war das unangenehm, vielleicht tat es mir auch weh. Jedenfalls hast du nicht locker gelassen. Du hast jedenfalls dafür gesorgt, dass wir zum Arzt gingen. Du hast einen operativen Eingriff vorangetrieben, dieser war nicht notwendig. Aber der Arzt hat mich ins Sprechzimmer geholt und mich gefragt, ob ich mit dieser Operation einverstanden wäre, und gefragt, welcher Religion wir angehörten. Das war also überhaupt nicht notwendig. Aber der neunjährige Junge, der ich war, konnte nicht gegen seine Mutter agieren. Meine Bravheit, die du mir schon früher ausgebildet hattest, ließ nur Zustimmung zu. Die Wunde, die du mir damit beibrachtest, ist auf körperlicher Seite nicht so schwer. Aber die seelische Seite, die Minderwertigkeitsgefühle, die dadurch hervorgerufen wurden, kein richtiger Junge zu sein, haben mich von der Pubertät bis zum heutigen Zeitpunkt verfolgt. Du kannst dir nicht vorstellen, wie schwierig es zum Beispiel in der Schule war. Das gemeinsame Duschen nach dem

Sportunterricht war erniedrigend. Die anderen Jungen lachten mich aus, zogen mir die Unterhose herunter. Ich kam mir vor wie ein Monstrum. Auch der Umgang mit Mädchen war zu dieser Zeit besonders problematisch. Ich empfinde dieses Vorgehen von dir als einen Übergriff, fühle mich missbraucht und gedemütigt. Ich fühle mich auch von meinem Vater verlassen, er war nicht da. Er hatte nicht eingegriffen, hat mich nicht beschützt. Auch später hat er mir nicht bei meinen Schwierigkeiten geholfen. Er hätte mir deutlich machen müssen, dass es viele Männer gibt, die beschnitten sind, und dass es kein Makel für mich ist.«

Warum beschämen und demütigen Mütter ihre Söhne? Mangelndes Einfühlungsvermögen ist natürlich eine Ursache, aber oft täuschen diese Mütter absolute Selbstaufopferung vor: Ich tue alles für meinen Jungen, signalisieren sie der Umwelt. Für den Jungen heißt das, dass er selbst nichts kann, selbst aber auch nichts bestimmen darf. So wird er in seiner Entfaltung und Entwicklung behindert.

Natürlich geht es nicht an, die Rolle des Vaters in diesem Zusammenhang zu verschweigen. Häufig hält sich der Vater – Mann, wenn er überhaupt anwesend ist, aus dem schwierigen Geschehen zwischen Mutter und Sohn heraus.

Er sieht zu, erinnert sich vielleicht an das eigene Drama, wagt aber den offenen Konflikt mit der Frau nicht. Er überlässt ihr den Sohn.

Dabei ist der Vater die Person, die dem kleinen Jungen bei der notwendigen Ablösung von der Mutter tröstlich helfen könnte, indem er ihm die Erfahrung vermittelt, dass auch Männer in Sachen Pflege, Dinge der täglichen Fürsorge, Gestaltung von Beziehung und emotionalem Austausch kompetent, zuverlässig und richtig männlich sein können. Väter übernehmen diesen Part zu selten, sodass das eigentliche Identifikationsobjekt dem Jungen fremd, unzugänglich und nebulös bleibt. Wären der Körper des Vaters und seine ganze Person ebenfalls eine Quelle von Lebendigkeit, Zärtlichkeit und Geborgenheit und nicht nur die Möglichkeit für spielerischen Kampf oder Konkurrenz, verliefe die geschlechtliche Aneignung des Jungen komplexer, und er müsste seine Erotik nicht mehr abwehren und durch Abwertung des Weiblichen definieren.

Von dieser fundamental bedeutsamen Prägungsmöglichkeit sind wir heute noch weit entfernt, da die entsprechenden Väter – Männer fehlen oder in zu geringer Zahl wirken.

5. Dominante Mutter

Entgegen dem Bild in der gesellschaftlichen Öffentlichkeit hat in vielen Familien zu Hause die Mutter das Sagen. Diese Macht übt sie nicht immer in dominanten, lauten Worten aus; auch Blicke, Gesten, die Mimik, der subtile Unterton dienen ihr dazu, die Stimmung im Haus zu steuern. Der Vater kann den emotionalen Gegenpol nicht herstellen, weil er oft nicht anwesend ist oder sich ebenfalls der Frau unterwirft. Mit ihrem bestimmenden Verhalten macht es die Mutter dem Sohn sehr schwer, sich zu behaupten und solche Selbstbehauptung für spätere Beziehungen mit Frauen zu üben.

6. Umgang mit Wut

Der Mutter ist Wut erlaubt, dem Sohn nicht. Im Extremfall führt das dazu, dass die wütende Mutter dem Sohn jeden wütenden Impuls ausprügelt. Wut ist eine lebenswichtige Reaktion für die Entwicklung der Persönlichkeit, doch nur wenigen Jungen gelingt es, sich gegen die Wut der Mutter mit eigener Wut zu behaupten. Männer ohne Wut wurden systematisch klein gemacht.

Mütter erzählen oft ganz stolz, wie leicht es ihnen gelungen sei, ihre Kinder trocken zu bekommen. Um das früh zu schaffen, ist meist Gewalt erforderlich. Diese Mütter stellen sich selbst oft als Opfer dar und leugnen gleichzeitig die Verletzlichkeit ihres Sohnes.

7. Klagende Mutter

Die Mutter, die immer jammert und klagt, sich bei ihrem Sohn ausweint, überfordert das Kind. Der Sohn muss zwar alles anhören und mittragen, er kann es aber eigentlich nicht. Es entsteht nicht nur eine Hilflosigkeit bei ihm, er bekommt auch ein negatives Weltbild und hat kaum eine Chance, eigene positive Erfahrungen zu machen.

Ein Mann, dessen Mutter Selbstmordabsichten äußerte, erinnert sich in seinem Brief an die Mutter:

»Das hatte zur Folge, dass ich daraufhin dein Tun und Treiben verfolgte. Und als du dich dann einmal im Badezimmer eingeschlossen hattest und auf mein Fragen nicht antwortetest, hatte ich riesengroße Angst, du würdest dir das Leben nehmen. Du kannst dir nicht vorstellen, welche Angst mir das bereitete. Dieses Gefühl der Ohnmacht war dann kaum auszuhalten. Eine Ewigkeit verging, bis du dann wieder aus dem Bad herauskamst. Schrecklich! Das war die größte Gemeinheit, die du mir als Kind angetan hast.«

8. Gewalt der Mutter

Viele Mütter sind sehr gewalttätig ihren kleinen Söhnen gegenüber, vor allem, wenn die Väter nicht dabei sind. Ein Mann schreibt:

»Von dir, Mutter, wurde ich manchmal so verprügelt, dass ich um Gnade winselte, sodass, wenn die Schläge nicht aufhörten, mir schien, die Erde würde stillstehen. Deine Wut, ich weiß nicht, auf wen, hast du prügelnd mit dem Stiel des Teppichklopfers auf dem Po deines kleinsten Sohnes ausagiert. Ich weiß den Anlass nicht mehr, so groß kann er nicht gewesen sein. Das war in der Waschküche, du hattest gewaschen. Deine schnaubende Wut, meinen Kopf zwischen deinen Knien, sodass die Ohren vom Kniedruck schmerzten, es roch nach Waschlauge, nach deinem Schweiß, und immer die Schläge, die nicht enden wollten. Ich habe geschrien, ich habe gewinselt, ich habe dich angebettelt: Ich bin wieder lieb, bin wieder lieb. Du wolltest nicht aufhören. Es hat mich niemand gerettet. Ich war dir ausgeliefert. Die Welt stand still.«

Die Väter wissen oft gar nichts davon. Oder die andere Variante: Die Mutter berichtet abends von den Missetaten, und der Vater ist Vollstrecker der Gewalt. Das ist das Furchtbarste, was ich mir überhaupt vorstellen kann: dass der Vater so ein Jammerlappen ist, dass er das Gekeife der Frau akzeptiert und den

Sohn verprügelt. Der Sohn hat keine Chance gegen diese Übermacht.

In der Gewalt der Mutter gegen den Sohn liegt meiner Meinung nach zumindest eine Antwort auf die Frage: Wie kommt die Gewalt in den Mann? Sicher sind nicht alle Männer gewalttätig, aber prozentual gesehen doch viele. Aus der Tiefenpsychologie wissen wir, dass die Bedürfnisse, Triebe und Motivationen eines Menschen in seiner frühen Kindheit angelegt werden. Tatsächlich haben Söhne auch mit dem Hass der Mütter zu tun – und das ist nicht nur ein persönliches Problem, sondern das hat eine gesellschaftliche Dimension. Indem man die Mütter mit den Kindern allein lässt und die Väter sich mit der Begründung, arbeiten zu müssen, verabschieden dürfen, kommt Gewalt in die Kultur.

Das klingt jetzt für viele wie eine Schuldzuweisung an die Mutter. Doch es geht hier nicht um Schuld, es geht um die Entstehung der Gewalt bei Männern, es geht um Aufklärung und auch darum, den Eltern Unterstützung zu geben, damit sie wissen und gewarnt sind, was sie bei ihren kleinen Kindern anrichten.

9. Gefängnis

Manche Mütter behandeln ihren Sohn wie einen Gefangenen: Er kann sich der Mutter nicht entziehen, steht absolut in ihrem Einflussbereich. Die Väter helfen ihren Söhnen da nur selten heraus, weil sie nicht anwesend sind, weil sie kein Einfühlungsvermögen für die kleinen Jungen entwickeln. Der eingesperrte Sohn erlebt als Mann in der Beziehung zur Frau unbewusst Ohnmachtsgefühle und ein starkes Ausgeliefertsein, das jede freie und freudige Erotik stört.

10. Sexuelle Interessen

Viele Mütter haben eindeutig sexuelle Interessen an ihrem Sohn. Sie wollen nicht nur Zärtlichkeit, sie sind eindeutig am Penis interessiert, machen zum Beispiel ständig irgendwelche Vorhautübungen. Im Extremfall geht das so weit, dass sie den Sohn mit ins Bett nehmen, wenn der Vater nicht da ist, oder gar den heranwachsenden jungen Mann zum Koitus verführen und ihm dann sogar noch die Schuld an der Situation geben.

Nach Gerhard Amendt sind 50 Prozent aller Männer von ihren Müttern sexuell oder autoritär missbraucht worden. Er veröffentlichte unter dem Titel »Wie Mütter ihre Söhne sehen« die Resultate einer Fragebogenaktion. Die Fragebögen wurden von Müttern ausgefüllt, und da findet sich sehr viel über Sexualität, die Mütter mit ihren Söhnen haben.

Der sexuelle Übergriff auf Söhne muss uns interessieren, wenn wir der Frage nachgehen, warum vielen Männern eine produktive und glückliche Beziehung mit Frauen so schwer fällt. Doch die meisten Söhne wissen nicht mehr, was ihnen passiert ist. Es liegt in der frühen Kindheit und musste verdrängt werden.

Ein Mann schreibt an seine Mutter:

»Ich verstehe nicht, warum du von mir Zärtlichkeiten und Anerkennung haben wolltest. Warum hast du es nicht an deinen Mann herangetragen und mit ihm ausgelebt? Mit einem erwachsenen Mann muss man sich auseinander setzen, muss sagen, was man sich wünscht und was nicht. Ein kleiner Junge muss das mitmachen, der ist verfügbar und macht das ohne große Fragen mit.«

Männer erzählen auch, dass sie mit den Erektionen Schwierigkeiten haben, man spricht dann von Impotenz. Manche erinnern sich, dass ihre Mutter die Erektionen gern hatte und sie auch stimuliert hat. Für den Sohn war meist Ekel mit dabei, und das stört seine heutige Erektionsfähigkeit.

Manche Mütter kaschieren die sexuellen Berührungen mit Ängsten um den Sohn: Sie müssen angeblich prüfen, ob der Hoden noch im Sack und nicht etwa in die Bauchhöhle gewandert ist. Sie haben Angst, dass die Vorhaut zu eng sein könnte – diese Sorge haben viele Mütter, das geht auch aus Amendts Buch hervor.

Der extremste Fall ist, wenn die Mutter mit ihrem Sohn den Koitus vollführt. Ein betroffener Mann schreibt:

»Wir schliefen dicht auf der schmalen Snap-Couch. Mir schmeckte zwar der Wein zum Fernsehen, und das war ein wei-

teres Attribut für mich, um mit 11, 12 Jahren mich erwachsen fühlen zu können. Doch meinen Schlaf hast du gestört. Es war mir zu eng auf der Snap-Couch. Es war mir zu eng neben deinen Körpermassen, zu klebrig, wenn ich umnebelt von Wein und Halbschlaf mich wie unter Felsen begraben fühlte und in der Wand verschwinden wollte. Ohne den Penis wäre mir das erspart geblieben. Und der Missbrauch, den ich von dir erlitten habe, begann damit, mich keine Grenze zu dir entwickeln zu lassen.«

Die Mutter eines anderen Mannes hatte ihm angedroht, ihn umzubringen, falls er schwul würde. Zunächst hatten wir das in der Männergruppe als Intoleranz gegenüber Homosexuellen interpretiert, aber es gab einen anderen Grund: Sie hatte ein sexuelles Interesse an ihrem Sohn. Der Mann schreibt:

»Wenn du mir als Heranwachsendem zweideutige Witze erzählt hast oder bei irgendwelchen Feiern, bei denen getanzt wurde, unbedingt mit mir tanzen wolltest, war mir das immer sehr unangenehm. Ich fühlte mich von dir abgestoßen, wenn du mit mir ganz eng tanzen wolltest … Ihr zwei Frauen, die ihr beide ohne Mann lebtet, hattet dann unbedingt Lust, mit uns zu tanzen und uns auf die Pelle zu rücken. Ich hatte Mühe, mir dich vom Leibe zu halten. Du hast darauf mit völligem Unverständnis reagiert. Schließlich, meintest du, könne ein Sohn doch ruhig mit seiner Mutter tanzen. Ja, schon, aber nicht so. So hast du mich angewidert. Du fandest auch nichts dabei, dass die andere Frau mit ihrem Sohn zusammen in einem Ehebett geschlafen hat. Sie meinte noch dazu irgendetwas von gemeinsamem Lotterbett oder so ähnlich. Ich glaube, dir hätte das auch gefallen. Mir nicht! Früher als kleiner Junge habe ich deinen Körper noch angenehm empfunden, aber irgendwann mit Beginn meiner Pubertät wurdest du mir immer unangenehmer, wollte ich vor allen Dingen deinen entblößten Körper nicht sehen. Trotzdem musstest du dich abends in dem Zimmer, in dem wir beide in getrennten Betten geschlafen haben, ausziehen. Manchmal habe ich versucht, von dir unbemerkt dich anzuschauen. Aber ich hatte doch eher unangenehme Gefühle dabei und habe mich dann zur Wand gedreht … Mit dieser unterschwelligen

Sexualität, ich sage heute Übergriffigkeit, hast du häufig meine Schamgrenze überschritten. Du warst völlig distanzlos und nicht in der Lage, meine Empfindlichkeiten zu respektieren.«

Wenn ich davon ausgehen könnte, dass solche Dinge bekannt wären, müsste ich sie hier nicht in dieser Ausführlichkeit zitieren. Aber ich habe davon in meiner zehnjährigen Ausbildung zum Psychotherapeuten nichts gehört, ich habe nichts davon in Psychologiebüchern gelesen und auch nicht in Büchern über die Beziehungen zwischen Eltern und Kindern. Deshalb halte ich es für wichtig, solche Erlebnisse zu veröffentlichen.

11. Die Mutter macht ihren Söhnen Angst

Aus vielen Briefen geht hervor, dass die Mutter ihren Söhnen Angst vor Mädchen und anderen Frauen macht. Das hat mit Eifersucht zu tun, denn die Mutter will den Sohn für sich.

Angst vor anderen Frauen erzeugen Mütter, indem sie alle Mädchen, mit denen der Junge zusammen ist, und die späteren Partnerinnen schlecht machen. Damit wird auch der Junge klein gemacht, als werdender Mann nicht akzeptiert. Manche Jungen dürfen zum Beispiel nie die Kleidung tragen, die sie wollen, um Mädchen gegenüber attraktiv zu erscheinen. Ein Mann schreibt seiner Mutter:

»Ich verlernte sehr schnell, mich dir anzuvertrauen. Ich spürte sehr schnell, wie hart du gegenüber Menschen sein konntest, die sich Hilfe suchend an dich wandten. Darunter auch meine Freundinnen und deine Freundinnen. Du hörtest sie an, sie fühlten sich sicher mit ihren Problemen aufgehoben, und du verurteiltest sie, kurz nachdem sie gegangen waren. So hast du es mir nicht ermöglicht, Freundschaften zu Frauen zu entwickeln, die frei waren von dem Gefühl, dass diese Menschen sich etwa ähnlich verhalten könnten wie du dich gegenüber deinen Freundinnen.«

12. Alle Männer sind schlecht

»Ich bin ein Junge, ein Mann. Du hast nicht versäumt, mir zu erzählen, wie übergriffig, gewalttätig und gefühllos die Män-

ner sind. Ich habe mir viele deiner Erlebnisse anhören müssen, bevor ich in die Pubertät kam. Dein Mann, mein Vater, kam ganz besonders schlecht dabei weg … Die Männer waren alles, wie die Mutter sagte, Schlappschwänze, Frauenhelden, Frauenausbeuter, Missbraucher … Ich bin also auch ein Blödian und gefühlloser Vergewaltiger. Als kleiner Junge glaubt man das. Ich habe gelernt, mich selber zu verachten und mir zu misstrauen.«

Mütter wie die des eben zitierten Mannes machen den Vater oder überhaupt alle Männer so schlecht, dass der Sohn Angst vor Männerfreundschaften und vor seinen eigenen Wünschen bekommt. Er wird erzogen im Gefühl: »Alle Männer sind potenzielle Vergewaltiger«, und aus diesem Gefühl heraus verbietet er sich seine männliche Erotik, seine Sexualität.

Ein anderer Mann schreibt an seine Mutter:

»Du hast meinen Vater nach eurer Scheidung eigentlich nur schlecht gemacht. Er hat die Matratze des Dorfes geheiratet, sich von der Erstbesten einfangen lassen, hast du dann öfter erzählt, nachdem er eine neue Beziehung begonnen hatte. Du hast ihn wie das letzte Arschloch dargestellt, das uns hat sitzen lassen.«

So kommt es, dass die Jungen sich schlecht fühlen, weil sie angeblich so wie der Vater sind. Daraus ergibt sich ein außerordentlich angekränkeltes Selbstbewusstsein: Diese Männer leben mit dauernden Selbstvorwürfen und machen sich selber fertig. Sie erleben keine Erotik und sind nicht fähig, mit einer Frau wirklich eine produktive Austauschbeziehung aufzubauen.

Dennoch fällt es diesen Männern unerhört schwer und dauert auch meist eine ganze Zeit, bis sie überhaupt einen Schmerz spüren und in der Lage sind, sich darüber zu ärgern und Wut gegen die Mutter zu empfinden. Abgesehen von den körperlichen Schlägen, hinterlässt besonders diese massive Gewalt durch Angst machen ihre Spuren bei den Männern.

Selbstbefriedigung als Teil der eigenen Erotik

Zwischen Selbstbefriedigung und Selbstkritik besteht für mich ein entschiedener und markanter Zusammenhang. Am offensichtlichsten ist, dass viele Menschen, die Selbstbefriedigung machen, sich selbst dafür kritisieren. Das halte ich für ein großes Problem, nicht die Selbstbefriedigung, sondern die Selbstkritik daran. Ich behaupte: Nur wer die Selbstbefriedigung voller Lust genießt, ist auch zu lustvoller Erotik mit der Partnerin fähig.

Sigmund Freud beschäftigte sich sehr früh mit Selbstbefriedigung, für die er die Worte »Onanie« oder »Masturbation« verwendete. Die Onanie taucht bei ihm zuerst im Zusammenhang mit Angstneurose auf, und er spricht von einer sexuellen Schädlichkeit: »Onanie erzeugt neurasthenische und neurotische Symptome.« Freud meinte, man könne die Onanie therapieren, indem man sie dem Betroffenen abgewöhnt. Die Schädlichkeit der Onanie war aber schon zu Freuds Zeit umstritten: Sein Schüler Wilhelm Stekel meinte, Selbstbefriedigung sei unschädlich. Das brachte ihm Freuds Unmut ein. Worin ich Freud zustimme, das ist seine Aussage, dass Männer, die nicht onanieren, »Sonderlinge« sind.

Vor 100 Jahren wurde das Onanieren als schädlich empfundenes Geheimnis gehütet, über das man im Grunde nicht sprechen durfte. Da hat sich bis heute nicht viel geändert. Richtigerweise stellt Freud fest, dass Onanie bereits im Säuglingsalter stattfindet: Reiben, Drücken und Zusammenpressen der Oberschenkel beim Mädchen, die Jungen nehmen auch schon die Hand. Erwachsene können sich daran nicht mehr erinnern. Fragt man sie, wann sie mit der Selbstbefriedigung begonnen haben, nennen die meisten das Teenageralter.

Insgesamt ist Freuds Haltung zur Onanie recht ambivalent. Einmal sieht er sie als Hilfsmittel zur Tugend. Später bezeichnet er sie als »Unart« – allerdings in Anführungsstrichen. Ein anderes Mal sieht er es sogar als therapeutischen Fortschritt, wenn der, der sich die Onanie eine Zeit lang verboten hat, sich diese nun wieder zutraut.

Marianne Krüll hat sich mit Freud und dessen Vater auseinander gesetzt und darüber ein Buch geschrieben. Darin heißt es, dass Jacob Freud, der Vater, unter schweren Schuldgefühlen litt, weil er das jüdische Verbot der Onanie nicht einhalten konnte. Onanie galt in jüdischen Kreisen als Perversion, es war eine schwere Sünde und ein Verstoß gegen die geltende Moral. Der Vater konnte mit seinen Kindern sicher nicht über seine Sexualität sprechen, das war ein absolutes Tabu. Jacob Freud hat seinem Sohn Sigmund verboten, an seinem Genital zu spielen, offenbar mit Kastrationsandrohung, denn Freud hatte häufig Träume, wegen Onanie kastriert zu werden. Vater Freud war außerdem der Meinung, dass Onanie langfristig schwächt, und zwar nicht nur die körperliche, sondern auch die geistige Potenz.

Auch Sigmund Freud konnte seinen Söhnen gegenüber nicht offen mit dem Thema umgehen. Als der halberwachsene Sohn mit Sorgen in Bezug auf Masturbation zu ihm kam, warnte er den Jungen vor der Selbstbefriedigung. Das hat einen guten Kontakt zwischen Vater und Sohn verhindert, denn der Junge fühlte sich nicht verstanden. Freud konnte offenbar seine durchaus fortschrittlichen wissenschaftlichen Untersuchungsergebnisse nicht in die Tat umsetzen und sich nicht von den Konventionen lösen, mit denen er aufgewachsen war.

Freud fordert, dass man Kinder über Sexualität aufklärt, denn Unwissenheit schützt niemals vor Problemen. Mit Aufklärung fördern die Eltern das Denkvermögen der Kinder und unterstützen diese auch in allen anderen Fragen zum Erwachsenwerden. Die schädlichen Seiten des Sexuallebens sind laut Freud Ursache der häufigsten neurotischen Krankheiten. Freud warnte auch vor der Einschüchterung der Kinder und vor falschen Antworten, etwa, dass der Storch die Kinder bringe. Kinder spüren falsche Antworten und werden misstrauisch, entfremden sich von den Eltern.

Drei Ursachen zählt Freud für die schädliche Geheimnistuerei der Eltern auf: Prüderie, schlechtes Gewissen und theoretische Unwissenheit. Das Letzte möchte ich deutlich unterstreichen: Viele, wenn nicht die Mehrzahl der Eltern, wissen nicht, dass Kinder und sogar schon Säuglinge einen Geschlechtstrieb haben. Der kommt nicht erst mit der Pubertät.

Freud sagt, die Aufklärung müsse Aufgabe der Schule sein. Ich meine, dass zuerst die Eltern gefragt sind. Und ich glaube auch nicht, dass man damit warten sollte, bis die Kinder Fragen stellen, denn sie fragen nicht. Sie spüren schon an der Atmosphäre, dass solche Fragen nicht erwünscht sind: Denn über Sexualität wird ja nie gesprochen, das ist irgendwie geheim. Aufgeklärte Eltern aber müssen die Kinder ansprechen, nicht bedrängen, sondern immer wieder einmal etwas erzählen. Keinesfalls sollte Aufklärung in einer feierlichen, einmaligen, schwülstigen Aufklärungsaktion bestehen. Eigentlich müsste die Sexualität im Gespräch zwischen Mann und Frau, die zusammenleben, ab und zu vorkommen. Sexualität gehört zum alltäglichen Leben, das ist etwas Normales, das ist etwas Wissenswertes.

Man kann die Notwendigkeit der laufenden Aufklärung auch nicht abwimmeln mit der Begründung, das sollte über Gespräche mit Gleichaltrigen laufen. Die Gleichaltrigen wissen auch nicht mehr, und es kommt zu mythisch-magisch-phantasievollen Deutungen, die notwendiges Wissen ersetzen.

Selbstbefriedigung ist normal

Der Kinsey-Report aus dem Jahr 1966 über »Das sexuelle Verhalten des Mannes« liefert mehr und bessere Informationen über Selbstbefriedigung als das meiste, was seitdem über das Problem erschienen ist. Die Kinsey-Gruppe schreibt: »Selbststimulierung zur erotischen Erregung ist allgemein verbreitet bei Männern wie bei Frauen, beim jüngsten Kind wie auch beim ältesten Erwachsenen.«

Die Kinsey-Gruppe hat herausgefunden, dass 92 Prozent der Menschen sich selbst befriedigen und dabei bis zum Orgasmus kommen. Selbstbefriedigung ist also Normalität, und es stellt sich die Frage: Wer sind die übrigen 8 Prozent? Laut Kinsey sind das Männer, deren sexueller Antrieb nicht stark genug ist oder die sehr früh mit Frauen sexuellen Kontakt haben. Diese nennt Kinsey »schwerfällige« Individuen, die nicht onanieren, weil sie es nicht bis zum Orgasmus schaffen. Und schließlich gibt es noch die Männer, die in Gruppen leben, wo die Onanie verboten ist, zum Beispiel in jüdischen oder christlichen Kreisen.

Der Kinsey-Report hat auch festgestellt, dass Jungen meist von außen zum Onanieren hingeführt werden, das heißt sie hören davon, oder es wird ihnen von anderen Jungen gezeigt. Mädchen entdecken es dagegen häufiger selbst.

Kinsey arbeitet große Unterschiede zwischen den sozialen Schichten heraus: Menschen mit guter Bildung machen am häufigsten Selbstbefriedigung, die Ungebildeteren weniger. Hier nun meine These: Mehr Selbstbefriedigung korrespondiert mit mehr Selbsterkenntnis, das heißt: Ich glaube, dass Menschen, die mehr Selbstbefriedigung betreiben, auch eine bessere Selbsterkenntnis haben, dass sie ganz allgemein besser mit sich selbst umgehen, weil sie mehr Interesse an sich haben. Selbstbefriedigung ist für mich immer positiv zu werten. Menschen, die sich mehr befriedigen, sind weniger belastet durch Enthaltsamkeit, denn es ist vollkommen natürlich, dass man sich sexuell befriedigt. Enthaltsamkeit blockiert Emotionen und mentale Kräfte.

Die Kinsey-Gruppe berichtet, dass Erzieher häufig beunruhigt sind, wenn sie jüngere Kinder beim Onanieren »erwischen«. Sie schicken sie dann zum Arzt. Ärzte wissen aber meist nicht mehr und meinen, irgendetwas müsse sich ändern. Das Kind bekommt keinen Trost und keine Erklärung, sondern wird verunsichert. Der Kinsey-Report macht sich geradezu lustig über die Heilungsversuche, wo doch noch nie nachgewiesen wurde, dass Onanie in irgendeiner Weise schadet.

Schaden richtet dagegen das Verhalten der Erwachsenen an, die ja meist selber unsicher und gehemmt sind: Verweise, Verbote, das Kind lächerlich machen, seine Handlungen ins Negative, Gefährliche ziehen. Wenn es gelingt, das Kind ernsthaft zu beunruhigen, kann sich dies laut Kinsey als Störung fürs ganze Leben auswirken. Kinsey-Vorschlag: Onanieren akzeptieren, ohne es als wichtig erscheinen zu lassen. Das ist zwar fortschrittlich, aber nicht mit letzter Konsequenz. Warum können wir das Onanieren nicht als wichtig erachten, wo es doch 92 Prozent der Menschen machen?

Der Kinsey-Report liefert auch viel Statistik über die Häufigkeit des Onanierens: Männer machen es bis zu 25-mal in der Woche, der Durchschnitt liegt bei 6- bis 15-mal. Auch verheiratete Männer onanieren wöchentlich bis zu 4-mal. Manche schränken es ein, wenn sie regelmäßig Sexualverkehr mit Frauen haben, und tun es häufiger, wenn sie von der Frau getrennt sind oder wenn die Frau keine oder weniger Sexualität will.

Meine Empfehlung ist sogar, lieber zu onanieren, als sich von der Frau über das Druckmittel Sex erpressen zu lassen. Es gibt Männer, die betteln bei der Frau um Sex und machen ihr alles recht, nur damit es zum Koitus kommt. Sie machen sich klein vor der Frau, nur damit sie sich nicht verweigert. Das halte ich für würdelos, und da ist Onanie auf jeden Fall besser.

Kinsey hat festgestellt, dass es Vorurteile und Tabus in Bezug auf die Onanie vor allem in den niedrigen Schichten gibt: Onanie mache verrückt. Onanie verursache Pickel. Onanie schwäche den Mann, verursache körperliche Schäden, von krummen Schultern über Gewichtsverlust etwa, Erschöpfung, Schlaflosigkeit, schwachen Augen, Verdauungsstörungen, Schwachsinn, Genitalkrebs, Impotenz bis hin zum Rückenmarksschwund.

Die Fülle der Weltanschauungen gegen die Onanie hat nur ein Ziel: Sie soll den Mann zur Frau hinführen. Vor allem bei heranwachsenden Männern führen die verbreiteten Pseudo-Warnungen vor Onanie zu seelischen Konflikten. Sie spüren den Antrieb in sich, »wissen«, dass es verboten, gar gefährlich ist, und müssen sich ständig selbst bekämpfen. Das ruft enorme Schuldgefühle hervor und kann bis zum Selbstmord führen. Kinsey schreibt: »Man kann sich kaum etwas Besseres ausdenken, um der Persönlichkeit dauernden Schaden zuzufügen.«

Aber die patriarchale Norm ist eben, dass der heterosexuelle Kontakt das Normale ist. Wenn Männer in einer solchen Beziehung weiter onanieren, ist das krankhaft. Kinsey widerspricht dem ebenfalls und bezeichnet es als eine »Rationalisierung patriarchaler Sitten«. An solchen Stellen wundere ich mich immer wieder, wie klarsichtig dieses Kinsey-Team schon vor 35 Jahren war. Kinsey hat auch Zahlen gebracht: Bei einem 25-jährigen gebildeten Mann verteilen sich die sexuellen Erlebnisse zu 62 Prozent auf die Frau und zu 38 Prozent auf Selbstbefriedigung, das Verhältnis ist also etwa zwei Drittel zu ein Drittel.

Kinsey nennt auch Vorteile der Selbstbefriedigung: Nervöse Spannungen werden beseitigt, und das Leben wird ausgewogener und zufriedener. Ich glaube, dass die körperliche und die geistige Leistungsfähigkeit ansteigen, wenn man sich die Selbstbefriedigung gestattet, ohne Schuldgefühle dabei zu haben.

Stärke aus dem Selbstgespräch

Der mit Schuld beladene, negativ-selbstkritische Umgang vieler Männer mit der Selbstbefriedigung ist typisch für unsere Kultur. Wir machen uns oft selber schlecht: Du bist zu faul, zu unsportlich, zu dick, zu gefräßig. Wir verbieten uns viel: Du sollst dies nicht, du darfst das nicht. Man soll nicht stolz sein, schon gar nicht auf eigene Leistungen. Doch damit entmutigt man sich ständig, oder man redet sich Gefahren oder Angst ein.

Manche treiben die Selbstkritik im Angesicht schwieriger Situationen auf die Spitze und machen sich fertig, etwa vor Prüfungen. Wenn sie viel Arbeit vor sich haben, denken sie: Das schaffst du sowieso nicht – und bleiben im Bett liegen. Das aber ist Selbstfolter: im Bett liegen bleiben und grübeln und negative Selbstkritik üben.

Jeder führt ständig Selbstgespräche. Viele sind sich dessen nicht bewusst. Auch Träume sind Selbstgespräche, und sogar wenn Sie dieses Buch lesen, führen Sie ja ein Selbstgespräch. Manche lesen gar nicht richtig, was da steht, oder hören ihrem Gegenüber nicht richtig zu, weil sie so unentwegt mit ihren eigenen Gedanken beschäftigt sind, dass sie fremden Gedanken, wenn sie deutlich von ihren eigenen abweichen, nicht folgen können.

Hier einige Beispiele für Selbstgespräche: »Also, was der da schreibt, das betrifft sowieso nur andere. Bei mir ist alles okay.« – »Also diese Zusammenhänge, die sind so kompliziert, die kapiere ich sowieso nicht – da blättere ich jetzt einfach drüber.« – »Ich bewundere, wie der da Gedanken entwickelt und das ausdrückt. Das könnte ich nie.«

Egal ob man allein ist oder unter Menschen, das Selbstgespräch ist fast dasselbe und ein Gutteil dieses Selbstgesprächs enthält negative Selbstkritik. Wenn man sich aber dauernd einredet, ich mache alles falsch, traut man sich in keine Auseinandersetzung hinein.

Positive Selbstkritik dagegen ist Ermutigung, erlaubt auch Eigenlob. Das heißt nicht, dass man seine Schwächen ignorieren muss, aber man kann durch positive Selbstkritik seine Stärken mobilisieren. Zur positiven Selbstkritik gehört auch Humor, eine Leichtigkeit, auch bei ernsten Sachen. Freud beherrscht das etwa ganz gut: Fragt einer den anderen: »Onanieren Sie?« Sagt der andere: »O – na, nie.«

Zum Selbstgespräch gehören auch unbedingt Notizblock und Bleistift. Die sollte man immer in der Tasche tragen, damit man sich jederzeit aufschreiben kann, was man denkt. Das ist notwendig, weil man sonst viele Sachen wieder vergisst: Da blitzt etwas auf, man findet das ganz spannend, hat aber in dem Moment keine Zeit, den Gedanken weiter zu verfolgen. Wenn man dann abends versucht, sich zu erinnern, ist der Gedanke weg. Doch mit Hilfe des Notizbuches kann man immer wieder die Gedanken weiterverfolgen, wenn man Zeit und Ruhe hat.

Es ist eine Grundeinstellung meiner Arbeit, dass man sich erst einmal selbst akzeptieren sollte, mit allen Schwächen. Man kann erst an sich arbeiten, wenn man sich akzeptiert hat. Man hat eben Schwächen, aber die hat man sich ja auch nicht absichtlich zugelegt. Wer sich nicht akzeptiert, verleugnet seine Bedürfnisse, seine Lebendigkeit, seine Lust und natürlich auch seine Selbstbefriedigung.

Mut zur Selbstbefriedigung

Wenn man den Ausdruck Selbstbefriedigung ernst nimmt, ist er nicht auf die Sexualität beschränkt, obwohl er in unserer Kultur ausschließlich so gebraucht wird. Ich befriedige mich auch, wenn ich jemanden umwerbe, Erfolg habe und etwas Freundliches zurückbekomme. Auch ein gutes Gespräch kann Selbstbefriedigung sein, eine gute Leistung gebracht zu haben, sich in einem Konflikt gut vertreten zu haben. Eine gute Mahlzeit, ein schönes Glas Wein, ein guter Film – das kann man zufrieden genießen. Arbeiten und Kontakte sind bei weitem nicht so negativ besetzt wie die Onanie.

Ich kann nur jedem empfehlen, seine Bedürfnisse nach Selbstbefriedigung zu akzeptieren und sich von niemandem, auch von sich selbst nicht, Einschränkungen auferlegen zu lassen. Wie viel Selbstbefriedigung einem gut tut, das muss jeder für sich entscheiden. Wenn er dann empfindet, das ist zu viel, er will jetzt ein bisschen weniger, dann stimmt das vielleicht. Es gibt ja auch Leute, die essen zu viel, die arbeiten zu viel oder die joggen zu viel – aber das wird nicht negativ belegt.

Es ist ja auch so, dass Masturbation nur als unschicklich oder schädlich gilt, weil man es mit sich allein macht. Wenn dagegen Mann und Frau sich gegenseitig streicheln, und das kann ja durchaus bis zum Orgasmus gehen, gibt es diese negative Belegung nicht. Dieses gegenseitige Streicheln und den Körper des andern dadurch Kennenlernen ist eine wunderbare Sache, um von der Koitus-Fixierung wegzukommen.

Auf Selbstbefriedigung zu verzichten, ohne sie vorher ausprobiert zu haben, halte ich für nicht gut. In der Partnerschaft wird man natürlich möglichst partnerschaftlich miteinander umgehen. Dazu gehört auch, sich gegenseitig von der Masturbation zu erzählen: Wie oft man es macht, wie man es macht, welche Phantasien man dabei hat, wie es sich anfühlt, wie es sich vom Koitus und anderen sexuellen Berührungen unterscheidet. Eine solche Offenheit hilft, eventuelle Schuldgefühle zu nehmen.

Der freie Genuss der Selbstbefriedigung ist auch wichtig für die Ich-Stärkung. Der Begriff kommt aus der Psychoanalyse, und dazu gehört, Lust an mir selbst haben zu dürfen, ohne Strafe befürchten zu müssen. Die Strafe im Zusammenhang mit Onanie stammt meist aus der Kindheit: Wir befürchteten, abgelehnt zu werden, weil die Eltern, die Stimmung zu Hause oder andere Menschen mehr oder weniger klare Signale vermittelten, Onanie sei schädlich. Wer sich die Onanie verbietet und nicht zu einem eigenverantwortlichen Umgang damit kommt, kann in Depressionen verfallen, Depressionen als selbstverordnete Lust- und Freudlosigkeit. Deshalb muss man mit den Kindern darüber sprechen, damit sich diese negativen Stimmen nicht fortsetzen.

Es braucht also Mut zur Selbstbefriedigung. Wer sich lustvoll selbst befriedigt, der hat seine Mutlosigkeit überwunden. Die Konsequenz daraus: Wer die negative Selbstkritik gegenüber der Selbstbefriedigung überwunden hat, kann sich auch mit anderen Menschen darüber austauschen. Wie machst du das eigentlich? Wie hältst du das mit der Onanie? Wie oft hast du sexuelle Kontakte mit anderen Menschen, und wie oft onanierst du? Wodurch wird bei dir der Spaß eingeschränkt? Mit welchen Gefühlen machst du es? Fühlst du dich hinterher wohler?

Die Dressur, nicht zu onanieren, ist eine Art von Bravheit. Das Onanieren mit Schuldgefühlen ist Selbstquälerei. Den Ausschlag gibt immer der einzelne Mensch, der Charakter des Menschen, wie hart oder wie masochistisch er ist oder wie freudvoll er mit sich umgehen kann. Als Kind können wir uns nicht wehren, wir werden von den Eltern beobachtet, sind rechtlos und müssen das Onanieverbot akzeptieren. Ich glaube, dass es auch heute noch leider so ist, dass Onanie als unanständig gilt und tabuisiert wird. Die religiösen Institutionen vertreten das zwar nicht offen, aber doch ambivalent, und ich fürchte, die meisten Eltern sprechen mit ihren Kindern zu wenig darüber.

Unser Selbstgespräch ist erst einmal die Wiederholung des Gesprächs mit den Eltern. Zum richtigen Selbstgespräch muss man sich mühsam durchringen. Es steht eine enorme Arbeit an, bis man zum richtigen Selbstgespräch kommt und sich nicht nur irgendwelche Klischees vor sein inneres Auge hält. So kann aus dem Selbstgespräch auch keine Selbsterkenntnis kommen, denn man übernimmt ja nur, was andere gesagt haben: Eltern, Lehrer, Professoren, Chefs.

Wer sich die Selbstbefriedigung nicht zugesteht, dankt gegenüber den Eltern und anderen Autoritäten ab und gehorcht. Dabei sollten wir immer überprüfen: Was tut mir gut? Was tut mir nicht gut? Dann werden wir selbstbestimmt und selbstständig, bauen die Fremdbestimmung in uns ab und können uns von den schädlichen Einschränkungen der Kindheit emanzipieren.

Ziel der Entwicklung sollte sein, überhaupt keine Verbote aufzustellen. Lev Kopelew hat das Buch »Verbietet die Verbote« geschrieben. Für Menschen, die an sich selbst arbeiten wollen, ist es wichtig, sich spontan erleben zu können. Jemand, der sich selbst nicht anerkennt, wird auch anderen Verbote machen wollen, doch das wird er nicht merken und für sich auch nicht aussprechen können.

Für die Therapie und die Weiterentwicklung eines Menschen scheint mir wichtig, das bewusste Selbstgespräch zu lernen, zur Selbsterkenntnis zu kommen und zu einer produktiven Selbstkritik. Menschen sind die einzigen Wesen, die überhaupt ein Selbstgespräch führen können. Wenn nun diese Menschen sich selbst knebeln, ist das ein Verbrechen gegen die Menschlichkeit.

Wir können wahrscheinlich etwas ändern, wenn wir versuchen zu verstehen. »Ver-stehen« heißt, den Standort wechseln, eine andere Gangart einüben, die falsche Meinung über uns allmählich zu einer richtigen werden lassen, Verbote ablegen. Dazu braucht es mit Sicherheit Gemeinschaft, Austausch in einer Gemeinschaft, in der man sich geborgen fühlt. Ich glaube, dass der offene Austausch von Kindheit an unterdrückt wird. Die Kinder sollen ja den Autoritäten gehorchen. Das Verbot der Selbstbefriedigung ist also auch ein Verbot, selbst zu denken. Das Denkverbot wird durchgesetzt durch das Verbot der Lust und der Selbstbefriedigung. Doch mit der sexuellen Lust wird eine wichtige Quelle unserer Lebendigkeit abgetötet.

Was ich mir nun über Selbstgespräch, Selbsterkenntnis und Selbstkritik hinaus wünsche, ist Selbsterstaunen. Wenn man im Selbstgespräch etwas geübter ist, staunt man oft darüber, was einem im Kopf herumgeht, man schreibt es auf und fragt sich dann: Kann das stimmen, oder ist das falsch? Wie komme ich auf einen solchen Quatsch? Das muss ich erst einmal überprüfen. Damit hat man auf jeden Fall das Schweigen, das Sichselbst-Anschweigen aufgegeben. Dieser Vorgang ist, wie wenn man seine Brille abnimmt, sie sich näher anschaut und erstaunt feststellt: Die ist ja beschlagen.

Gegen das Selbstgespräch arbeitet das Sicherheitsstreben. Da ist die Stimme in uns, die sagt: Halte dich an das, was die anderen sagen. Das ist besser als das, was du denkst. Halte dich an die Mehrheit, sonst bist du irgendwann ganz allein. Viele Menschen hören auf diese Stimme: Sie buddeln sich ein in der Mehrheitshaltung, sie erleben das eigene Denken als gefährlich, als konflikt-auslösend, als wahrscheinlich falsch. Manche Menschen haben auch, wenn sie abweichende Gedanken bei sich feststellen, Angst, dass sie verrückt werden. Wenn jemand Ängste entwickelt, wäre es wichtig, mit anderen in Kontakt zu treten, über die Ängste zu sprechen. Wenn man diesen Schritt wagt, erfährt man oft, dass andere Ähnliches gedacht oder erfahren haben.

Was kann man tun, um das Selbstgespräch zu beleben, zu vertiefen und damit auch die positive Selbstkritik zu fördern, die Selbsterkenntnis und das Selbsterstaunen?

1. In jede große Angstsituation hineingehen: Immer gerade das machen, wovor man am meisten Angst hat.
2. Keinen Konflikt scheuen, jede Provokation ergreifen und einen Konflikt anzetteln.

3. Gegen die Verdrängung angehen und reingehen in die Arbeit an der eigenen Person: Wenn ich an meiner eigenen Person arbeite, verändert sich auch mein Selbstgespräch, oder es entsteht überhaupt erst.
4. Ein anderes Verhältnis zum eigenen Körper aufbauen: Die meisten von uns sind wahrhafte Christen, befolgen das Onanieverbot, aber auch andere körperliche Bewegungsverbote. Viele machen keinen Sport, rauchen lieber, aber das ist Körperverachtung. Körper und Seele sind nicht getrennt, und der Körper hat eine große Vernunft: Er zeigt uns durch somatische Erscheinungen und Krankheiten genau unsere Probleme. Auf den Körper zu hören, ist Teil des Selbstgesprächs.
5. Seine Wohnung in Ordnung halten, sauber machen, auf die Kleidung und das Äußere achten, auf die Umgangsformen. Immer darauf achten: Wie wirke ich eigentlich? Und einmal den Mut zu haben, andere zu fragen: Wie wirke ich auf euch, wenn ich in den Raum komme?
6. Sich selbst fragen: Was habe ich für meine Mitmenschen getan, damit diese fröhlicher und mutiger werden? Die Antwort lautet meist: Nichts, aber ich habe mir selbst ja auch nichts geschenkt. Dazu gehört auch, dass man die Gedanken aus dem Selbstgespräch aufschreibt, weiterentwickelt und in bearbeiteter Form an andere weitergibt. Wirklich soziale Menschen stehen in enger Verbindung mit sich selbst. Ich glaube zum Beispiel, Menschen, die sehr viel lesen, das aber nicht an andere Menschen weitergeben, haben kein produktives Selbstgespräch. Die leiden an Verstopfung, an geistiger Verstopfung.
7. Jede Art von Sinnlichkeit und Kunst unterstützen.

Die Entfaltung erotischer Qualitäten

Verantwortung in der Erotik

Das Gespräch unter Männern ist also unbedingte Voraussetzung dafür, dass Männer sich selbst besser ins Gefühl bekommen. Wenn sich nun Männer unter neuen Vorzeichen der Frau nähern, müssen sie Verantwortung übernehmen: für sich, für die Situation und auch für die Frau.

Verantwortung und Erotik – das eine Wort prickelt, das andere klingt formal und langweilig. Verantwortung und Erotik gehören aber unbedingt zusammen. Nicht, um die Erotik langweiliger zu machen, sondern um im Gegenteil alles möglich werden zu lassen. Wer sich immer nur hineinstürzt in Begegnungen, braucht sich nicht zu wundern, wenn er am Ende immer unzufriedener und gelangweilter wird.

Was ist eigentlich Liebe? Die meisten Männer wissen keine Antwort darauf. 1987 habe ich mein Buch »Männer lassen lieben« geschrieben. Meiner Beobachtung nach hat sich seitdem nichts verändert. Die meisten Männer lassen immer noch lieben, denn das Buch wurde und wird zu 90 Prozent von Frauen gelesen.

Gewalt ist sicher das Gegenteil von Liebe. Wir leben in einer Zeit, in der immer noch außerordentlich viel Gewalt von Männern gegenüber Frauen ausgeübt wird. Ich weiß, dass es auch gewalttätige Frauen und Mädchen gibt, aber das sind vielleicht 10 Prozent. Mit dem Hinweis »auch die Frauen« wird aber nur verschleiert, dass über 90 Prozent der Gewalt von Männern ausgeübt wird. Männer neigen auch mehr zu Selbstmord. Meine These: Männer haben weniger Gefühl für den Wert des Lebens und werden deshalb gegen sich und die Frau gewalttätig bis zum Mord. Ich glaube, dass es kein Zufall ist, dass 90 Prozent der Gewalttäter Männer und 90 Prozent meines Lesepublikums Frauen sind.

Wenn wir mehr Erotik wollen, sollten wir Männer uns immer wieder fragen: Was ist Liebe? Ich meine nicht, dass man das definieren muss, dass man das definieren kann, denn in jeder Situation, in die man hineinkommt, ist liebevolles Verhalten etwas anderes. Man muss sich jede Situation sehr genau ansehen, um festzustellen, was jetzt auf liebevolle Weise – voller Liebe – angebracht ist.

Nachfolgend einige Beispiele für liebevolles Verhalten. Diese Schilderungen für Männer gelten natürlich auch für Frauen. Nur wenn Mann und Frau sich wechselseitig bemühen, wird Liebe und Erotik entstehen. Be-mühen drückt es schon aus: Hier ist Mühe angesagt, nicht nur Genuss und sich fallen lassen.

Liebevolle Männer hören einer Frau wirklich zu und interessieren sich dafür, was sie sagt. Sie zeigen ihr Interesse durch Fragen, die zum weiteren Erzählen ermutigen. Sie verhalten sich respektvoll gegenüber der Frau, bemühen sich um die Wahrnehmung ihrer Bedürfnisse, ihrer Werte. Werte sind Strebensziele, und es reicht nicht, zu schauen, was die Frau ist, sondern auch, was sie will, wohin sie will. Der liebevolle Mann versucht, die Werte der Frau zu unterstützen, und hilft ihr bei ihren Lebensproblemen.

Dazu gehört auch, die positiven Stimmungen der Frau zu unterstützen und sie nicht zu zerstören. Männer zerstören oft erotische Stimmungen, Freude und Lust. Um positive Stimmungen unterstützen zu können, muss man sie kennen, wahrnehmen, sich dafür interessieren. Nur wenn ich weiß, was die Frau wünscht, wonach sie strebt, kann ich ihre Erfolge (an-)erkennen. Viele Männer bleiben dagegen angesichts weiblicher Erfolge verhalten und cool, sie schweigen, halten sich überstark zurück und teilen die Freude nicht.

Zur Liebe gehört die männliche Würde. Das ist ein Begriff, der für mich zunehmend an Bedeutung gewinnt. Männer im Patriarchat sind überwiegend würdelos, weil sie zum Beispiel Gewalt gegen die Frau anwenden. Gewalt bleibt das Hauptproblem: Sie ist nicht angeboren, ebenso wenig wie Erotik und Verantwortung. Das sind kulturelle, anerzogene Verhaltensformen, und die lassen sich sehr wohl verändern. Der Mann muss

Verantwortung übernehmen für seine Gewalt. Nur wenn er sich verantwortlich fühlt, wird er beginnen, sich zu verändern.

Ein Beispiel für die Verantwortungslosigkeit vieler Männer ist das Thema Abtreibung. Die Frau hat das Problem: Soll ich das Kind bekommen oder es abtreiben lassen? Der Mann – das belegen Studien – fühlt sich verpflichtet, nüchtern und realistisch zu analysieren, Stärke zu demonstrieren, die Lage zu überblicken. Er redet klug, doch er bemüht sich nicht um Verständnis, Einverständnis mit der Frau. Liebe, Gefühle, der Wert des Lebens, Angst, Überforderungsgefühle – das müssten die Themen sein. Die Männer verhalten sich verantwortungslos, betont neutral und rationalisieren ihre Gleichgültigkeit mit Sätzen wie: »Die Frau soll da ganz allein entscheiden dürfen.« Aber beim Zeugungsakt, da waren sie doch auch dabei. Haben sie Verantwortung für die Verhütung übernommen? Darüber gesprochen? Jetzt müssen sie dieselbe Verantwortung für die Entscheidung übernehmen, ob das Kind geboren wird oder nicht.

Verantwortung und Erotik sind nicht angeboren. Wer sie als angeboren annimmt, lebt Fatalismus und Ohnmacht gegenüber menschlichen Gefühlen. Das äußert sich in Rationalisierungen wie: »Gegen Gefühle kann ich nichts machen, die überfallen mich einfach. Liebe und Hass, Freude und Trauer überkommen mich einfach.«

Das stimmt nicht. Gefühle werden von Menschen geschaffen, und Erotik ist eine Gemeinschaftsleistung von zwei Menschen. Erotik ist gelernt – oder eben nicht gelernt –, und Erotik kann man lernen. Wenn wir uns Erotik wünschen, müssen wir für uns die Verantwortung übernehmen. Wir müssen lernen, für uns und für die Erotik und die Gefühle des Partners die Verantwortung zu übernehmen.

Es ist unverantwortlich, Erotik nicht wahrzunehmen. Wenn man Menschen kennen lernt und erlebt, ist es wichtig, sie mit ihrem Geist und ihrer emotionalen Ausstrahlung wahrzunehmen. Wer mit einer erotischen, geistigen, lebendigen Frau nur technische Sexualität lebt, ist wertblind, ist ein Banause. Und ich vermute, dass sehr viele Männer Banausen sind und überhaupt nur technische Sexualität kennen.

Ein wichtiger Hinweis auf das Vorhandensein von Erotik in der Beziehung sind Schmerzen bei Abwesenheit des Partners. Wer diese Schmerzen nie empfindet, hat wahrscheinlich keine sehr erotische Beziehung. Wenn in einer langjährigen Beziehung bei einer Trennung keine Schmerzen mehr entstehen, ist die Erotik wohl verschwunden. Es ist also wichtig, Schmerz fühlen zu lernen.

Diese Veränderungen, diesen Erstarrungsprozess in der Erotik müssen wir wahrnehmen und Verantwortung dafür übernehmen, dass er nicht stattfindet. Erotik ist ein subtiles, kompliziertes Geschehen, das immer durch Erstarrung bedroht ist. Es ist meiner Beobachtung nach sehr viel wahrscheinlicher, dass Erotik erstarrt und stirbt, als dass sie aufblüht.

Es ist ein Vorurteil, dass jeder Erotik haben kann. Bildung spielt hier eine Rolle, und jeder muss die Verantwortung für die eigene Bildung übernehmen. Erotik ist eine Gemeinschaftsleistung zweier liebender, interessierter, lebendiger und geistvoller Menschen. Allerdings hat Bildung nichts mit dem universitären Grad zu tun: Es gibt sehr dumme Professoren und sehr intelligente Arbeiter.

Die Gefühle und Reaktionen der Partnerin bestimmen die Erotik mit, man kann Erotik nicht allein machen. Gefährlich für die Erotik wird es, wenn die Partnerin nicht mehr begehrt wird, wenn man sie nur noch wie eine Schwester sieht oder wenn sie sich wie eine Lehrerin zu ihrem Schüler verhält.

Wenn ein Partner kein Interesse mehr an körperlicher und seelischer Intimität hat, wird das Leben des anderen eingeschnürt. Wer mit einer solchen Partnerin zusammenbleibt und nicht die Verantwortung für die Erotik und für sich selbst übernimmt, nimmt seinen emotionalen Tod in Kauf. Das ist Gewalt gegen sich selbst. Doch viele haben bei ihren Eltern den Tod der Erotik erlebt, haben sich als Kind an Unlebendigkeit und Stumpfsinn gewöhnt und sind deshalb immer in Gefahr, die Erotik zu vergessen. Alles Mögliche ist wichtig, und für die Erotik bleibt keine Zeit. Symptome sind: morgens lange im Bett liegen bleiben, sich trotzdem müde fühlen, viel allein sein, obwohl Erotik doch Gemeinschaft braucht, viel fern sehen.

Manche Menschen sehen 10, 12 Stunden am Tag fern, wann soll da noch Erotik entstehen?

Ein verbreitetes Klischee ist, Geld oder Macht seien erotisch. Ich behaupte das Gegenteil: Macht ist unerotisch, und unerotische Menschen wollen Macht. Viele Politiker zählen zu dieser Kategorie unerotischer Machtmensch. Sie haben erotische Gefühle vergessen, wissen nicht mehr, was es bedeutet, einen Menschen zu lieben oder um jemanden zu werben. Erotische Gefühle brauchen ständige Pflege, sonst erstarren sie. Doch Machtmenschen haben dafür keine Zeit, sie kennen nur ein Ziel: die Macht. Und dafür tun sie alles. Auch die Partnerin muss da mitspielen, auf Wahlveranstaltungen lächeln und daheim die Familie in Ordnung halten.

Verantwortung heißt, wahrzunehmen, wenn ein Mensch lieb ist und um einen wirbt. Unerotische Menschen nehmen erotische Menschen nicht wahr. Unerotische Menschen unterliegen einer Wertblindheit, aber natürlich auch einer Augenblindheit: Denn Erotik ist ja sichtbar, doch wer gleichgültig ist, sieht keine Erotik mehr. Er sieht sie im Kino nicht, liest sie nicht in einem Buch und hört sie nicht in der Musik, sieht sie nicht im Kunstwerk und auch nicht im lebendigen, erotischen Menschen.

Doch im Leben jedes Menschen gibt es Situationen des Gewecktwerdens. Auf die müssen wir gefasst sein, und für die müssen wir sensibel werden. Wenn wir auf diese Situationen achten, gespannt darauf warten, dann können wir erweckt werden aus dem Schlaf der Nichterotik.

Viele haben in der Kindheit bei ihren unerotischen Eltern erlebt, dass Erotik gar nicht gelebt werden darf. Unsere Kultur hat viele Normen, Gesetze und Tabus gegen die wirkliche Erotik. Tabuisiert sind zum Beispiel Selbstbefriedigung, Untreue und Eifersucht. Erotische Gefühle haben fast nie etwas mit der Norm in dieser Kultur zu tun. Leute, die erotisch sind, müssen auch mutig, eventuell sogar aufmüpfig sein. Sie sagen auch mal »Nein« zu gängigen Vorstellungen und Verhaltensweisen.

Wer in dieser Kultur seine Liebe und seine erotischen Bedürfnisse zeigt, ist schon von vornherein falsch. Wer also nicht allein gelassen und isoliert werden will, sollte nicht allzu viel davon zeigen. Wer aber seine Erotik nicht zeigt, ist auch nicht erotisch. Die Abwehr gegen lebendige Erotik entspricht vielleicht auch der Angst, dem Hass der Unerotischen: Denn wenn sie einen wirklich erotischen Menschen erleben und sehen, merken sie vielleicht, wie tot sie selber schon sind.

Als Beispiel für das in unserer Kultur Geduldete will ich David Bennent zitieren, der den kleinen Oskar im Film »Die Blechtrommel« gespielt hat. Auf die Frage nach den Nacktszenen antwortete er: »Ein nackter Frauenkörper ist doch etwas sehr Schönes. Das dürfen Kinder nicht sehen. Aber sie dürfen Filme sehen, in denen Menschen verstümmelt werden, in denen Blut fließt, in denen Menschen leiden müssen. Ich verstehe das nicht.«

Erotik gilt in unserer Kultur als Grenzüberschreitung, im religiösen Bereich gilt Erotik als Sünde. Es bleibt dem Einzelnen, der Erotik trotzdem will, also nichts anderes übrig, als Verantwortung für Erotik zu übernehmen.

Verantwortung für die nackte Frau

Zum erotischen Glück eines heterosexuellen Mannes gehört die nackte Frau. Er wird nicht glücklich, wenn er mit der nackten Frau nicht liebevoll umgehen kann. Männer müssen in der Erotik die Verantwortung dafür übernehmen: wie sie die nackte Frau ansehen, was sie für ihre Lust und ihre Erotik bedeutet.

Die nackte Frau ist für Männer schön, erregend und begehrenswert. Erregend und begehrenswert kann sie auch bekleidet sein. Was passiert also, wenn sie nackt ist und die Erregung steigt? Ich glaube, viele Männer bekommen im Angesicht der nackten Frau alle möglichen Ängste.

Der Körper der Frau ist erregend, ihre Brüste, der Po, die Genitalien. Freud nannte die Genitalien auch erregend, fügte aber hinzu, sie würden fast nie im eigentlichen Sinn als schön empfunden. Schön finden wir das Gesicht, den Po, die Brust, die Beine, aber die Vagina seltener. Der Mann hat große Mühe, mit dem weiblichen Genital umzugehen, und die nackte Frau schämt sich, sich so sehen zu lassen. Der Mann schämt sich seiner Erregtheit, seines Begehrens und traut sich nicht, die nackte Frau überall und ganz anzusehen. Er fürchtet, als geil, obszön oder lüstern zu gelten. Kaum ein Mann traut sich, die Frau zu fragen, ob er sie ganz nackt überall betrachten darf. Das ist ein Tabu – doch wenn er sich traut, und die Frau traut sich, sich ihm ganz zu zeigen, dann ist es Glück.

Warum lernen wir in der Schule und in der Familie Nacktheit nicht kennen? Die Eltern halten sich meist bedeckt, im wahren und im übertragenen Sinn des Wortes. Die körperliche Nacktheit der Frau ist doch etwas Schönes, wie David Bennent richtig sagte. Diese Nacktheit könnte doch verherrlicht werden, bewundert, frei begehrt? In manchen Kulturen ist das auch so, bei uns nicht.

Warum hat die geliebte Frau Angst, sich uns ganz zu zeigen? Müssen wir Männer darüber erhaben sein, so etwas sehen zu wollen? Haben wir Angst, als unanständig und lüstern zu gelten? Müssen wir fürchten, dass die Frau sich uns ganz entzieht, wenn wir ein solch lüsternes Interesse an sie herantragen? Finden sich die Frauen selbst nicht schön? Warum schämen sich Frauen? Wäre es nicht toll, wenn sie schamlos wären? Die begehrte, angebetete Frau zeigt sich schamlos nackt. Aber das ist nicht so einfach: Sie will ja auch nicht aufreizend und unanständig sein und hat vielleicht Angst, dass der Mann sie nicht schön findet. Daran sind wir Männer mit schuld, wenn wir zum Beispiel an der Frau herumnörgeln: der Busen zu klein, der Bauch zu dick, die Beine zu dünn. Solche Dinge zu äußern, das ist Nichterotik, das ist die Systematik der unerotischen Stimmung, die von Männern praktiziert wird: Der Busen muss ganz toll sein, sonst ist die Frau nicht erotisch – das ist Unsinn.

Ich stelle also in unserer Gesellschaft ein Paradoxon fest: Die technische Sexualität, die ist erlaubt, aber die Genitalität, das ganz Nackte, die Lüsternheit, die Ekstase und damit auch die echte Erotik werden abgelehnt. Alles dreht sich um PEKOS: Penis, Erektion, Koitus, Orgasmus, Schlaf. Aber die Ekstase, das Herauskommen aus der alltäglichen Befindlichkeit, das ist Erotik, darin besteht die erotische Tat. Sie wird gefürchtet und auch geneidet. Der Neid der Unerotischen ist so bedrohlich, dass Lust nicht gezeigt werden darf. Die Ekstase im Anblick, im Streicheln, im Küssen, im Außer-sich-Sein, im totalen Hingegebensein, im absoluten Offensein für den anderen Menschen ist wie verboten.

Deshalb können wir das auch nicht als schön empfinden und erschrecken geradezu, wenn wir zum Beispiel Bilder von Künstlern sehen, auf denen ein Cunnilingus oder eine Fellatio (Mund-Genital-Berührung) dargestellt sind: Eigentlich darf das nicht gezeigt werden, also dürfen wir auch keinen Spaß beim Anschauen haben.

Der Anblick der nackten Frau kann ein Schock sein. So sind wir erzogen worden: Wir können das nicht freudig, fröhlich, ruhig genießen. Auch Darstellungen des erigierten Penis, des Koitus, des onanistischen Aktes gelten als unanständig. Wer die Nacktheit zweier Menschen im Bett, im Wasser, unter der Dusche, ausdrücken will, etwa in Bildern, in Liebesbriefen, in der Sprache, auf Videos, muss kulturelle Verbote missachten.

Als absolut unverantwortlich empfinde ich das brutale Zurschaustellen der Nacktheit im Fernsehen. Die Fernsehsendungen über angebliche Erotik beschäftigen sich mit reiner Sextechnik. Das ist meistens abstoßend und das extreme Gegenteil des Versteckens von Sexualität. Denn die millionenfache Öffentlichkeit richtet sich ebenfalls vollkommen gegen unsere wirklichen Bedürfnisse.

Wo bleibt die sexuelle Revolution? Ich behaupte: Es gab keine Revolution und auch keine Evolution. Alles ist prüde wie eh und je, wirkliche Erotik wird nicht zugelassen.

Wer Erotik leben möchte, muss dies unter dauernder Angst tun. Sicherheit und Erotik gleichzeitig jedoch gibt es nicht in dieser Kultur. Diese Angst muss man annehmen, hineingehen in die Angst und bewältigen. Die einzige Rechtfertigung dafür ist die Verliebtheit. Wer sehr verliebt ist, setzt sich über Verbote hinweg, will erotisch sein, will fühlen. Aber meist gestatten wir uns das nicht.

Woher kommt dieses rigide Glücksverbot? Der nackte Körper der Frau bedeutet doch höchstes Glück für den sich sehnenden Mann – ebenso wie der nackte Männerkörper für die Frau. Dieses Glücksverbot kommt aus der asketischen Verbotsmoral des christlichen Patriarchats. Die nackte Eva verführte den Mann und machte ihn schuldig. Der Christ steht also unter Zwang, dieser Zwang isoliert und spiegelt die Angst vor der Freiheit. Erich Fromm hat das empfehlenswerte Buch »Die Furcht vor der Freiheit« geschrieben. Die Angst, Tabus zu überschreiten und in die Erotik hineinzugehen, ist eine ungeheure Kraft. Aber diese Angst bietet auch die treibende Kraft zur Befreiung. Die Angst entspricht in ihrer Stärke dem Sehnen nach dem nackten Körper der Frau. Dieses natürlichste Bedürfnis kann in unserer Kultur nur mit Angst gelebt werden.

Wer sich solche Freiheit im Patriarchat nimmt, muss sich sagen lassen, dass er unter schweren Störungen seiner psychischen Persönlichkeit leidet. Exhibitionismus, Voyeurismus, die so unerhört lustvoll und erotisch sein können, wurden bereits von Freud als Perversionen beschrieben. Wer also durch seine Angst hindurchgeht, sich seiner Partnerin gerne nackt zeigt und die Frau in ihrer ganzen Nacktheit genießt, gilt als schwer gestörte Persönlichkeit.

Doch die sexuelle Ekstase, die wirkliche Erotik wäre eine Befreiung, eine Erlösung vom Zwang und von der Angst. Wir müssen viel Kraft einsetzen und viel riskieren. Die Gottesliebe wurde erfunden, damit Unterordnung sinnvoll erscheint. Für mich ist die Gottesliebe eine Lüge und absolut unerotisch. Mir soll keiner erzählen, dass er wirklich Gott liebt und von ihm geliebt wird. Die Liebenden zeigen den Weg zur Erlösung. Wir müssen die Liebe suchen als erotisches Fest, als Entzücken.

Für Männer ist diese Befreiung die Huldigung der nackten Frau. Ich weiß, dass das von vielen als höchst unmoralisch empfunden wird, aber ich betone: Auch die befreite Erotik kann gut, moralisch und ethisch sein. Dafür ist jeder Mann auch verantwortlich. Aber ein sexueller Orgasmus ist erst dann wahrscheinlich, wenn wir uns vergessen. Es ist gut, wenn man sich in der Ekstase selbst vergisst, vergisst, wo man sich befindet, sich ganz an die nackte Frau hingibt, sich von der alltäglichen Identität löst. Das ist ein Appell an das eigentliche Dasein.

Unser Alltag ist Gehorsam, Gefängnis und Zwang, das Gegenteil von Erotik. Er führt uns vom Sinn des Lebens weg. Erotik jedoch empfinde ich als einen Hauptsinn unseres Lebens.

Für mich sind diejenigen gestört, die gehorsam sind, die abstinent leben, die Erotik zerstören und auch von anderen verlangen, dass sie abstinent, gehorsam und erotikzerstörend leben. Die Moralapostel, Sittenrichter, Neidischen, Angstlosen haben Angst vor ihren eigenen Bedürfnissen, vor sich selbst, vor dem Über-Ich, den geschriebenen und ungeschriebenen Gesetzen des Patriarchats. Sie verbieten die Erotik, und das ist für mich Gewalt.

Es gibt leider kaum Therapeuten, die als Ziel Erotik haben. Arbeitsfähigkeit, Anpassung und Beruhigung lauten die Ziele, auch Sicherheit: materielle und psychische Sicherheit, aber fast nie Erotik. Ein Therapeut kann es sich kaum leisten zu sagen: »Mein Ziel ist, den Menschen zu Lust, zu Freude und zu Erotik zu verhelfen.« Im Grunde genommen wollen die meisten Therapeuten die Menschen nicht befreien, sondern belehren. Sie sprechen nicht von Luststörungen und Erotikstörungen, sondern allenfalls von Arbeitsstörungen.

Ich will das Tabu Luststörung aufgreifen und auf den verinnerlichten Gehorsam aufmerksam machen. Mir ist wichtig zu betonen, dass gewisse mit Tabus belegte Gefühle und Ängste nicht unanständig sind, sondern ethisch gut. Ich will den Menschen die Schuldgefühle nehmen, wenn sie gegen die so genannte Normalität, gegen die angeblich normale Anständigkeit verstoßen. Dies ist auch ein Plädoyer für warme Zimmer im Winter, für fließend warmes Wasser im Bad, für Muße und Freude im abgeschlossenen Zimmer, und ein Plädoyer gegen Langeweile und für Vielseitigkeit.

Mut zum Risiko

Beim Blick auf Kontaktanzeigen fallen zwei Extreme auf: Entweder sie sind zurückhaltend und nichts sagend: »Fahre gern Fahrrad« – das macht eigentlich beinahe jeder gern. Oder sie sind frech bis albern. Selten findet man persönliche Aussagen.

Im Gespräch mit Männern stelle ich fest, dass sie häufig Hemmungen bei bestimmten Worten haben: Die nehmen sie nicht in den Mund, vor denen haben sie Angst, oder die empfinden sie als übertrieben.

In beiden Fällen, bei der Kontaktanzeige und im Gespräch, fehlt die Risikofreude. Risikofreude aber ist eine wichtige Eigenschaft, wenn ein Mann Nähe zu einer Frau herstellen will, und ebenso, wenn er wieder auf Distanz gehen will. Wer Nähe will, kann nicht auf Nummer Sicher gehen. Er muss wagen, Tabus zu brechen. Das Problem ist, dass viele dieser Tabus und Vorurteile nicht bewusst sind.

Im Allgemeinen scheinen Frauen risikofreudiger und erotischer zu sein als Männer. Die Männer haben mehr Angst, über Sexualität und Erotik zu sprechen.

In Kontaktanzeigen sollte durchaus etwas stehen, was Attraktivität, Körperlichkeit und Nähe betrifft. Das suchen wir doch, also müssen wir das auch in Worte fassen. Vom stereotypen, langweiligen, gedrosselten Schreiben kommt der Mann aber nur weg, wenn er die Sprache benutzen lernt. Ich empfehle, sich einmal all die Worte aufzuschreiben, die tabu, verboten, schuldbeladen, übertrieben sind, die Worte, die man nicht benutzt.

Das beginnt bei ganz einfachen Worten: Lebendigkeit, Lust, Neugierde, Feuer, Aufregung – im Zusammenhang mit Erotik werden sie nicht benutzt. Der Mann ist zu schüchtern, zuzugeben, dass er aufgeregt ist, weil er zum ersten Mal mit der Frau, die ihn interessiert, zum Kaffeetrinken geht.

Aber das sollte man riskieren, es benennen. Schwindelig soll es einem werden vor Angst oder vor Begehren. Man kann lernen, damit umzugehen, dass einem die Luft weg bleibt, dass man vor Scham im Boden versinkt oder dass man sich freut.

Freude, Scham, Angst, Begehren gehören zur Erotik, und es gehört Mut dazu, das etwa in Kontaktanzeigen zu formulieren. Diesen Mut kann man im Männergespräch und beim Briefeschreiben üben.

Briefe sind unmodern geworden. Man telefoniert und mailt. Ich bedaure das, ebenso, dass kaum mehr verbindliche Gespräche geführt werden. Wirklich über sich zu sprechen und ganz ehrlich zu sein, dazu muss man sich durchringen. Männer sprechen über Arbeit, Sport und Autos, über Kinder und Urlaub, aber wenig über Gefühle und Schwächen. Selbst Männer in Männergruppen, die schon Phasen hatten, in denen sie erotisch und lebendig wurden, ziehen sich wieder zurück und werden schweigsam und starr.

Jeder Mann sollte sich die Frage stellen, was er sich eigentlich wünscht, was er begehrt. Und dann fragen: Was kann ich davon aussprechen? Was habe ich schon ausgesprochen? Wer es nie riskiert, seine Bedürfnisse und Begierden auszusprechen, der begrenzt sich selbst und beschneidet seine Lust.

Risikobereitschaft in der Erotik ist auch bei Zurückweisungen wichtig. Wenn ein Mann zum Beispiel wünscht, dass die Frau seinen Penis leckt, dann muss er damit rechnen, dass sie ihm das verwehrt, weil sie sich vielleicht ekelt. Risikobereitschaft braucht auch die Frau, um Nein zu sagen im Bewusstsein, dass sie den Mann enttäuscht, im Extremfall sogar verliert. Nach einer Zurückweisung sollten die Partner darüber sprechen. Eine Zurückweisung muss keine Zurückweisung bleiben, aber man muss das Risiko eingehen, die gewünschte bzw. abgewehrte Sache wieder beim Namen zu nennen. Briefe erleichtern das, denn Gespräche darüber sind schwer. Dabei kommen leicht Abwehrmechanismen auf, Ärger, Scham, und dann steckt man in der Sackgasse und kommt nicht mehr weiter.

Briefe bilden die Brücke, und nach einiger Zeit kann man dann seinen Wunsch wieder äußern. Man sollte ihn nach einer Zurückweisung nicht aus den Augen verlieren. Die Frau kann vielleicht versuchen, ein anderes Verhältnis zum Penis des Mannes zu entwickeln, er kann ihr vertrauter werden, sie kann ihren Ekel überwinden, der ja vermutlich in einem Vorurteil oder einer Kindheitserfahrung begründet ist, und wagt es, seinen Penis zu schmusen.

Nachfragen heißt aber nicht drängen. Drängen tötet die Erotik. Erotik braucht Zeit, und hier geht es nicht um Stunden, sondern um Wochen, Monate und Jahre.

Intimität ist ein psychischer Vorgang, in dem Menschen sich wechselseitig die geheimsten Dinge mitteilen. Wenn zwei Menschen offen sind, kann das allein schon sehr erotisch sein. Doch unsere Intimität ist meist verarmt, wir sind nicht intim.

Es fesselt zwar noch immer die Aufmerksamkeit, wenn eine Frau sich in der Öffentlichkeit nackt zeigt, Nacktfotos machen lässt, ihre Eitelkeit und Sinnlichkeit zum Ausdruck bringt. Auch ich finde das toll – aber nicht in der Öffentlichkeit. Schamlose Nacktheit in aller Öffentlichkeit ist für mich eine Art von Distanzierung: Im Fernsehen und in Zeitschriften findet so viel Nacktheit statt, dass sie selbstverständlich und langweilig wird. Was soll die Öffentlichkeit mit so genannten Powerfrauen, die sich ausziehen? Ich weiß nicht, wie diese Frauen privat sind. Im Rahmen einer solchen Fotoaktion behauptete der *Stern*, dass damit Tabus gebrochen würden: »Fessel mich, beiß mich, leck mich, hau' mich«, steht da. Das finde ich toll – aber was soll die Öffentlichkeit damit? Diesen Tabubruch wünsche ich mir für zwei Menschen in ihren intimen Begegnungen. Wie verquickt angeblicher Tabubruch und Klischees sind, das offenbart eine andere Formulierung – ebenfalls im *Stern*: das »weibliche Laster Exhibitionismus«. Warum »weiblich«, warum »Laster«? Exhibitionismus, die Lust, sich nackt zu zeigen, ist kein Laster. Ich finde das wunderbar – wenn es nicht an die Öffentlichkeit gezerrt wird. Zwei Menschen sollen sich einander zeigen. Wenn das nicht geschieht, findet keine echte Nähe statt.

Nähe und Distanz

Intimität hat auch etwas mit »Geheimnis« zu tun. Wenn zwei Menschen sich kennen lernen, wissen sie nicht viel voneinander. Die größten Geheimnisse haben zwei Menschen voreinander, wenn es um erotische Phantasien geht. Doch es ist wichtig, sich diese mitzuteilen, und es gehört Mut dazu. Phantasien muss man nicht in die Tat umsetzen, aber man kommt sich beim Erzählen näher und inspiriert sich. Inspiration, dieser gegenseitige Schub, ist wichtig für Intimität und Nähe. Wenn der Partner nie reagiert, nie etwas beiträgt von seinen Geheimnissen, wird es zu Enttäuschungen, Rückzug und Distanz kommen.

Gegen Intimität und Nähe wird immer wieder polemisiert. So plädiert etwa der amerikanische Soziologe Richard Sennet dafür, Nähe nicht allein schon als Wert zu betrachten: »Ist es wirklich menschenfreundlich, den Leuten zu sagen, ihre Persönlichkeit werde sich entfalten, sie würden emotional reicher, wenn sie lernten, Vertrauen zu fassen, offen zu sein, zu teilen, andere nicht zu manipulieren, in die gesellschaftlichen Verhältnisse nicht aggressiv einzugreifen und sich dem persönlichen Gewinn nutzbar zu machen? Ist es menschenfreundlich, in einer harten Welt die Herausbildung eines weichen Selbst zu unterstützen?« Sennet ist gegen menschliche Wärme und dagegen, sich alles mitzuteilen. Er glaubt somit nicht, dass die Probleme in unserer Kultur auf Entfremdung, Anonymität und Kälte zurückgehen, und empfiehlt Zurückhaltung.

Ich bin anderer Meinung: In unserer Kultur ist ein weiches Selbst enorm wichtig. Das heißt nicht, dass man immer weich ist. Es geht vielmehr um die Flexibilität, auch weich sein zu können. Wer am Arbeitsplatz immer hart ist, braucht sich nicht zu wundern, wenn er auch in der Intimität hart und verbarrikadiert ist. Es ist beides zu entwickeln: das widerstandsfähige, kämpferische Ich und das weiche Ich. Ein Mensch, der stark ist, wird stärker, wenn er auch weich sein kann.

Die Flexibilität ist zudem wichtig für Nähe und Distanz. Wer Nähe herstellen will, muss auch Distanz herstellen können. Distanz aber bedeutet, in einer Beziehung nicht dauernd symbiotisch zusammen zu sein, sondern auch andere Menschen zu treffen. Das ist für das Sehnen wichtig. Distanz brauchen wir auch, um einen Menschen zu verstehen, ich nenne das »Verstehensferne«. Wenn wir zu dicht an einem Menschen dran sind, können wir ihn nicht verstehen.

Körperliche Nähe kann auch psychische Distanz bedeuten. Menschen schlafen miteinander, aber sie sehen sich nicht an, machen das Licht aus, denken an jemand anderes und sprechen nicht darüber. Ständige körperliche Nähe kann in Distanzlosigkeit ausarten: Partner wohnen ständig in einer Wohnung zusammen, machen alles zusammen, machen alles gleich: hören immer dieselbe Musik, essen das Gleiche, haben dieselben Freunde. Distanzlosigkeit ist auch, wenn man den anderen nicht respektiert. Das beginnt bei alltäglichen Situationen wie: Wäsche wegräumen, die Küche sauber halten, die Toilette putzen. Das sollte jeder für sich machen, um den anderen mit seiner Unordnung nicht zu stören. Distanzlosigkeit in erotischen Situationen heißt, rücksichtslos seine Bedürfnisse zu befriedigen, ohne auf die Bedürfnisse der Frau Rücksicht zu nehmen, ohne sich zu vergewissern, ob die Partnerin zum Beispiel auch gerade jetzt den Koitus will. Wenn das nicht geschieht, kommt es zu Übergriffen und Gewalt.

Hingabe erfordert Selbstachtung

Die größte Nähe entsteht zwischen zwei Menschen, wenn sie sich einander hingeben. Doch Hingabe wird gern verwechselt mit Masochismus.

Masochistisch in der erotischen und sexuellen Begegnung ist, wer sich keine eigenen Gedanken macht, wer seine Gefühle und Bedürfnisse nicht ernst nimmt, wer seine Lebensgeschichte nicht kennt, nicht darüber nachdenkt, keine Lebenserfahrungen daraus bezieht. Das ist natürlich ein anderer Masochismus-Begriff als der, wenn sich jemand Fesseln anlegen und sich auspeitschen lässt. Aber Leder und Peitsche sind die Oberfläche, die letztlich auch in meiner Masochismus-Definition mit eingeschlossen ist.

Freud meinte, Frauen seien eher masochistisch, Männer dagegen eher sadistisch. Ich sehe das eher umgekehrt. Warum gehen so viele Männer in Masochisten-Salons? Doch wohl, weil sie von ihren Frauen nicht bekommen, was sie wollen. Das ist ein Zeichen, dass sie entweder die falsche Frau haben oder mit ihr nie über ihre Wünsche sprechen.

Masochismus ist für mich nicht eine einzelne Situation, sondern ein durchgängiger Lebensplan. Der masochistische Mann unterwirft sich – um sich an anderer Stelle dafür zu rächen. Er passt sich vielleicht in der Firma an und setzt dann zu Hause die Familie unter Druck und wird gewalttätig. Masochismus ist nicht angeboren, sondern ein erlerntes Bedürfnis. Dem Masochisten ist das Grundbedürfnis nach Selbstachtung nicht bewusst genug, meist hat er das im Verhältnis zur Mutter gelernt. Der Masochist leidet an Frauen-Sucht, was auch heißt, dass er sich verwöhnen lässt, er genießt die Schmerzen und gibt dabei die Verantwortung für sich ab: Er macht sich klein, stellt sich dumm, bezeichnet sich als Versager, beschimpft sich, nimmt Demütigungen hin, spielt den Ungeschickten, den Verlierer, das Opfer. Dahinter lauert immer die Rache: der Sadismus. Masochismus ist im Grunde genommen immer Sadomasochismus.

Hingabe ist anders. Sich führen lassen in der Erotik und in der Sexualität kann unglaublich schön sein. Doch dabei darf man nie seine Selbstständigkeit und Selbstachtung aufgeben. Hingabe bedeutet, auch selbst die Führung übernehmen zu können. Ständige einseitige Hingabe führt in den Masochismus. Sich nicht behaupten können provoziert Übergriffe.

Hingabe kann große Lust bedeuten, aber die Grenze zur Aufgabe der Selbstachtung darf niemals überschritten werden. Diese Grenze existiert, und es ist die Aufgabe jedes Menschen, selbst herauszufinden, wo diese Grenze liegt. Ich selbst muss entscheiden, wie weit ich mich führen lasse und wo meine Selbstachtung beschädigt wird.

Hingabe ist für die Erotik vielleicht das höchste Glück: Sich führen lassen, freiwillig, und wieder herausgehen aus dieser Hingabe, die Führung übernehmen. Ich kann mich hingeben, ganz in meinem Körper drin sein, bin vielleicht ganz und gar kindlich in dieser Hingabe.

Kindliche Hingabe ist ein Risiko, das muss man wagen. Risikobereitschaft ist in der Erotik immer wichtig, denn es heißt, dass man Ängste und Hemmungen überwindet, etwa, einen Wunsch auszusprechen. Das heißt aber nicht, dass man seine Ängste einfach *über*gehen soll und dann gar brutal wird. Ängste überwinden heißt, in die Angst *hinein*gehen. Dazu braucht man freilich die Distanz, um die eigene Angst zu verstehen. Angst ist oft größer, wenn man allein ist. Zusammensein nimmt Angst.

Das geschieht auch, wenn wir Männer uns zusammensetzen und offen über Probleme und Ängste reden. Wir lernen, Bedürfnisse zu formulieren. Wir lernen, unsere Angst zu verstehen, wir ergründen sie und gehen durch die Angst hindurch.

Die Angst ist ebenso wie Scham oder Ekel ein wichtiger Indikator für erotische Bedürfnisse. Wenn man diese Gefühle entwickelt, sollte man davon ausgehen, dass hier auch Bedürfnisse verborgen sind, und sollte versuchen, sie zu ergründen. Das heißt nicht, dass man alles mitmachen muss. Das ist damit nicht gemeint.

Angst, Scham oder Ekel zu überwinden, braucht Zeit. Zeit lassen, Zeit gewähren, Zeit einräumen, das ist sehr wichtig in der Erotik. Erotik funktioniert nicht zwischen Spät-nach-Hause-Kommen und Schlafengehen.

Was genau ist Hingabe? Man gibt sich selbst. Und was ist das Gegenteil von Hingabe? Verweigerung? Selbstbehauptung? Selbstbehauptung und Hingabe ergänzen sich. Wenn einer sich selbst nicht behaupten kann, kann er sich auch nicht hingeben. Dann ist er nämlich starr, auf Defensive und Abwehr eingestimmt. Ein Mann, der sich nicht hingeben kann, ist auch nicht erotisch. Eine Gefahr liegt zudem in einer falschen Selbstgewissheit bei Männern. Sie ist ebenso starr und tötet die Erotik.

Hingabe – ich gebe mich hin. Der Volksmund sagt, man kann nur geben, was man hat. Das ist sehr richtig: Nur wenn ich bin, wenn ich weiß, wer ich bin, was ich wert bin, wenn ich mir meines Selbst bewusst bin, kann ich mich hingeben.

Hingabe heißt für Männer auch, fraulicher zu werden. Traditionell ist die Hingabe der Frau zugeordnet: Sie soll Sexobjekt sein, sich hingeben, leicht handhabbar sein, nicht Nein sagen, schnell zur Verfügung stehen und schnell wieder weg sein, wenn der Orgasmus erledigt ist.

Für Männer ist es bedrohlich, sich vorzustellen, dass sie wie Frauen werden könnten. Die Aufforderung, frauliche Werte,

Verhalten und Gefühle kennen zu lernen und sich anzueignen, verunsichert Männer. Wenn sie sich tatsächlich auf diesen Weg machen, bietet die alte Männerrolle immer wieder Sicherheit und Pseudostärke, so genannte Unabhängigkeit. Männer wollen nicht abhängig sein, wollen sich nicht hingeben, wollen sich nicht führen lassen – das ist eines der größten Männerprobleme. Die Frage ist: Hat der Mann so viel Kraft und Selbstbewusstsein, dass er sich in diese unsichere Zone hineinbegibt? Hat er zu wenig Kraft, muss er dann auf jede Veränderungsmöglichkeit verzichten und auf die Möglichkeit, lieben zu lernen? Ein Problem ist ja auch, dass viele Frauen den pseudostarken Mann wollen, der in unserer Kultur als der »richtige« Mann gilt.

Sich führen zu lassen, wäre für den Mann eine Möglichkeit, entspannter, ruhiger und froher zu werden. »Sein lassen« ist hier ein wichtiger Begriff. »Sein lassen« im Sinn von etwas so sein zu lassen, wie es ist – das entspannte, hingabefähige Sein des Mannes zulassen. Aber auch die Partnerin sein zu lassen, sie ernst zu nehmen. Das können viele Männer nicht. Frauen werden sowieso oft nicht ernst genommen, sie werden entwertet, beschimpft, ausgebeutet. Nun soll der Mann sie ernst nehmen? Für mich sind die Frauen die stärkeren Menschen in dieser Kultur. Sie können besser fühlen und besser denken. Es ist also für unsere männliche Entwicklung von großem Wert, genau hinzuhören, hinzusehen und weibliche Werte zu lernen.

Das ist kein leichter Weg, denn unsere patriarchale Kultur erleichtert dem Mann, der sich einmal über die Grenze gewagt hat, jeden Rückfall in sein altes, typisch männliches Verhalten. Das erleben wir auch bei Männern, die einmal in einer Gruppe waren, immer wieder: Sie halten sich eine Zeit lang im Raum des Suchens und Findens und Wagens auf. Sie stellen sich in Frage und beginnen, sich zu verändern, doch kaum sind sie draußen, baut sich die alte Männerrolle wieder auf: hart, scheinbar stark, unbeirrbar, unbehelligt, emotionslos, formal, unbeweglich.

Die Gesellschaft will nicht, dass Männer in die Welt der Frau eindringen, dass sie Gefühle erleben wie Schwäche, Abhängigkeit, Trauer, Angst. Das ist Männern nicht erlaubt, und diese

Worte und Themen tauchen auch in Männergesprächen nicht auf.

Sich als Mann hinzugeben, erfordert eine große Toleranz gegenüber den Wesens- und Werdensmöglichkeiten der Frau. Liebes- und hingabefähig wird ein Mann erst dann, wenn er der Frau Verhaltensweisen zubilligt, die traditionellerweise dem Mann zugeordnet sind, etwa, die Führung zu übernehmen, Nein zu sagen, wütend oder sehr lustvoll zu werden. Die Frau muss ihre Lust entwickeln dürfen, genau sagen, was sie sich wünscht – ganz andere Dinge vielleicht, als der Mann sich wünscht. Und der Mann muss sie sein lassen, muss ihr Zeit lassen. Das ist notwendig für Hingabefähigkeit und wirkliche Erotik.

Erotik braucht Zärtlichkeit

Die Zärtlichkeiten

Ich liebe jene ersten bangen Zärtlichkeiten,
die halb noch Fragen sind und halb schon Anvertrauen,
weil hinter ihnen schon die wilden Stunden schreiten,
die sich wie Pfeiler wuchtend in das Leben bauen.

Ein Duft sind sie, des Blutes flüchtigste Berührung,
ein rascher Blick, ein Lächeln, eine leise Hand.
Sie knistern schon wie rote Funken der Verführung
und stürzen Feuergarben in der Nächte Brand.

Und sind doch seltsam süß, weil sie im Spiel gegeben,
noch sanft und absichtslos und leise nur verwirrt,
die Bäume, die dem Frühlingswind entgegen beben,
der sie in seiner harten Faust zerbrechen wird.

Stefan Zweig

Zärtlichkeit ist ein großes Problem für Männer, denn damit verhält es sich wie mit der Erotik. Man kann nicht einfach auf Knopfdruck zärtlich sein. Man kann sich nicht vornehmen: »Jetzt bin ich zärtlich«, und dann muss es funktionieren.

Jeder Mann meint, er wäre zärtlich und erotisch, aber tatsächlich sind Männer eher zu Kampf und Härte erzogen worden. Sie tragen allerhand Kampfeslust gegenüber Frauen in sich. Die Erziehung in der Kindheit erlaubt dem Mann gewissermaßen, Macht auszuüben und Gewalt anzuwenden. Das wird nicht als Problem gesehen oder gar bekämpft, sondern in Kauf genommen und je nach Position auch ausgeübt. Die Erziehung von Mädchen geht dagegen überwiegend in Richtung Erniedrigung, Machtlosigkeit und Degradierung.

Ihre Erziehung führt Männer zu einem Frauenhass, zur Frauenausbeutung und zur Verachtung von Frauen. Sie nehmen Frauen zwar in Anspruch, für die Kindererziehung, für den Haushalt, für die eigene Verwöhnung und die Beziehungsarbeit, aber dafür achten sie die Frau nicht.

Warum sind Männer nicht zärtlich? Warum üben sie Macht aus? Die älteste und falscheste Theorie ist, dass das in der Natur des Mannes liege. Vererbungstheorie versus Milieutheorie – dieser Gegensatz wurde früh und viel diskutiert. Ich bin überzeugt, dass Gewalt oder die Fähigkeit zur Zärtlichkeit eine Frage der Persönlichkeit sind. Die Persönlichkeit wird durch die Erziehung geprägt. Drei Faktoren spielen hier eine Rolle: die Stellung in der Geschwisterreihe, die Persönlichkeitstypen, wie Sigmund Freud sie geprägt hat, und die Familienstrukturen. Ich bin aber kein Anhänger der Milieutheorie, sondern vertrete eine dritte Auffassung, wie sie auch von Jean-Paul Sartre und Simone de Beauvoir vertreten wurde: Der Mensch baut sich seine Persönlichkeit selbst auf, indem er aus dem auswählt, was ihm die Umwelt anbietet. Diese Theorie der Wahl beinhaltet, dass der Mensch zwar geprägt ist durch seine Umwelt, aber auch eine gewisse Entscheidungsfreiheit besitzt.

Der heranwachsende Junge wird sich also anschauen, welcher Elternteil ihm als Vorbild mehr imponiert. Wahrscheinlich wird er sich mit dem Vater identifizieren, weil der mehr Macht hat, und meist sagt ihm auch die Mutter, dass er so werden soll wie der Vater.

Als Erwachsener kann der Mann dann nicht erotisch und zärtlich sein, weil er kein Vorbild dafür hatte oder es nicht wählte. Er lebt Kampf und Wettbewerb – im Beruf und gegen die angeblich geliebte Frau. Dieses Verhalten zu ändern, dauert lange und ist schwierig, denn der Mann hat die Gesellschaft mit ihrer Macht und Gewalt gegen sich. Eine männerdominierte Gesellschaft ist nicht an der »Menschwerdung« des Mannes interessiert.

Zärtlichkeit braucht zarte Stimmung

Wer Zärtlichkeit will, muss auf die Stimmung achten. Es ist eine Frage der Stimmung, ob ich mich erotisch gestimmt fühle oder mich erotisch stimme, ob ich mich einstimme oder einstimmen lasse auf Zärtlichkeit.

Die Stimmung hängt mit der Persönlichkeit des Mannes zusammen und damit, was er in den letzten Tagen, den letzten Monaten, den letzten Stunden erlebt hat. Wer gerade Stress im Beruf hat und jeden Tag länger arbeitet, trägt den Stress auch am Freitagabend noch in sich.

Einstimmen auf Zärtlichkeit ist eine Aufgabe, die jeder übernehmen muss. Jeder ist für die Stimmung verantwortlich, zuerst für seine eigene. Vor der Annäherung sollte man sich fragen: Habe ich eine gehobene Stimmung, fühle ich mich glücklich und froh, kann ich davon meiner Partnerin abgeben, wenn sie niedergeschlagen, angstvoll oder müde ist? Oft will der Mann nur Sexualität, um seine Stimmung aufzuhellen. Er fühlt sich nicht für die Stimmung verantwortlich, sondern will die Frau ausnutzen, um bessere Laune zu bekommen. Doch Orgasmus hat mit Stimmung nichts zu tun, er ist nur eine vorübergehende Körpersensation.

Stimmung für Zärtlichkeit bedeutet eine gewisse Leichtigkeit, Fröhlichkeit und auch Humor. So nimmt man sich und die Partnerin ganz anders wahr. In einer gedrückten Stimmung ist keine Offenheit und damit auch kein Austausch möglich. Viele Frauen fühlen sich in Gegenwart ihrer Freundin besser als bei ihrem Mann. Viele haben aber auch Angst vor Männern, und der Satz »Du brauchst keine Angst zu haben« verändert nichts. Vertrauen muss wachsen.

Wenn zwei Menschen eine zärtliche Stimmung hergestellt haben, ist diese sehr zerbrechlich. Ein einziges Wort kann das zerstören, und ein solches Wort ist zum Beispiel »ficken«. Männer verwenden es oft leichtfertig, aber bei vielen Frauen ist danach jede Lust und Zärtlichkeit wie abgeschnitten. Wer zärtliche Stimmung herstellen und erhalten will, muss wissen, was die Partnerin mag und was sie stört, und er muss mit diesem Wissen Rücksicht auf sie nehmen. Die Sprache hat einen hohen Stellenwert. Worte können nicht nur die Stimmung verderben, sie können auch fröhlich machen, lustvoll, erotisch.

Ein Buch, in dem das sehr gut geschildert wird, ist »Wie kommt das Salz ins Meer« von Brigitte Schwaiger. Dies Buch beschreibt eine Partnerschaft von der Hochzeit bis zur Scheidung: Rolf ist ein »Antierotiker«. Er belehrt die Frau andauernd, weiß immer alles besser, nimmt sie nie ernst, bestimmt, was gemacht wird, und fragt die Frau nie nach etwas. Sie sprechen durchaus miteinander, aber die Gespräche sind manchmal aberwitzig. Die Frau sagt: »Du verstehst mich nicht.« Rolf: »Wie willst du, dass ich dich verstehe, wenn du dich selber nicht verstehst?« Weitere Zitate von Rolf: »Du bist die einzige Frau, die mich nicht langweilt.« – »Mit mir über Politik zu reden, da musst du erst reifer werden.« – »Aber das brauchst du nicht zu wissen, du hast ja mich, und wir lieben uns ja.« – »Sei doch kein Kind, sei doch erwachsen.« – »Ich bin doch schließlich ein Mann und bin doch nicht aus Holz.« Wenn also die Frau etwas fordernder wird, dann entdeckt er seine Gefühle und will, dass sie darauf Rücksicht nimmt.

Solche Gesprächsfetzen sind symptomatisch, das kenne ich aus vielen Schilderungen in der Therapie und in den Gruppen. Wenn der Mann Sexualität will, und sie ist nicht in der Stimmung, heißt es: »Du bist ja frigide.« Wenn sich die Frau das energisch verbittet, ist sie eine »Emanze«. Wenn sie auf ihre Erziehung und Erfahrungen in der Kindheit verweist: »Denk doch nicht immer an deine blöde Kindheit. Werde doch endlich erwachsen.« Wenn der Mann sich überfordert fühlt: »Du bist unreif.« Oder: »Weine, wenn es dir gut tut, aber weine nicht endlos. Du bist ja schon ganz verschwollen.« Oder: »Ich finde es rührend, wie du so dasitzt und aussiehst, als dächtest du über etwas Wichtiges nach.« Männer machen Frauen in ihren Sätzen andauernd klein, nehmen sie nicht ernst, kommandieren sie herum: »Hörst du mir überhaupt zu, wenn ich mit dir rede? Woran denkst du dabei dauernd? Was habe ich eben gesagt? Sag' das noch einmal. Was habe ich gesagt? Ich will wissen, ob du zugehört hast.« Und so weiter.

Solche Sprüche zeigen absolutes Nicht-Verstehen und Nicht-Verständigen. Diese Sprache ist fordernd, hart, machtbewusst, aggressiv. So kann ein Mann kein offenes Gespräch herbeiführen und schon gar nicht eine erotische, zärtliche Stimmung herstellen.

Aber es gibt auch andere Männer. Einer erzählte, dass er sich in Bezug auf die Sexualität oft traurig fühlt. Er sehnt sich nach körperlicher Zärtlichkeit, bekommt sie aber nur selten:

»Ich bin immer froh, wenn nicht Krach zwischen uns ist. Die Abwesenheit von Krach ist für mich angenehm. Aber angenehm ist halt auch nicht genug auf Dauer, und trotzdem ist mein Phlegma, oder weiß ich was, mein Festhalten am angenehmen Zustand der Abwesenheit von Krieg, eben sehr stark.«

Tatsächlich herrscht in vielen Partnerschaften und auch in unserem Unbewussten oft Krieg. In Träumen, den Botschaften aus dem Unterbewussten, kommt häufig Kriegerisches vor. Das aber ist eine schlechte Basis für Zärtlichkeit.

Als Problem des Mannes ergab sich, dass er mehr an Kuscheln und Zärtlichkeit interessiert ist, seine Partnerin dagegen mehr Koitus und Aktion will. Er hat nichts gegen den Koitus, aber eben nicht so oft. Er will kuscheln, schmusen: »Ja, ich bin so klein, und ich will auch einmal regredieren dürfen, das kleine Kind sein und sie die Mami.«

Auch der Mann muss sich einmal klein machen dürfen, unsicher sein, für die Frau das begehrte Objekt sein. Die meisten Männer können das nicht, müssen immer aktives Subjekt sein, etwas bestimmen, etwas tun. Ihnen gefällt es, wenn die Frau sich kleiner macht, sich führen und umwerben lässt. Das ist schön, aber ein Problem ist, wenn man immer nur ein Schema lebt und nicht auch die andere Verhaltensweise ausprobiert und genießt.

Die oben geschilderte Beziehung widerspricht dem gängigen Vorurteil, dass der Mann »immer nur das Eine« will. Die Frau verweigert »Kuschelsex«, verwendet den Begriff abwertend, für sie ist nur der Koitus »richtige« Sexualität, sie will »hart angefasst werden«. Die Bedürfnisse der beiden sind also sehr verschieden, und sie finden keinen Weg, sich zu verständigen.

Das ist ein neues Problem, mit dem Männer konfrontiert sein können, die sich auf den Weg gemacht haben, die sich entwickeln, sensibler werden, mehr Lust an der Zärtlichkeit als an der reinen Sexualität haben. Es kommt zu Umstellungen in der Beziehung, und wenn die beiden das nicht im Gespräch klären, werden sie kaum zu einer gemeinsamen erfüllten Erotik und Sexualität finden.

»Kuschelsex« ist ein entwertender Ausdruck: Das ist kein richtiger Sex, nur Sex light, da fehlt etwas. Aber immer mehr Männer wollen auch anschmiegsam, mitfühlend, freundlich sein. Sie wünschen, dass die Frau nicht nur an ihrem Körper, sondern auch an ihrer Person, ihren Gefühlen, ihren Gedanken interessiert ist. Männer wollen auch angelacht werden, auch die Frau soll den Kontakt wünschen und aktiv herstellen, um den Mann werben, ihn ernst nehmen, ihn aber auch frei lassen und nicht festhalten wollen, ihm helfen, wenn er Hilfe braucht, traurig ist, sich einsam fühlt. Auch Frauen haben zunehmend Zeitnot und Stress, ob im Beruf, wo sie Karriere machen wollen, oder im Haus, wo sie perfekt sein wollen.

Absolut unerotisch ist der kühle Verstand. Früher wurde das vor allem bei Männern beklagt, aber es gibt heute auch Frauen, die so sind: Sie brechen Berührungen schnell ab, fordern oder klagen an. Sie sind nicht mit-fühlend, sondern gegen-fühlend. Es scheint heute modern zu sein, dass Frauen ihre eigenen Gefühle sehr ernst nehmen, aber wenn sie sie wesentlich ernster nehmen als die des Mannes, kann keine erotische Stimmung entstehen. Das ist meiner Meinung nach auch ein großes Problem im Feminismus. Wenn die Frau nur noch sich selbst im Blick hat und überhaupt nicht bereit ist, auf den Mann einzugehen, wird keine zärtliche Stimmung aufkommen.

Um die Ausgewogenheit müssen sich beide bemühen. Zärtlichkeit hat viel mehr mit Gemeinschaft zu tun als Sexualität. Einer allein kann nicht Zärtlichkeit herstellen, und auch wenn mittlerweile Frauen ebenfalls Zärtlichkeitsprobleme haben: Meist kann der Mann doch noch von der Frau lernen und sollte das auch.

Die meisten Männer schlafen, was die Erotik anbelangt. Sie wissen überhaupt nicht, was Erotik ist. Selbstverständlich sind sie potenziell dazu in der Lage, aber sie haben es nicht als Aufgabe begriffen, sondern leben einfach vor sich hin und hören der Frau nicht richtig zu. Männer brauchen Geduld, Interesse, Aufmerksamkeit und das klare Bewusstsein, dass sie im erotischen Bereich von der Frau viel lernen können. Ich sage das so deutlich, weil ich es selbst erlebt habe, und weil ich mir wünsche, dass sich viele andere Männer dieses lustvolle, freudige Erlebnis verschaffen.

Der Mann soll auch nicht meinen, dass er das einfach so kann. Der Frau zuzuhören, ihre Bedürfnisse kennen zu lernen, sich darauf einzulassen und zärtliche Erotik zu erleben, das ist ein Prozess, der Jahre dauern kann. Absolut hinderlich für diesen Prozess ist die Einstellung: Ich kenne die Frauen schon, auch meine Frau. Meist kennt der Mann die Frau eben nicht, auch wenn er schon lange mit ihr zu tun hat.

Besonders schwierig ist es, wenn Männer Angst vor der Erotik der Frau bekommen: Wenn die Frau sich freier bewegt, freier äußert, ihre Bedürfnisse formuliert, die über das hinausgehen, was dem Mann bekannt ist, fühlt er sich manipuliert oder empfindet die Wünsche oder Ablehnungen der Frau als gegen sich gerichtet. Wenn Frauen Veränderungen wünschen, suchen Männer meist nach anderen Stellungen und Sex-Techniken. Dabei wäre es wichtiger, »einfach« miteinander zu sprechen.

Meine Überlegungen fokussiere ich in einem »Hauptsatz« der Zärtlichkeit: »Es besteht die Notwendigkeit der Analogie zwischen Bedürfnis und Werbung um Bedürfnis.« Anders ausgedrückt: Wer sich Zärtlichkeit wünscht, kann das nicht hart einfordern, sondern muss es zärtlich äußern. Es muss eine Analogie bestehen zwischen der Art, *wie* man sich etwas wünscht und *was* man sich wünscht. Es ist völlig aussichtslos, im Kasernenton Zärtlichkeit einzufordern: »Zärtlichkeit – Marsch!«

Zärtlichkeit erfordert eine leise Stimme, ein Flüstern. Man sollte leise, langsam und sorgfältig sprechen, sanfte Worte benutzen. Wer zärtliche Stimmung sucht, sollte keine Spitzen formulieren, nicht ironisch oder sarkastisch werden, keine derben Witze reißen, sondern in allem, was er sagt, Respekt zum Ausdruck bringen. Wer das nicht kann, verhält sich unerotisch und sollte auch keine Erotik ansteuern. Diesen Respekt kann man lernen. Wenn ein Mann sich erotische Stimmungen mit einer Frau wünscht, sollte er sie anerkennen in einem sehr umfangreichen Sinn: als Frau, als Mensch, mit ihren Ideen, mit ihren Leistungen, mit ihren Gefühlen, mit ihrem Aussehen. Auch mit vielen Details, beim Äußeren zum Beispiel mit ihren Haaren, ihrem Gesicht, ihren Augen, ihrer Kleidung, ihren Beinen, ihrem Po, ihren Brüsten, ihrem Bauch, ihrer Vagina. Das alles ist etwas Anzuerkennendes. Wenn der Mann vieles davon nicht anerkennen kann, dann sollte er sich eine andere Frau suchen. Und wenn die Frau spürt, dass sie in vielen Bereichen nicht anerkannt wird, dann sollte sie sich einen anderen Mann suchen.

Ein Manko für Männer ist, dass sie dieses Anerkennen nicht gelernt haben: Männer lernen Kampf und Konkurrenz, Befehl und Gehorsam, aber nicht die respektvoll geflüsterte Anerkennung gegenüber der Frau.

Erotik braucht Empfindsamkeit

Ein wichtiges Entwicklungsziel für Männer auf dem Weg zu mehr Zärtlichkeit und Erotik ist die Sensibilität oder auch Empfindsamkeit. Die Empfindsamkeit steht in einem Spannungsfeld zwischen zwei Extremen: der Empfindungsunfähigkeit auf der einen und der Überempfindlichkeit auf der anderen Seite.

Unsensibel, unempfindlich, empfindungslos ist ein Mensch, der nicht fühlen kann. Jeder gerät irgendwann in die Situation, nichts zu fühlen und unempfindlich zu sein. Männer haben mit dem Nicht-fühlen-Können größere und häufiger Probleme als Frauen. Frauen fühlen intensiver. Das ist nicht von Natur aus so. Männern wurden die Gefühle in der Kindheit abdressiert und ausgetrieben: Sie haben es in der Kindheit nicht anders gelernt.

Die Unfähigkeit zu fühlen ist eine Starrheit. Manche Menschen signalisieren das schon durch ihre Körperhaltung und Bewegung: Sie sitzen starr, schauen starr, schauen einen nicht richtig an und verschließen auch ihre Ohren, hören nicht zu. Empfindungsunfähige Menschen erscheinen uninteressiert, ignorant und blockiert. Es handelt sich um asoziale Charaktere, und das ist auch gefährlich für die betroffenen Menschen: Sie haben kein Mitgefühl für andere und für sich. Mitgefühl für sich selbst wäre Selbstmitleid, das gilt Männern als weichlich-weiblich und damit unannehmbar.

Empfindungsunfähige Menschen machen sich hart, schotten sich ab und bekämpfen andere Menschen. Die Unsensibilität geht im Extremfall bis zur völligen Gefühllosigkeit und Reaktionsunfähigkeit. Im psychopathologischen Bereich nennt man das Idiotie: Sie ist auch veränderbar, das erfordert aber intensive und langwierige Anstrengungen.

Ein wichtiger Grund für die Unfähigkeit zu fühlen ist die Angst. Ängste können uns lähmen, blockieren und fühlunfähig machen. Damit wird natürlich auch das Selbstwertgefühl gestört. Die Angst kommt aus der Kindheit. Die Erziehung zur Empfindungsunfähigkeit ist typisch für unsere Kultur. Autorität und Verbote spielen eine große Rolle, Kinder dürfen nur im Rahmen weniger vorgeschriebener Verhaltensmuster reagieren. Wenn sie sich falsch verhalten, drohen strenge Strafen. Pedanterie, Dogmatismus, Rechthaberei beschreiben Formen dieser Erziehung.

Gefühlsunfähige Menschen haben gefühlsbedingte Hemmungen. Der Charaktertyp, der zur Empfindungsunfähigkeit neigt, ist der depressive Mensch. Je depressiver ein Mensch ist oder je länger er depressiv ist, desto größer wird die Gefahr der Gefühlsunfähigkeit.

Zunächst sind diese Menschen schüchtern, haben Hemmungen, können keine Forderungen mehr stellen, keine Konflikte austragen und neigen immer mehr zu Passivität, Grübelei und Verzweiflung. Sie beginnen zu schweigen, wenn gesprochen werden müsste, geraten in eine Hoffnungslosigkeit und schließlich in eine völlige Apathie, Indifferenz und Gleichgültigkeit. Schritt für Schritt töten depressive Menschen ihre Gefühle ab und töten damit in sich jedes Erlebnis, jeden Lebenswillen.

Das andere Extrem ist die Überempfindlichkeit, die Hypersensibilität. Solche Menschen sind sehr leicht irritierbar, reagieren sofort, Mimosen nennt man sie umgangssprachlich. Die Überempfindlichen können sehr stolz sein, hellhörig und wehleidig, jedenfalls in Bezug auf sich selbst. In Bezug auf andere sind sie viel weniger empfindlich, bis hin zur Taubheit und Gleichgültigkeit gegenüber den Problemen anderer. Wenn ihre persönlichen Belange tangiert werden, reagieren sie sehr heftig. Sie beziehen alles Unangenehme auf sich, nehmen alles »persönlich«, sind sehr schnell aufgeregt und sauer, egozentrisch, narzisstisch. Der Narzisst zum Beispiel schreit sofort Zeter und Mordio, wenn er kritisiert oder gefordert wird, oder wenn auch nur die gewohnte Verwöhnung ein wenig nachlässt.

Der Hypersensible hat wenig Zutrauen zu sich selbst, wenig Selbstachtung und geht deshalb bei den geringfügigsten Anlässen sofort in eine starke Abwehrhaltung. Dadurch verbraucht er viel Kraft, zieht sich deshalb schnell zurück, unter Umständen auch vollständig. Magen- und Hautprobleme sind typische Beschwerden der Überempfindlichen.

Im Leben überempfindlicher Menschen finden sich viele Enttäuschungen und Entbehrungen – jedenfalls sehen sie das so, weil sie alles Negative überbewerten und auf sich beziehen. Schon kleine Ziele, die nicht erreicht werden, gelten als Katastrophe. Überempfindliche sehen sich immer in Feindesland, sind misstrauisch, haben einen Charakterpanzer, lassen andere nicht an sich heran und verstecken sich. Man erlebt dann nur eine äußere Schale: Sie können sich hinter einer völlig beherrschten Physiognomie und Miene verbergen, doch dicht unter der Haut lauert die Empfindlichkeit. Bei der geringsten

Anforderung oder Attacke überreagiert der Hypersensible mit Wut, Ärger oder Hass.

Natürlich sind solche Schilderungen von Extremtypen mit Vorsicht zu handhaben. Solche reinen Typen gibt es selten, es gibt eher Situationen, in denen man sich so verhält.

Empfindsamkeit oder Sensibilität ist ein Entwicklungsziel. Sie ist also ein Ideal, das zwischen den beiden Extremen liegt. Dabei geht es darum, den unsensiblen und den hyperempfindlichen Menschen nicht zu verurteilen – weder in sich noch in anderen. Es geht darum, ihn zu erkennen, darüber zu sprechen und die Möglichkeit zur Entwicklung zu eröffnen.

Ein empfindsamer Mensch fühlt seine eigenen Gefühle sehr intensiv und nimmt dieses Fühlen auch wahr. Er fühlt sich in andere ein. Wenn er mit anderen mitfühlt, fühlt er manchmal sogar schneller als die Betroffenen, weil er nicht so leicht irritierbar, sondern sich seiner Gefühle sicher ist. Er weiß, wie er mit Gefühlen umgehen kann, weil er mehr Erfahrung darin hat, Gefühle einzuordnen und zu beruhigen. Mitfühlen heißt nicht, sich von jedem Leid eines anderen mitreißen zu lassen, das ist Mit-Leid, und Mitleid ist ein sehr egoistisches Gefühl. Mit-Gefühl dagegen erlaubt aus der eigenen Erfahrung, vor dem Hintergrund eigener Sicherheit und Standhaftigkeit ein Mitfühlen.

Charakterzüge des sensiblen Menschen sind Geduld, Besonnenheit, Stehvermögen, verständnisvolles Umgehen mit Mitmenschen, Hilfsbereitschaft, Kritikfähigkeit, die Fähigkeit, eigene Fehler einzugestehen und darüber zu sprechen. Ein empfindsamer Mensch verweigert nie lange das Gespräch. Er zieht sich vielleicht einmal zurück, aber nicht für lange Zeit, und er bietet dann auch das Gespräch wieder an. Ein empfindsamer Mensch ist kooperativ, er reagiert, nimmt die Gefühle des anderen ernst, äußert sich dazu. Er bringt Freude in die Beziehungen zu anderen Menschen und fordert dies auch. Er ist ein Mit-Mensch, Mit-Fühler, Mit-Handler. »Mithandeln« gibt es zwar im Deutschen nicht, aber es wäre ein guter Ausdruck, um Kooperation zu beschreiben. Das Wort Mittäter können wir hier nicht verwenden, weil es negativ besetzt ist.

Empfindsame Menschen wurden in ihrer Kindheit ernst genommen, nicht allzu hart behandelt und nicht zu sehr verwöhnt. Das wäre ein wichtiges Ziel für Erwachsene: Kinder ernst zu nehmen. Empfindsame Menschen wurden von ihren Eltern viel gefragt und durften auch antworten. Sie durften ihre Eltern auch kritisieren und wurden damit nicht ignoriert oder wegen ihrer Kritik bestraft. Es gab eine Kooperation zwischen Eltern und Kind, Vater und Mutter hatten Zeit für das Kind. Sie sind nicht *wegen des Kindes* zusammengeblieben – das erwähne ich deshalb, weil man dieses Argument oft hört: »Wir können uns wegen der Kinder nicht trennen.« Meiner Meinung nach ist das eine der grausamsten Arten, mit Kindern umzugehen: Zwei lieblose Menschen bleiben zusammen und überfrachten ihre Kinder Tag für Tag mit ihren Lieblosigkeiten.

Ein empfindsamer Mensch war eingebettet in soziale Beziehungen und konnte Gemeinschaftsgefühl entwickeln. Gemeinschaftsgefühl und Empfindsamkeit sind zwei Begriffe, die eng zusammengehören. Der empfindsame Mensch trägt Beziehungen mit und lässt sich von anderen tragen.

Empfindsamkeit braucht Ruhe

Wie findet man nun zur erotischen Empfindsamkeit? Notwendig dafür ist unbedingt Ruhe, doch unsere Gesellschaft lädt dauernd zur Unruhe ein: Fast alles, was in der Arbeit gefordert und in der Freizeit geboten wird, ist Unruhe. Das Fernsehen, der Sport, der Konsum, laute Musik erzeugen Unruhe. Man braucht den »Kick«, den »Thrill«, den »Overthrill«. Ich interpretiere das als Angstlust: Viele Menschen brauchen die Unruhe und stellen sie in ihrem Leben immer wieder her, weil sie noch nie Ruhe erlebt haben. Zur Ruhe kommen heißt zu sich selber kommen, sich aus hektischen Umweltaktivitäten herausziehen.

Manche Menschen können nicht ein oder zwei Stunden ruhig irgendwo sitzen und nichts tun. Sie müssen immer etwas machen: Das ist Unruhesucht. Unruhesüchtige sollten sich eigentlich in Therapie begeben. Ein unruhiger Mensch wird auch nachts nicht ruhig schlafen: Er träumt unruhig, und auch sein traumloser Schlaf ist unruhig. Er zuckt im Schlaf, wälzt sich, stöhnt, spricht. In einer schwierigen Lebenssituation ist das nicht ungewöhnlich, aber als Lebensdauerzustand ist es nicht gut.

Ruhig werden kann man bei Spaziergängen in der Natur, beim Waldlauf, beim Schwimmen, beim Fahrradfahren. Das sind gute Möglichkeiten, ruhig zu werden – allerdings nicht, wenn man dann mit dem Mountainbike über Schanzen springt oder in der überfüllten Schwimmhalle nach der Stoppuhr schwimmt. Joggen und radeln kann man auch gut zu zweit: So kann man lernen, den Augenblick, sich selbst und die Zweisamkeit zu genießen und zur Ruhe zu kommen.

Viele Menschen behaupten, sie könnten nichts für die Unruhe in ihrem Leben. Meist ist das eine bequeme Ausrede: Die meiste Unruhe in unserem Leben stellen wir selbst her. Eifersucht etwa fördert die Unruhe in der Beziehung. Wer ständig eifersüchtig auf vermeintliche oder tatsächliche Nebenbuhler schielt, tut sich schwer, eine erotische Situation ruhig zu genießen. Wer davon betroffen ist und sich mehr Ruhe wünscht, müsste also an seiner Eifersucht arbeiten.

Unruhe kann auch auf Verdrängungen hinweisen. Wir hatten einen Mann in der Gruppe, der sprach jahrelang nie richtig über sich, nur über oberflächliche Probleme. In einem größeren Kreis brachte dann seine Partnerin ein Partnerschaftsproblem zur Sprache, und daraus ergab sich zum ersten Mal ein intensives Gespräch. Der Mann erschrak darüber, dass er als der Problematische gelten könnte, verdrängte es und wurde sehr unruhig. In den Folgemonaten zettelte er in der Gruppe mehrere Konflikte an. Plötzlich hatte er eine Menge Probleme, viel Unruhe und musste sein eigentliches, zentrales Thema nicht angehen.

Unruhig werden Männer auch oft, weil sie Schwächegefühle nicht ertragen können. Sie überspringen die Schwäche, die Angst vor der Schwäche durch Aktivität und Konsum: Alkohol, Fernsehen, Süßigkeiten, Tabak. Wenn der unruhige Schwache aber gerade Kraft hat, neigt er dazu, sich zu überschätzen und zu überfordern. Er powert sich aus, behält nichts von seiner Kraft übrig, sucht sich Felder zur Kraftvergeudung und ist dann schnell wieder in der Schwächephase. Er erträgt das Kraftgefühl überhaupt nicht. Denn wenn er mit seiner Kraft etwas Sinnvolles im Leben anpacken könnte, wird die Unruhe angestachelt, damit die Kraft schnell wieder weg ist. Dann klagt er: »Ich kann ja sowieso nichts machen. Ich bin ja immer schwach.« Das ist die entsprechende Rationalisierung.

Unruhige Männer leben oft Sehn-Sucht, sind immer auf der Suche. Typisch ist auch, dass sie sich häufig und übertrieben ärgern und Ruhe nicht ertragen können. Um der Ruhe zu entgehen, zetteln sie sogar Streit an.

Letztlich ist die Frage nach Ruhe und Unruhe auch eine Frage nach dem Sinn des Lebens. Ist der Sinn des Lebens, möglichst schnell zu verbrennen, sich dauernd in jeden Stress, in jeden Thrill und jede Angst hineinzustürzen? Oder ist es nicht auch Sinn, einfach einmal zu sich zu kommen?

Ein Weg, zur Ruhe zu kommen und Kraft zu tanken, ist das Leben in einer Gemeinschaft, die ruhiger und kraftvoller ist als die normale Gemeinschaft in unserer Kultur. Die Gefahr für die Ruhe ist, dass sie ganz einfach erscheint. Deshalb wird sie schnell vergessen und verdrängt. Wir sind so stark in der hektischen Gangart unserer Zeit drin, dass wir nicht mehr an Ruhe denken, dass wir uns die Ruhe gar nicht mehr vorstellen können. Doch ohne Ruhe kommen wir nicht zu uns selbst – und wer nicht bei sich selbst ist, wird auch keine Erotik erleben können.

Ein zweites wichtiges Element für die erotische Empfindlichkeit ist die Erschütterungsfähigkeit. Was heute überwiegend vorherrscht, ist Erschütterungs-Unfähigkeit.

Marquis de Sade war solch ein erschütterungsunfähiger Mann, quälte er doch Frauen und Mädchen und kam dafür schließlich auch ins Gefängnis. Simone de Beauvoir meint: »Ich glaube, dass der Schlüssel zu seiner Erotik in der Verbindung von heftiger sexueller Triebhaftigkeit mit einem vollkommenen Isolationismus des Gefühls zu suchen ist. Eine andere Erfahrung scheint ihm völlig unbekannt geblieben zu sein: das

Erlebnis echter Erschütterung.« Er hatte keine Gefühle und war durch nichts zu erschüttern.

Marquis de Sade ist ein extremer Vertreter männlicher Kultur, aber die meisten von uns sind ebenso erzogen worden: »Ich darf mich durch nichts erschüttern lassen. Ich muss die Zähne zusammenbeißen. Ich muss da durch, egal, was kommt.« Das ist der Weg zur Grausamkeit.

Ein Mensch nimmt sich selbst nur durch Erschütterung wahr. Erst aber wenn er sich selbst wahrnimmt, besteht auch die Chance, dass er seine Mitmenschen wahrnimmt und sich erschüttern lässt, mit ihnen fühlt. Erschütterung ist nicht leicht herzustellen. Wir wollen das auch gar nicht, denn es ist mit Schmerzen verbunden, mit Unsicherheit und Angst.

Viele Männer haben mit Erschütterungsunfähigkeit zu tun, die Sensibilität verhindert. Um wirklich fühlen zu können, muss man sich erschüttern lassen. Gefühl und Schmerz gehören oftmals zusammen, das heißt natürlich nicht, dass wir jemand bewusst Schmerzen zufügen, wie de Sade das getan hat. Es gibt im Leben eines jeden Menschen genügend Dinge, die er aushalten muss, die ihm Schmerzen bereiten und von denen sich auch andere erschüttern lassen. Wir erleben das auch in unseren Gruppen immer wieder. Einmal erzählte uns ein Vater, dass er seinen achtjährigen Sohn geschlagen hat. Ich habe nachgefragt, die Gruppe hat geschwiegen. »Warum schweigt ihr denn?", wollte ich wissen. »Der Mann hat Angst«, meinte darauf ein Mann in der Gruppe. Das ist typisch, dass man sich erst mit dem Täter identifiziert, nicht mit dem Opfer. Ein zweiter Mann sagte: »Ich würde meinen Sohn nie schlagen.« Ein Mann begann zu weinen, weil er auch schon einmal jemanden geschlagen hatte. Eine Frau weinte, weil sie ihre Tochter einmal geschlagen hatte. Eine andere Frau musste sich auf den Fußboden legen, weil sie Angst hatte, sie würde ohnmächtig werden. Und der Vater erzählte und argumentierte weiter, ließ sich auch nicht erschüttern von den weinenden Menschen in der Gruppe. Das ist ein Problem in unserer Gesellschaft: Männer lassen sich zu wenig erschüttern von der Gewalt, nicht einmal von der Gewalt, die sie selbst ausüben.

Woran erkennt man einen erschütterungsfähigen Mann im Bett einer Frau, die Angst hat? Angst vor ihm, weil sie in der Kindheit oder von anderen Männern Schlimmes erlebt hat. Den erschütterungsfähigen Mann erkennt man daran, dass er keine Erektion bekommt. Doch viele Männer merken nicht, dass die Frau Angst hat, wollen den Koitus und führen ihn aus. Die Frau erduldet das, sagt nichts, lässt es über sich ergehen, wehrt sich aber nicht. Der Mann und die Frau sind körperlich zusammen und gefühlsmäßig total getrennt. Empfindsamkeit ist hier nicht zu finden.

Zur Empfindsamkeit gehört auch, sich selbst immer wieder in Frage zu stellen, gehört die Fähigkeit, immer wieder Angst zu haben vor dem, was man gerade getan hat. Was habe ich gerade gesagt? Was habe ich in diesem Brief geschrieben? Wie habe ich mich in der Diskussion verhalten? Müsste ich mich eigentlich schämen für das, was ich getan habe? Oder auch in eine andere Richtung: Haben die mir überhaupt zugehört? Haben die mich verstanden? Wird man mich jetzt auslachen?

Dieses Nach-Fragen, die Angst und das Erschrecken sind notwendig, um überhaupt lebendig zu bleiben. Wer nur noch unbeirrt seinen Weg geht und nicht mehr nachfühlt, wie er wirkt, wo er steht, wohin er geht, wie andere ihn empfinden, verliert seine Empfindsamkeit. Wir sollten auch andere Menschen fragen, wie wir wirken, die Partnerin oder Freunde, Menschen, die tatsächlich ehrlich sagen, wie sie uns empfinden. Das wird uns möglicherweise erschrecken, aber dieses Erschrecken ist positiv.

Empfindsamkeit ist deutlich zu trennen von der Empfindlichkeit. Aber man sollte seine Empfindlichkeiten ernst nehmen. Ein Beispiel aus meiner eigenen Entwicklung: Ich reagierte früher sehr empfindlich, wenn jemand mir sagte, ich sei *autoritär*. Das war zur Zeit der Studentenbewegungen, und da war autoritär ein Reizwort. Aber ich war tatsächlich autoritär, deshalb habe ich empfindlich reagiert, und deshalb haben mir die Leute das auch gesagt. Empfindlichkeiten sind also ein Hinweis auf Dinge, mit denen man sich beschäftigen sollte. Man sollte dabei nicht empfindlich abwehren, sondern empfindsam nachfragen, nachfühlen, was da mit den Gefühlen los ist.

Empfindsamkeit hat auch mit Sanftmut zu tun. Sanftmut – ein unmodernes Wort: »Sanfter Mut« heißt das wörtlich. Sanftmütige Menschen überhören wir gerne, wir überrollen sie mit unserer vermeintlichen Energie, und uns fehlt der Mut, sanft zu sein. Empfindsamkeit ist nicht laut und heftig. Wer Empfindsamkeit lernt, lernt liebevolle, zärtliche, zugewandte Worte und Gesten spüren.

Hingabe ist für die erotische Sensibilität von enormer Bedeutung, besonders die Hingabe an Zärtlichkeit. Simone de Beauvoir hat fehlende Hingabe einmal formuliert als »Verweigerung jeder körperlichen Passivität«. Das erscheint mir sehr treffend: Männer haben in erotischen Situationen oft das Problem, nicht stillhalten zu können. Sie müssen immer etwas tun, die Frau anfassen, streicheln. Viele Männer müssen also erst lernen, sich in der erotischen Situation hinzugeben, passiv zu sein, die Frau zärtlich agieren zu lassen.

Eine solche Hingabe ist wichtig, um erotische Sensibilität zu entwickeln, ist aber nicht zu verwechseln mit Inaktivität. Gefragt ist Wachheit, Erleben mit allen Sinnen, aber nicht hektisch, nicht verbunden mit körperlicher Bewegung. Es ist vergleichbar dem aktiven Zuhören: Der Zuhörende folgt den Gedanken des Sprechers, er gibt zu erkennen, dass er ihn versteht, ihm folgt, aber er lenkt den Sprechenden nicht ab von seinen Gedanken. Er stellt keine störenden Zwischenfragen, höchstens Verständnis- oder bestätigende Fragen, er entwickelt keine eigenen Gedanken, sondern lässt sich ganz auf die Gedankenwelt des Sprechenden ein. Dieses aktive Zuhören sollte der Mann der Frau gegenüber üben, und ähnlich sollte er sich der Zärtlichkeit der Frau hingeben: Er möge auf die Frau hin-fühlen, sich auf ihre Bewegungen einlassen, ihrer Zärtlichkeit folgen, sie nicht ablenken. Sich einfach der Zärtlichkeit hinzugeben, ohne aktiv auf Koitus und Orgasmus zuzusteuern, fällt Männern schwer. Es ist aber enorm wichtig für die erotische Sensibilität. Denn die zielorientierte sexuelle Aktivität macht unempfindlich für zarte erotische Schwingungen.

Die erotische Begegnung mit der Frau

Werbung heißt Kennenlernen

Auf eine Kontaktanzeige hin telefonierte eine Frau mit einem Mann. Sie unterhielten sich am Telefon sehr nett, und sie fragte: »Wann können wir uns denn mal sehen, uns wirklich treffen?« »Ja, es ist ja noch nicht so spät, komm doch einfach zu mir«, antwortete der Mann. »Jetzt um neun Uhr? Das ist doch ein bisschen spät.« – »Wieso? Nimmst du denn keine Präservative?«

Das ist nicht Werbung, das ist Distanzlosigkeit. Leider gehen solche Plumpheiten meist von Männern aus. Es ist also eine wichtige Aufgabe, dass Männer sich das ABC des menschlichen Umgangs vermitteln: Was man machen kann, was nicht, und womit man eine Frau in die Flucht schlägt. Dieser Mann war dermaßen unerotisch, dass sie ihn nie getroffen hat.

Wie nun wirbt man »richtig« um eine Frau, ohne sie zu erschrecken, aber doch so, dass sie weiß, dass man an ihr interessiert ist? Werbung ist ja ganz wichtig in der Erotik. Wie also soll Werbung aussehen?

Es wird immer die Frage gestellt nach dem ersten Schritt. Der erste Schritt ist sicher nicht, Stimmung herzustellen. Zuerst muss man sich kennen lernen. Auch wenn in diesem Buch eine bestimmte Reihenfolge aufgestellt wird – Werbung, Liebeserklärung, Verführung –, soll das nicht heißen, dass man genauso vorgehen muss. Nur eine Reihenfolge ist mir wichtig: Worte vor Taten. Der Mann sollte immer mit der Frau sprechen, sich intensiv mit ihr austauschen, bevor er sie berührt.

Manche Menschen sind überzeugt, dass Berührungen viel erfolgreicher sind als Worte. Die Frage ist nur: Welche Berührungen? Man kann zärtlich über die Haare streichen, an den Arm fassen oder in den Po kneifen. Berührungen, ohne vorher darüber zu sprechen, bergen die Gefahr des Übergriffs in sich. Meine persönliche Erfahrung ist, dass Worte viel wichtiger sind als Berührungen. Mit Worten kann man sich einstimmen und Verneinung und Bejahung ausdrücken und besprechen.

Werben heißt, sich gegenseitig kennen lernen, die andere Person wichtig nehmen. Denn man braucht gewisse Kenntnisse der Gefühle, Aktivitäten, Ziele und Werte der Frau, um wirklich Erotik aufkommen zu lassen. Die meisten Männer sind schon beim ersten Treffen vollkommen verkrampft. Ein Mann beschreibt:

»Einmal war ich mit einer Frau aus und hatte Lust, mit ihr zu schlafen. Oh, was mache ich jetzt? Wenn ich das denke, wird es sofort verkrampfter. Ich sprach mit der Frau. Sie hätte keine Lust, das sei überhaupt nicht dran für sie, hat sie mir geantwortet.«

Frauen haben sicher auch Erwartungen und Ängste, aber nach meiner Erfahrung gehen Frauen seltener mit einem so klaren, fast zwanghaften Plan in ein Rendezvous hinein.

Für Männer ist es absolut ungewohnt, in einer Begegnung kein Müssen zu empfinden, ganz ohne zwanghaften Anspruch einfach »nur« eine erotische Atmosphäre zu empfinden. Es knistert vielleicht, aber es passiert weiter nichts. Genau das jedoch wäre gut: spielerisch leicht, ohne Absicht, ohne Erwartungen warten, was passiert. Aber »wenn nichts passiert«, geht der Mann enttäuscht und sagt: »Hat wieder nichts gebracht«, selbst wenn er sich zwei Stunden nett und freundlich mit einer Frau unterhalten hat, die ihm sehr sympathisch war. Oder er denkt: »Ich habe versagt« –weil kein Koitus stattgefunden hat. Er beendet den Kontakt mit der Frau, obwohl die Frau sich vielleicht auch für ihn interessiert hätte. Warum sonst unterhält sie sich zwei Stunden mit ihm?

Das zwanghafte Ziel Sexualität vom ersten Moment der Begegnung an beschreibt ein Mann so:

»Wie kann ich davon wegkommen, dass mir Sexualität als Leistungsanspruch erscheint, nicht verbunden mit Gefühlen? Der Leistungsanspruch übertönt meine Gefühle, lässt mich gefühllos werden. Ich werde zwanghaft. Ich muss jetzt etwas Sexuelles machen, und wenn das nicht gelingt, war unser Zusammensein misslungen und blöde.«

Dieser Mann – und da ist er sicher nicht die Ausnahme – denkt: Die Frau will Sexualität, und ich muss sie verführen. Die Spontaneität fehlt bei einer solchen Erwartungshaltung völlig. Der Mann kann sich auf die Situation nicht mehr einlassen. Das kann auch ganz anders klingen, bringt aber für den betroffenen Mann im Ergebnis die gleichen Probleme:

»Ich gelte oft als Mann, als endlich mal ein Mann, der nicht nur das Eine will, nur weil ich schüchtern bin. Ich erzähle dann viel, will aber eigentlich auch als sexuelles Wesen wahrgenommen werden. Aber das traue ich mir nicht zu sagen, auch weil ich es in der erotischen Stimmung gar nicht mehr spüre. Der Gedanke an Sexualität macht mich völlig gefühllos in Bezug auf erotische Bedürfnisse.«

Das sind echte Aussagen von Männern. Männer sind so. Natürlich nicht alle, aber damit sollte die Frau rechnen. Für Männer ist es ein Dilemma, dass sie sich selber unter Zugzwang setzen: Sie gehen abends aus, ins Konzert, in einen Vortrag, in die Disco und sind total verklemmt, weil sie denken, da muss etwas passieren.

Zu diesem Zwang kommt das Problem, dass ausgerechnet die Sexualität ja für die Männer ein Tabu-Thema ist. Ausgerechnet das, was sie zwanghaft wollen, können sie nicht besprechen.

Unter solchem Zwang besteht natürlich die Gefahr, dass der Mann seine Stimmungen nicht wahrnimmt. Meist hat er die Vorstellung, dass die Frau »sowieso nicht will«, hat also eine Misserfolgshaltung und verleiht dann seiner Werbung entsprechenden Nachdruck. Er ignoriert ablehnende Signale und holt sich den Pseudo-Erfolg in der Sexualität. Ich meine nicht, dass man gleich nach dem ersten Treffen Koitus miteinander haben sollte. Das hat Zeit. Eine Beziehung hat größere Chancen, länger zu dauern, wenn man das in aller Ruhe angehen lässt.

Typisch für werbende Männer ist, dass sie sich klein machen, doch gerade in der Werbung erscheint mir der Klageton sehr unangebracht: Die Männer reden dann über ihre Schwächen, ihre Macken, Probleme und Neurosen. Das ist Negativwerbung, und damit wird versteckt der Hinweis transportiert: »Bei

Mami war's so schön, bitte hilf du mir auch.« Der Mann erwartet, dass die Frau nett ist und sich um ihn bemüht, ihn tröstet, ermuntert und hinführt zur Sexualität. Das ist keine Aufforderung zur Gegenliebe, sondern eine Aufforderung im Sinne von: »Sei meine Therapeutin.« Für eine Frau ist das normalerweise wenig interessant. Erotik und Therapie schließen sich, was sexuelle Erfolge anbelangt, gegenseitig aus. Männer sollten diese Schwäche-Klage-Stimmung nicht aufkommen lassen, sondern eine verantwortungsvolle Haltung einnehmen, sich der Frau freundlich und interessiert zuwenden. Die meisten Frauen wünschen sich eine Geborgenheit, die vom Interesse des Mannes gekennzeichnet ist.

Ich kann jedem nur raten, einmal mit folgender Vorstellung in eine Beziehung zu gehen: »Du hast keine Ahnung, was in der anderen Person vorgeht. Du kannst es erforschen. Du bekommst das auch heraus.« Der Mann muss also fragen: Was will die Frau, die ich nun so toll finde? Will sie Körperkontakt? Das liegt ja von Anfang an in der Luft.

Natürlich ist hier auch das Prinzip der Gegenseitigkeit wichtig. Werbung wird gemeinhin für die Aufgabe des Mannes gehalten. Sehr schön wäre es, wenn auch die Frau um den Mann wirbt, aber die meisten sind zu ängstlich. Die Frau muss ebenfalls Interesse am Mann haben, und jeder muss bereit sein, sich zu öffnen, sich dem anderen zu vermitteln, ihm die Möglichkeit geben, sich kennen zu lernen. Dazu gehört auch ein Wertgefühl für die eigene Person. Wer kein Selbst-Wert-Gefühl hat, braucht sich über Enttäuschungen nicht zu wundern.

Wenn man über Werbung spricht, muss man auch über die Ablehnung sprechen: Mancher Mann und manche Frau sind eben nicht zu haben. Man kann sich einige Zeit bemühen, vielleicht zwei, drei Monate, aber dann muss man das auch lassen können. Ein Phänomen ist, dass viele Männer sich vom ersten Nein der Frau vollkommen von ihrer Werbung abbringen lassen. Das halte ich nicht für sinnvoll, außer es ist ein sehr deutliches, unmissverständliches Nein. Man kann ansonsten nicht davon ausgehen, dass man die Frau sofort bei der ersten Begegnung vollkommen für sich einnimmt. Sechs bis acht Wochen

Zeit sollte man sich schon geben und sich in dieser Zeit nach Möglichkeit einmal pro Woche mit der Frau treffen, um sie näher kennen zu lernen. Bei diesen Treffen können die Themen auch allmählich persönlicher und intimer werden, und das erfordert viel Einfühlungsvermögen.

Zur Werbung gehört Aktivität. Das ist ein grundsätzliches Thema, nicht nur in der Sexualität, sondern überhaupt im Leben, wenn man nicht allein bleiben will. Die meisten Menschen können sehr gut darauf eingehen, wenn jemand sie umwirbt: Lass uns doch mal einen Kaffee trinken, einen Ausflug machen, ein Gespräch führen. Aber die Aktiven sind leider absolut in der Minderzahl. Für die Treffen, die tatsächlich stattfinden, sind wenige Aktive verantwortlich, die immer wieder Anläufe machen. Sie stiften Gemeinschaft, weil sie ein Gefühl für Menschen und Kontakte haben und nicht einsam bleiben wollen.

Die Passiven warten ab. Bleibt die Initiative der Aktiven aus, beschweren sie sich: »Mich ruft nie jemand an.« – »Ich bin immer allein zu Hause.« – »Mich lädt nie einer ein.« Und sie beginnen zu nörgeln. Passive, unzufriedene Menschen stehen in Gefahr, Depressionen zu entwickeln. Zu depressiven Gefühlen gehört immer, dass man sich zurückzieht, nicht auf andere zugeht. Die Passiven nörgeln insgeheim sogar über die Gemeinschaftsfreudigeren, verstehen aber nicht, dass sie sich selbst abschließen und verbarrikadieren. Passive Menschen haben wenig Gemeinschaftsgefühl und zeigen ihre Gefühle nicht so offen wie aktive. Bei Freundschaften und Liebschaften ist dieses Problem besonders gravierend. Viele Männer, vor allem ältere Männer, warten ab, bis die Frau auf sie zugeht. Sie reagieren frauenfeindlich, wenn keine Frau mehr auf sie zukommt. Wie soll daraus eine erotische Verführung entstehen?

Werbung um eine Frau sollte nicht enden, sobald man mit ihr Sexualität hatte. Werbung und Verführung sind immer wiederkehrende Prozesse, die sich mit der Entwicklung des Mannes, der Frau und der Beziehung wandeln. So wie man seine Liebe immer wieder neu erklären sollte, so dürfen beide nicht müde werden, umeinander zu werben und sich gegenseitig immer wieder zu verführen. Das Kennenlernen der Partnerin geht nie zu Ende, so wie wir nicht aufhören sollten, uns selbst kennen und verstehen zu lernen. Die fehlende Werbung, das Abgleiten in immer gleiche Abläufe ist es, was langjährige Beziehungen so monoton und leblos macht und am Ende abtötet.

Die immer wieder neue Liebeserklärung

> *Auch brach es los wie ein Damm in meinem Herzen. Ein Menschenkind, das einsam steht auf einem Fels, von allen Winden und reißenden Strömen umbraust, seiner selbsten ungewiss, hin und her schwankt auf schwachen Füßen, wie die Dornen und Disteln um uns her, so bin ich, so war ich, da ich meinen Herrn noch nicht erkannt hatte. Nun wende ich mich wie die Sonnenblume nach einem Gott und kann ihm mit dem von seinen Strahlen glühenden Angesicht beweisen, dass er mich durchdringt. Oh Gott! Darf ich auch und bin ich nicht allzu kühn? Und was will ich denn? Erzählen, wie die herrliche Freundlichkeit, mit der Sie mir entgegenkamen, jetzt in meinem Herzen wuchert, alles andere Leben mit Gewalt erstickt, wie ich immer muss hinverlangen, wo's mir zum ersten Mal wohl war. Und ich musste zum wenigsten den Wunsch befriedigen, dass Sie wissen mögen, wie mächtig mich die Liebe in jedem Augenblick zu Ihnen hinwendet. Auch darf ich mich nicht scheuen, diesem Gefühl mich hinzugeben, denn ich war's nicht, die es mir in das Herze pflanzte. Ist es denn mein Wille, wenn ich plötzlich aus dem augenblicklichen Gespräch hinübergetragen bin zu Ihren Füßen? Dann setze ich mich an die Erde und lege den Kopf auf Ihren Schoß oder ich drücke Ihre Hand an meinen Mund oder ich stehe an Ihrer Seite und umfasse Ihren Hals. Aber es währt lange, bis ich eine Stellung finde, in der ich verharre. Dann fange ich an zu plaudern, wie es meinen Lippen behagt. Die Antwort aber, die ich mir in Ihrem Namen gebe, spreche ich mit Bedacht aus: ›Mein Kind, mein artig gut Kind, liebes Herz‹, sage ich zu mir. Und wenn ich das bedenk', dass Sie vielleicht wirklich es sagen könnten, wenn ich so vor Ihnen stände, dann schaudere ich vor Freude und Sehnsucht zusammen. Weh' mir, wenn dies alles nie zur Wahrheit wird. Dann wird mein Leben das Herrlichste vermissen. Ach, ist der Wein denn nicht die schönste und heiligste unter allen himmlischen Gaben? Diesen werde ich vermissen und werde das an-*

dere nur gebrauchen wie hartes, geistloses Wasser, das nicht nach mehr schmeckt. Warum muss ich denn wieder schreiben? Einzig, um wieder mit dir allein zu sein, so wie ich gern kam nach Weimar, um mit dir allein zu sein. Zu sagen habe ich nichts. Damals hatte ich auch nichts zu sagen, aber ich hatte dich anzusehen und innig froh zu sein und war Bewegung in meiner ganzen Seele. Und wenn ein Dritter meine Briefe läse, er würde sagen: ›Hier ist einzig von Liebe die Rede. Es ist ein Herz voll Liebe, das hier geschrieben hat. Es ist ihm nicht mehr zu helfen.‹ Ist dem zu helfen, der die Augen einmal ins Leben aufgeschlagen hat? Er ist geboren und muss die Welt anschauen mit Schlechtem und Rechtem bis in den Tod. Selig, wer beim ersten Blick gleich das Herrlichste erblickt und es so fest anblickt, dass kein Lärm und fremder Schein ihn abzuwenden vermag. Bin ich zu tadeln, Herr meiner Seele? Soll von Liebe nicht die Rede sein? So muss ich wahrlich verstummen, denn ich weiß nichts anderes. Ob Liebe die größte Leidenschaft sei und ob sie zu überwinden, verstehe ich nicht. Die Liebe ist Willen, mächtiger, unüberwindlicher, gegen nichts zu streiten in der Leidenschaft als gegen Unwahrheit.

Bettina von Arnim an Johann Wolfgang von Goethe

Dieser Liebesbrief gefällt mir sehr gut, und ich bedaure, dass es heute nicht mehr üblich ist, solche Liebesbriefe zu schreiben. Aber bevor ich weiter auf die Kunst der Liebeserklärung eingehe, will ich kurz etwas zur »Liebe« sagen.

Der Ausdruck oder das Phänomen Liebe ist unglaublich vielen Beschreibungsweisen unterworfen. Wenn man dieses Wort benutzt, sollte man sich im Grunde genommen immer erst darüber verständigen, was man damit meint. Ich habe den Eindruck, dass der Begriff in unserer Zeit massiv verflacht und oft an Stellen benutzt wird, wo er überhaupt nicht hingehört.

Liebe wird oft als etwas Mystisches, Mythologisches bezeichnet, das man vielleicht mit Glück erlebt. Was fehlt, ist das Bewusstsein, dass es eine unglaubliche lebenslange Anstrengung bedeutet, lieben zu lernen. Viele meinen, man habe vielleicht Glück, geliebt zu werden, aber dass man lieben lernen kann, wissen die wenigsten. Die Menschen denken, Liebesfähigkeit werde einem in die Wiege gelegt. Das halte ich für einen Irrtum, ein Vorurteil. Liebe ist ein Aspekt des menschlichen Zusammenlebens, den man lernen und üben kann, über den man sprechen und diskutieren kann, den man verstehen kann. Liebe ist eine Lebensaufgabe – ein Aspekt, den ich bisher so nur bei Alfred Adler wahrgenommen habe.

Liebeserklärungen sind kein aktuelles Thema. Darüber wird nicht gesprochen und erst recht nicht geschrieben. In unseren Tageszeitungen geht es eher um sexuelle Gewalt. Abgesehen davon, was es sonst noch für Gründe für die männliche Gewalt gegen Frauen gibt, ein Grund für dieses Verhalten ist sicher, dass sie keine Liebeserklärungen formulieren können. Männer haben das offenbar nicht gelernt.

Liebe wird viel zu wenig gezeigt und ausgedrückt. Vielleicht deshalb, weil immer sofort die Frage im Raum steht: Wird meine Liebe auch angenommen? Aber das ist eine sekundäre Frage, wichtig ist erst einmal, dass man seine Liebe äußert.

Was uns an der Liebeserklärung hindert, sind die klassischen Abwehrmechanismen, die Sigmund und Anna Freud schon beschrieben haben: »Wir haben Hemmungen, wir haben Angst und schämen uns. Das kann auch die Angst davor sein, dass es zu leichtfertig oder zu wenig ist, wenn man einfach sagt: ›Ich liebe dich.‹«

Männern kommt dieser Satz viel zu selten über die Lippen. Dabei geht es in der Erotik und Sexualität nicht ohne Worte. Das »wortlose« Verstehen des anderen, von dem viele Menschen träumen, ist eine Mär. Wir müssen miteinander sprechen, wenn wir uns verstehen wollen.

»Ich liebe dich«, sagt der Mann nicht, weil er Angst hat, dass es zu verbindlich ist, dass er sich damit verpflichtet. Er fürchtet, dass damit Forderungen auf ihn zukommen, denen er nicht gewachsen ist. »Ich liebe dich« wird wie ein Eid empfunden. Auch ist die Scham sehr groß, sich zu zeigen. Wenn man der Frau sagt: »Ich liebe dich«, zeigt man sich bedürftig, verletzlich und hat vielleicht Angst, dass es klingt wie »Ich brauche dich«. Aber kein Mann will zugeben, dass er die Frau braucht.

Deshalb gehört zur Liebeserklärung die Selbstachtung, das Selbstwertgefühl. Ein Mann mit Selbstwertgefühl kann seine

Liebe leichter erklären als einer, dem das wie Schwäche vorkommt. Es braucht Mut, Liebe zu erklären. Und es braucht Selbstliebe. Selbstliebe ist bei uns seit Christi Geburt verpönt. Es heißt zwar in der Bibel: »Liebe deinen Nächsten wie dich selbst.« Aber der Mann liebt sich ja selbst nicht, und damit ist dieser Satz eine Aufforderung zur Aggression.

Menschen, die sich selbst nicht lieben, die in einer depressiven Lebensstimmung sind, können keine Liebeserklärung abgeben. Aber vielleicht sind sie depressiv, weil sie ihre Liebe nicht erklären können?

Zur Liebeserklärung gehört Zartheit, obwohl und gerade weil wir in einer unzarten Gesellschaft leben. Es gehört auch eine gewisse Verstecktheit dazu: Man kann nicht in alle Welt hinausposaunen und hinausschreien, dass man jemanden liebt. Liebeserklärungen sind zarte, zerbrechliche, auch flüchtige Erklärungen, die der dauernden Erneuerung bedürfen. Gerade Männer meinen, wenn sie das einmal gesagt haben, vielleicht beim Heiratsantrag, dann ist der Fall erledigt.

Man sollte sich und den geliebten Menschen immer wieder fragen: »Habe ich meine Liebe schon stark genug zum Ausdruck gebracht?« In der Regel bekommt man eine klare Antwort darauf. Wenn die Antwort unklar bleibt, kann man davon ausgehen, dass man sich noch nicht deutlich erklärt hat.

Die ständige Erneuerung dürfte aber keine inhaltslose Floskel werden: Es müssen immer die entsprechenden Gefühle dahinter stehen. Dazu gehören Gesten, die Mimik, der Blick – sie verraten sehr genau, ob der Mann die Liebeserklärung ehrlich fühlt. Die Wirksamkeit der Erklärung ist auch an der Reaktion ablesbar, aber: Es gibt Menschen, die sich selbst so wenig liebenswert fühlen, dass sie die Liebeserklärung nicht entgegennehmen können.

Zur Liebeserklärung gehören Charakterfestigkeit und Geradlinigkeit. Manche Männer glauben aber, dass sie nur einer Frau im Leben ihre Liebe erklären dürfen, dass es nur eine »echte« Liebe im Leben gibt. Das halte ich für ein Vorurteil. Man kann mehrere Menschen lieben, und man sollte das den Menschen auch sagen. Normalerweise freuen sich die Menschen, denen man seine Liebe erklärt, darüber. Eine Zurückhaltung positiver, freundlicher Gefühle ist nicht liebevoll. Es wäre gut, wenn man nichts zurückhält, was positiv in einem ist. Doch wir haben gelernt, uns zurückzuhalten, weil wir uns schämen, Hemmungen, ja Angst haben.

Wenn ein Mensch sich entwickelt, wird die Liebeserklärung zu einem fortwährenden Dialog. Liebe zu zeigen fördert die Entwicklung, fördert die Motive und das Vermögen, sich zu entwickeln, vor allem, wenn die Liebe erwidert wird. Liebe ist ein zwischenmenschliches Phänomen, das Bejahung, Bestätigung und Bewunderung gern entgegennimmt. Liebe ist eine Art Wertbewusstsein, das sich auf Menschen bezieht. Und wenn ich einen Menschen als wertvoll empfinde, dann sollte ich ihm das auch immer wieder sagen. Denn Liebe ist auch immer ein Streben nach dem höheren Wert im sozialen, im menschlichen Bereich.

Wer seine Liebe erklärt, der hat sogar die Pflicht nachzufragen, ob die Erklärung wahrgenommen und ob sie erwidert wird. Im Extremfall kann man seine Erklärung auch zurücknehmen. Liebe hat den Drang, sich zu äußern. Aber: Man muss auch warten können. Man sollte nicht eine schnelle Antwort erwarten, sondern sich in Langsamkeit, in Geduld üben. Es kann passieren, dass man heute seine Liebe erklärt und erst übermorgen eine Antwort bekommt, oder erst in einem halben Jahr. Wer auf eine schnelle Antwort drängt, provoziert ein Nein. Das ist das Problem vieler Männer: Sie wollen den schnellen Erfolg und wollen sofort eine Antwort.

Dabei ist Liebe ein zwischenmenschliches Ereignis, das wachsen kann und sicher auch häufig langsam wächst. Wenn man Liebe empfindet oder wenn man Liebe erklärt bekommt, sollte man ganz vorsichtig, zart und behutsam damit umgehen, nichts überstürzen und nicht drängeln. »Liebe ist ein Kind der Freiheit.« Dieser Satz wird oft so dahingesagt, aber das Bewusstsein für seine Bedeutung fehlt. Freiheit heißt Loslassen: kein Druck, kein Zwang, keine Erwartungen, keine Forderungen. Eine Liebeserklärung ist wie ein Same. Nach der Aussaat kann wochen- oder gar monatelang nichts passieren.

Wer nachgräbt und schaut, zerstört den Keim. Der geliebte Mensch braucht Zeit, sich damit anzufreunden, vielleicht auch eigene Ängste abzubauen. Liebe muss spüren dürfen, langsam zu wachsen.

Freiheit meint auch Freisein von Eifersucht. Man muss der geliebten Frau zugestehen, einen anderen zu lieben, ohne übermäßig eifersüchtig zu reagieren. Liebe ist ein Kind der Geduld und des Wartens – natürlich nur unter der Voraussetzung, dass man seine Liebe erklärt hat. Wer nur wartet, die Frau anhimmelt und seine Liebe nicht deutlich erklärt, sollte nicht auf das Wunder warten, dass sie sich dem verliebten Mann zuwendet und von sich aus ihre Liebe erklärt.

Um der Frau Zeit zu lassen, sind auch Pausen in der Liebeserklärung, im Werben um sie notwendig. Die Pausen bieten die Möglichkeit, zu sich zu kommen und zu spüren, wie groß die Liebe wirklich ist. Distanz ermöglicht außerdem ein produktives Sehnen nach der geliebten Frau, aus dem heraus man wieder Aktivitäten entwickeln kann, sie zu umwerben.

Die psychische Hauptstruktur der Liebeserklärung ist die Unsicherheit. Wer seine Liebe erklärt, weiß nie genau, ob sie erwidert wird. Diese Unsicherheit braucht Kraft, doch es kann sogar erotisch sein, solche Unsicherheit zu empfinden: Ich offenbare mich jetzt, ich wage es zu sagen – ich liebe dich. Und es kann sein, dass es nicht zurückgegeben wird. Es kann sein, dass ich monatelang allein dastehe damit. Aber auch dieses Warten kann erotisch sein.

Viele Männer wollen sich nicht in die Unsicherheit hineinbegeben. Männer sind Sicherheitserzwinger. Es erfordert eine enorme Reife, zu Unsicherheit, Angst und Schwäche zu stehen, ohne als Person abzudanken und sich aufzugeben. Liebeserklärungen dürfen auch unbeholfen sein. Dazu ermutige ich Männer: Unbeholfene Liebeserklärungen aus lauter Angst und Verletzlichkeit sind erlaubt, lieber unbeholfen als gar nicht. Aber Männer sind perfektionistisch, wollen stark wirken, können diese Ansprüche an sich selbst nicht erfüllen und sagen dann lieber gar nichts. In der Liebeserklärung darf man auch kindlich werden, man muss nicht immer erwachsen sein.

Bei aller Ernsthaftigkeit, bei aller Unsicherheit vor oder in der Liebeserklärung darf man den Humor nicht vergessen. Freundlich, lachend, leicht humorvoll, das ist die ideale Stimmung für eine Liebeserklärung. Damit sind natürlich nicht derbe Witze gemeint. Eine offene, frohe, freundliche Stimmung fördert die Chance, dass auch die Frau freudig darauf eingeht. Wenn ein Mann in einer depressiven Lebensstimmung ist, sich selber nicht helfen kann, eigentlich schon mit einem Misserfolg rechnet, sollte er lieber erst an seiner eigenen Stimmung arbeiten, bevor er die Frau damit überschüttet.

Rund um die Liebeserklärung muss eine positive Stimmung herrschen, man sollte sich um eine positive Haltung bemühen. Man sollte zum Beispiel Komplimente machen können. Wenn man sich mit einer Frau trifft, darf man immer die Frage im Kopf haben: Was ist an ihr liebenswert? Was kann ich ihr an Positivem sagen? Welches Kompliment kann ich ihr machen? Es ist nie so, dass man kein Kompliment machen kann. Man sollte der Frau eine Freude machen wollen, ihr Geborgenheit vermitteln, bei ihr eine gute Stimmung hinterlassen.

Männer resignieren an diesem Punkt zu schnell: Wenn sie feststellen, »das ist nicht diejenige, welche«, macht ihnen das Treffen keinen Spaß mehr, und schon ist die schlechte Stimmung da. Männer müssen lernen, die Verantwortung für die Stimmung zu übernehmen. Natürlich kann man die Frau, die einem gegenüber steht, nicht steuern, letztlich ist es ihre Entscheidung, wie sie reagiert, wie sich ihre Stimmung verändert. Aber zumindest auf die eigene Stimmung kann und sollte man achten.

Der Prozess einer sich immer wieder erneuernden Liebeserklärung sollte natürlich zu etwas Gegenseitigem werden. Doch die männlichen Reaktionen auf Liebeserklärungen sind manchmal sehr merkwürdig, sie sind geradezu ein Problem. Frauen beklagen sich immer wieder, dass Männer gar nicht reagieren, offensichtlich gar nicht verstehen, was die Frau meint. Wenn Frauen Männern ihre Liebe gestehen, geschieht das manchmal recht versteckt. Ich finde es gut, dass das so ist, dass vieles nur zart angedeutet wird. Ich finde es wichtig für

Männer, dass sie lernen, die Sensibilität auch für das ganz Zarte zu entwickeln.

Vielen Männern fehlt nicht nur die Sensibilität für die Liebeserklärung einer Frau. Ihnen fehlt auch das Gefühl für Abweisungen. So passiert es immer wieder, dass Männer Frauen nachlaufen, die in grober Weise abweisend sind. Das ist vor allem eine Gefahr für gehemmte, verschämte, schüchterne Männer. Die Männer legen sich das dann so zurecht: »Ich bin zwar schüchtern. Aber ich beweise ihr, dass ich sie liebe. Das schaffe ich.« Umgekehrt warne ich alle Frauen davor, unempfindlichen, gefühllosen Männern nachzulaufen. Auch wenn diese immer wieder sagen: »Ich liebe dich.« Sie werden es nicht spüren.

Verführer brauchen Menschenkenntnis

»Mit mir und meiner Freundin ist es häufig so, dass sie bestimmte Wünsche hat, dass ich sie zum Beispiel fester anfasse. Beim nächsten Mal denke ich, das ist in Ordnung. Das habe ich jetzt verstanden. Das mache ich wieder so. Dann ist es aber so, dass sie es inzwischen nicht mehr möchte, aber lange Zeit nichts sagt und statt dessen sagt: ›Nein, ich will jetzt gar nicht mehr.‹ Oder sie hat keine Lust mehr. Und dann geht die ganze Situation flöten. Ich reagiere dann häufig ärgerlich in solchen Situationen. Die Stimmung ist weg, oder die Stimmung kippt. Wenn meine Freundin mir sagt, dass es ihr schon die ganze Zeit nicht gefällt, dann fühle ich mich natürlich sehr blöde, dann fühle ich mich auch gekränkt. Ich habe mich so bemüht und hatte den Eindruck, das macht ihr Spaß. Und hinterher sagt sie dann: ›Nein, ich will jetzt überhaupt nicht mehr. Die ganze Zeit hat es mir nicht gefallen.‹«

Dies ist die recht realistische Schilderung eines Mannes aus einer Männergruppe. Er ist durchaus positiv in seiner Grundeinstellung, aber die Sache gestaltet sich schwierig. Zur Verführung gehören nämlich immer zwei: zwei, die sich abstimmen müssen. Und zwei, die nicht jeden Tag in der gleichen Stimmung sind.

Wie verführt man also eine Frau? Bevor ich auf die meiner Meinung nach reale Situation eingehe, will ich drei Klischee-Verführer aus dem *Stern* zitieren:

Horst lässt keine Chance aus, eine tolle Frau zu beeindrucken. Er nennt sich selbst einen Verführer mit Niveau und legt Wert auf Gefühl, Romantik, Sensibilität. Schlüsselworte, die Horst offensichtlich anders interpretiert als ich, denn gleich danach kommt der Satz: »Eine goldene Kreditkarte oder ein Mercedes der S-Reihe können als Draufgabe nicht schaden.« Horst sagt, er habe keine Eile beim Verführen, aber er achte darauf, dass er den richtigen Wein wählt und den richtigen Anzug trägt. Außerdem hört er bei Diskussionen zu. Das ist ein Fortschritt: Früher haben die Männer den Frauen offensichtlich nicht zugehört. Horsts Vorbild ist Casanova: Der war fast immer verliebt, das imponiert Horst, auch, dass Casanova zum Beispiel mit zwei Nonnen zugleich im Bett war, oder mit Mutter und Tochter zusammen.

Der zweite im Stern vorgestellte Mann ist René: Er ist 39 und hat eine 23-jährige Freundin, die ganz lieb und verständnisvoll ist und einfach weiß, dass sie ihn nicht ändern kann. Er ist offen für alles, was lange blonde Haare hat, einen mädchenhaften Körper und Augen, hinter denen nicht das totale Vakuum liegt. Sein Trick bei der Verführung ist, dass er sich zuerst immer ganz zurückhaltend gibt. Für René liegt der Reiz in der Eroberung, pro Jahr sechs bis zwölf Mädchen, aber seine Dauerfreundin möchte er nicht verlieren.

Der dritte ist Gert. Gert macht nie Geschenke, weil er sich selbst als das größte Geschenk betrachtet, und er lehnt Kondome strikt ab: »Wenn ein Mädchen damit ankommt, sage ich ihr: Dann lassen wir es lieber. Bisher haben alle die Kondome gelassen.« Er weiß, dass Aids zu seinen Risiken gehört, aber für sich selbst schert ihn das nicht. Nur wenn er seiner noch immer geliebten Heidi diese Infektion bescheren würde, dann wäre dies ein Grund, »mir selber die Kugel zu geben«.

So weit das Bild des männlichen Verführers, doch was wünschen sich Frauen von den Männern? *Brigitte* befragte verschiedene Frauen, was sie sich wünschen.

Ein Kindermädchen wünscht sich: »Männer sollten lockerer und ausgelassener sein, die Meinung einer Frau respektieren, auch wenn die Frau einen völlig anderen Standpunkt hat.«

Eine Fotografin wünscht sich mehr Humor und Selbstkritik statt lächerlicher Verbissenheit, mehr Lebensmut und mehr Lebenslust.

Eine Verlagskauffrau möchte bessere Liebhaber, ein bisschen Abwechslung und dass die Männer besser zuhören.

Eine Haufrau sagt: »Ich will sie gut angezogen, kussfrisch und mit dem herben Duft eines Männerparfums. Männer, die bei jedem falschen Wort stundenlang schmollen, sind mir zuwider.«

Eine Psychologin wünscht sich: Unabhängig soll er sein, selbstbewusst, erfolgreich, klug, tolerant, kinderbegeistert, liebevoll, einfühlsam, zärtlich, erotisch, leidenschaftlich, humorvoll, sozial kompetent, locker, durchsetzungsfähig, ideenreich, reiselustig, initiativ und belastbar. »Er soll mir das Gefühl geben, dass ich wertvoll für ihn bin. Und wenn ich mal durchdrehe, soll er ruhig bleiben.«

Das ist also allerhand, was die Frauen da von Männern erwarten. Eine Frau, die sich offensichtlich schon intensiver mit der Thematik befasst hat, sagt zum Beispiel, dass sie sich vor allem das Lebensgefühl des Mannes ansehen möchte: Wie steht er im Leben? Attraktiv wäre er für sie, wenn er an seinem Charakter und seiner Lebensweise arbeitet. Sie wünscht sich Sanftmut, einen liebevollen Umgang und eine gewaltlose, einfühlsame Sprache. Wichtig ist ihr auch, dass der Mann gesund lebt, sich gesund ernährt, sich bewegt und finanziell von ihr unabhängig ist.

Solche Wünsche sollten wir Männer zur Kenntnis nehmen und uns Gedanken machen, wie wir uns im Spiegelbild dieser Wünsche fühlen. Enorm interessant für Männer finde ich auch, was bisexuelle Frauen sagen. Vielleicht können wir uns da ja Anregungen holen: Wie verführt eine Frau eine andere Frau? Im *Stern* gab es einmal einen entsprechenden Artikel: »Die doppelte Lust«.

Als erste bisexuelle Frau wird Anaïs Nin zitiert, die nicht

nur Henry Miller liebte, sondern auch dessen Frau June. Anaïs Nin schreibt: »Ihre Schönheit überwältigte mich. Als ich ihr gegenüber saß, hatte ich das Gefühl, alles, auch das Verrückteste für sie tun zu können, alles, worum sie mich bat. Sie war ganz Farbe, Glanz, Fremdartigkeit.« Anaïs, Henry und June lebten eine Dreiecksbeziehung, doch bei June hatte Anaïs Nin ganz andere Gefühle als bei Henry: »Ich fühle mich wie ein Mann wahnsinnig verliebt in ihr Gesicht und ihren Körper, ich möchte sie beschützen. June, du wirst ewig Teil meines Lebens sein. Wenn ich dich liebe, dann muss das so sein, weil wir einmal dieselben Phantasien, denselben Wahnsinn, dieselbe Bühne geteilt haben.«

Der Artikel zitiert auch meine Partnerin, die Psychotherapeutin Irmgard Hülsemann: »In letzter Zeit beginnen immer mehr Frauen darüber zu sprechen, dass sie auch erotische Wünsche, Sehnsüchte und sexuelles Begehren auf Frauen richten. Die Gefühle dabei sind aber noch immer eher Erschrecken und starke Verunsicherung. Das Neue und das Interessante aber ist, dass Frauen jetzt darüber reden, Frauen, die mit Männern gelebt haben oder immer noch mit einem Mann zusammenleben, diese Frauen sagen, dass sie sich vorstellen können, mit einer Frau Liebe zu machen, dass sie sich das wünschen und dass sie oft in der Begegnung mit Frauen sexuelle Gefühle spüren. Diese Frauen sagen dann, die sexuellen Beziehungen mit den Frauen sind viel befriedigender, aber es bleibt immer noch die Bewertung im Kopf und im Gemüt, das sei doch nicht die richtige Sexualität gewesen, eben nicht die mit dem Mann.«

In dem *Stern*-Artikel kommt auch eine Frau zur Sprache, die sich zutraut, beinahe jede Frau zu verführen. Sie meint, die Liebe zwischen Frauen sei hundertmal erfüllender, seelenvoller und befriedigender als die mit Männern, und beschreibt, wie sie eine Frau verführt. Sie geht auf Partys, auf denen meist nur Pärchen sind, lehnt sich in Sichtweite der Auserwählten an die Wand, trinkt, hört Musik, lächelt den Leuten zu, die bei ihr stehen bleiben und ihr etwas erzählen und behält immer die auserwählte Frau im Blick: »Ich schaue einfach nur zu, wie sie beim Lachen den Kopf in den Nacken wirft, wie sie trinkt, sich küssen lässt und dabei die Haare hinter den Ohren hochschiebt und ihre Finger über den Rand des Weinglases wandern. Natürlich hat sie mich längst gesehen … Sie weiß, dass ich sie anstarre. Es reizt sie, es ist auch für sie ein Spiel, ein interessanter Gedanke: Eine Frau begehrt mich.« Irgendwann lässt die Begehrte ihren Begleiter einfach stehen und geht zu Sonja, so heißt die verführerische Frau. »Sie zittert schon leicht, möchte, dass ich sie anfasse, wenigstens einmal ihre Haare hochhebe, wenigstens einmal, wenn ich ihr Feuer gebe, meine Finger auf ihre Finger lege.« Sonja flüstert ihr etwas ins Ohr, berührt mit den Lippen ihr Ohrläppchen: »Und dann wissen wir beide Bescheid, irgendwann in den nächsten Tagen werden wir zusammen im Bett liegen. Und es wird wundervoll sein.«

Das sollten wir Männer zur Kenntnis nehmen und uns fragen: Was machen die Frauen da? Warum machen sie es? Was ist dabei anders, attraktiver als mit uns Männern?

»Verführung« ist ein abgegriffenes und sachlich falsches Wort. Die Vorsilbe »Ver« signalisiert eine Fehlleistung. Verführen heißt also: wegführen, dahin führen, wo die Frau nicht hin will. Doch die beiden wollen ja zueinander finden mit ihrer Zärtlichkeit und Sexualität.

Der Blick ins Wörterbuch zementiert diese Bedeutung: verleiten, verlocken, zur Hingabe verleiten. Da heißt es sogar: »Ein Mädchen zur Hingabe verleiten«. Das ist sehr aufschlussreich: Mädchen müssen verführt werden, Jungen offensichtlich nicht! Der »Verführer« ist ein gewissenloser Liebhaber.

Aber Männer müssten nicht ver-führen. Sie müssten sich einfach nur freundlich verhalten, sich den Frauen öffnen und auch einmal lachen. Das wäre für die Frau recht angenehm und für andere Männer übrigens auch. Normalerweise hat eine Frau da ja auch nicht allzu viel einzuwenden, wenn die beiden sich nicht absolut spinnefeind sind oder er eben überhaupt nicht ihr Typ ist. Wenn zwei miteinander zum Kaffeetrinken gehen, dann ist ja ein gewisses Ja schon vorhanden, ohne dass das gleich heißen muss, dass sie jetzt Sexualität will. Ver-Führung im eigentlichen Wortsinn ist also nicht nötig. Man braucht nur gewaltlos zu bleiben, freundlich – und einigermaßen sauber im Denken.

Was gehört nun zur Verführung? Auf diese Frage werde ich nicht mit Tipps und Tricks antworten, das überlasse ich den Medien. Mir geht es um die Gefühle, die Verhaltensweisen, die Umstände, die eine Verführung begünstigen, die den Mann näher an sein Ziel bringen, das Ziel der gemeinsamen körperlichen Berührung.

Der Mann sollte sich immer ein gewisses Gefühl der Unsicherheit behalten, Sicherheit ist unerotisch. Das Gefühl »ich bin mir sicher« verführt dazu, einfach zu konsumieren und sich nicht zu bemühen, nicht sensibel zu sein. Die vorhandene Unsicherheit sollte nicht bekämpft werden, man sollte sie vielmehr auch der Frau zeigen.

Verführung braucht auch genügend Zeit: In der Mittagspause oder abends zwischen Feierabend und Ehefrau noch schnell mit der Freundin – das ist nicht besonders erotisch.

Ein veralteter Begriff im Rahmen der Verführung ist das »Vorspiel«. Das Vorspiel vor dem eigentlichen Spiel? Vorspiel, das klingt irgendwie nach Inszenierung: Kerzen, Beistelltisch, Weinflasche, Licht aus, leise Musik – das kann sehr schön sein, aber die Kerzen und die Musik sind Utensilien, die keine erotische Stimmung auf Knopfdruck erzeugen. Viel wichtiger sind persönliche Offenheit, Unsicherheit ertragen können und Zeit haben.

Das folgende Zitat ist von einem Mann, der sich in der Männergruppe ausführlich geäußert hat:

»Meine Freundin und ich sind zusammen eine Woche in Urlaub gefahren. Diese Woche Urlaub hatte ich mir so vorgestellt, dass wir eben sehr viel Zeit und Ruhe haben und dann auch häufiger Sexualität haben könnten. Das war ein Wunsch von mir. Wir hatten zwei bis drei Wochen nicht miteinander geschlafen, wahrscheinlich auch deshalb, weil wir viel zu viel gearbeitet hatten. Wir beide waren sehr angestrengt. Aber ich hatte auch Lust auf Sexualität, und dann habe ich mir überlegt: Wie soll ich das machen?

Meine Freundin hatte mir schon gesagt, dass sie es irgendwie komisch findet, wenn ich ihr einfach sage: Ich habe Lust. Dann sagt sie immer: ›Was willst du mir denn damit sagen?‹ Dann stehe ich etwas merkwürdig da mit meiner Lust. Dann versuche ich, ein bisschen um sie zu werben, bin besonders zärtlich. Und das endet immer so, dass wir zusammen kuscheln, dass aber eigentlich keine erotische Spannung da ist.

Ich dachte, im Urlaub würde das eher möglich sein, und habe mir auch mehr Nähe zu ihr gewünscht. Aber es kam nicht zur erotischen Spannung. Meine Freundin hat mir schon häufig vorgeworfen, dass ich es ihr überlasse, diese aufzubauen. Nach drei Tagen in diesem Urlaub war ich sauer, weil ich nicht mehr wusste, wie denn nun eine erotische Spannung überhaupt entstehen soll. Ich wollte wieder nach Hause, wollte den Urlaub abbrechen. Ich hatte keine Lust mehr. Dann habe ich mit meiner Freundin einen Streit angefangen. Dann habe ich ihr gesagt, dass ich es unmöglich finde, dass wir so distanziert miteinander umgehen, nicht ins Gespräch kommen. Ich hatte keinen Bock mehr, ich wollte weg. Da wurde sie dann irgendwie wach und meinte, sie würde mich jetzt anders sehen, wenn ich so mit ihr streite. Dann hat sie auch mit mir zurückgestritten. Nach einigen Stunden sind wir uns dann näher gekommen, haben auch miteinander geschlafen. Dann gab es also Sexualität. Auf einmal war nämlich das Lebendige da, die Wachheit. Und wenn das da ist, dann schlafen wir auch häufiger miteinander. Ich habe sie also im Grunde genommen wachgemacht eigentlich dadurch, dass ich deutlich und streitig meine Bedürfnisse geäußert habe. Wenn die Lust dann einmal da ist und wir nicht irgendwie versacken, dann wird das immer lustvoller. Und sie sagt zu mir: ›Ja, du musst mehr werben.‹ Dann denke ich: Werben? Was soll ich denn nun noch machen? Ich versuche dann immer zärtlich zu sein, aufmerksam, Rasierwasser zu benutzen. Dann fällt mir ein, ich müsste wahrscheinlich zudringlicher werben, in Richtung Vergewaltigung. Aber das meint sie nun nicht. Mir erscheint die ganze Angelegenheit der Werbung unwahrscheinlich kompliziert. Was sie mir gestern gesagt hat, stimmt heute nicht mehr, und morgen ist es schon wieder anders.«

An dieser Äußerung sehen wir: Mit Regeln ist einem nicht geholfen. Es hängt immer von den beiden Persönlichkeiten ab, die das gestalten. Es sind Hemmungen im Spiel, Ängste, Bequemlichkeiten, und vor allem das Nicht-darüber-Sprechen. Es gibt kein Maß für Zärtlichkeit, kein Maß für Kuscheln. Das müssen zwei Partner miteinander ausmachen, ausprobieren, sich einfühlen, darüber sprechen, reagieren. Jede Frau und jeder Mann wollen etwas anderes. Für die Verführung ist wichtig, herauszufinden, was für die Partnerin erotisch ist.

Ein Thema beim Verführen ist natürlich auch die Stimmung. Das Schönste ist, wenn zwei Menschen auch miteinander lachen können. Humor und Lachen sind immer befreiend, erst recht in der Verführungssituation. Viele Männer sind zu ernst, zu abgeschlossen, zu verbissen. Sie kommen aus ihrer Arbeitsstimmung nicht heraus, allerdings: Eine wirkliche Arbeit, eine kreative Arbeit, ist ebenfalls erotisch, im Sinne von lebendig, anregend. Eine unkreative Arbeit, die keinen Spaß macht, ist einschläfernd und unerotisch.

Wer in der Arbeit verbissen ist und für die Unerotik der Arbeit in der Sexualität Entschädigung sucht, geht den falschen Weg. Jeder Mann muss auf seine ganze Persönlichkeit achten. Er ist dafür verantwortlich, dass er lebendig und wach bleibt, dass er Spaß und Freude an dem hat, was er tut, dass er Leistungs- und Erfolgszwang abbaut.

Sexualität und Arbeit haben vieles gemeinsam, zum Beispiel: Sie sind mit einer besseren Stimmung besser zu leisten. Gute Ideen in der Arbeit entsprechen der Erektion und der Lust auf Sexualität. Das Ganze lässt sich als Lebensstimmung bezeichnen. Manche Menschen haben das Gefühl, das Leben sei eine Last, und fühlen sich dauernd überfordert. Andere gehen lebendig und wach durch die Welt und freuen sich auf die nächste Begegnung. Entsprechend leben Menschen ihre Sexualität: müde, überlastet und inaktiv oder neugierig, aufgeschlossen und positiv.

Das Verführen ist wichtig, man kann es lernen, aber: Es wird nicht immer gelingen. Ich habe auch schon Männer erlebt, die sich unglaublich um die Partnerin bemühten, zärtlich und gesprächsbereit waren, aber es ging nicht. Ein Mann sagte einmal in einem Einzelgespräch zu mir:

»Ich möchte über Sexualität reden. Das ist ja nun kein leichtes Thema. Ich weiß nicht, wo ich anfangen soll. Das Thema überschattet mein ganzes Leben, seit ich denken kann. Schon in der Pubertät hat mich das Thema sehr bedrückt. Ich dachte immer: Das wird nie etwas, ich kriege keine Frau ab. Das Thema war selten eine Quelle von Lust und Freude.«

Der Mann sagt, er spricht viel mit seiner Partnerin über Sexualität, die Sexualität bleibt aber ein Problem. Sie möchte viel seltener als er, hat manchmal gar keine Lust. Manchmal meint sie, ganz ohne Sexualität auskommen zu können, dann ist es ihr unangenehm, manchmal voller Ekel. Das ist natürlich schwierig für den Mann, aber realistisch: Manche Frauen sind sehr offen – mit dieser Offenheit quälen sie den Mann aber auch. Die Frage ist in einem solchen Fall, ob die Quälerei notwendig ist oder ob die beiden sich nicht besser trennen. In Bezug auf den eben beschriebenen Fall wage ich diese Frage, weil ich mit diesem Mann sechs Jahre lang intensiv gearbeitet habe und die Frau nicht bereit war, mitzuarbeiten. Doch auch das ist ein Phänomen: Männer hängen in einer Partnerschaft, die ihnen nicht gut tut, und können sich nicht trennen.

Wenn ein Mann eine Frau verführen will, muss er sie kennen, und dazu gehört Menschenkenntnis. Wer keine Menschenkenntnis mitbringt, kann die Eindrücke, die er wahrnimmt, nicht verarbeiten. Er kann nichts empfinden, sieht die Frau nicht richtig, quält sich, weil ihm nichts einfällt, weil er nicht weiß, was er sagen soll. So lernt man eine Frau nicht kennen. Der bessere Menschenkenner ist auch der bessere Verführer.

Dies ist ein Plädoyer, Menschenkenntnis zu erwerben, und das ist ja auch die Arbeit, die wir in Männergruppen machen. Nur wenn wir uns selber besser kennen lernen und einander kennen lernen, werden wir auch die persönliche Fähigkeit erwerben, Frauen kennen zu lernen.

In Männergruppen wäre es interessant, sich gegenseitig von Verführungen zu erzählen. Dabei kann man von anderen lernen, bekommt ins Gefühl, wo man selber steht, bekommt

Rückmeldungen aus der Gruppe, wie man wirkt, welche Haltung man eingenommen hat, wie glaubwürdig, wie schlüssig die Erzählung ist.

Für sich selbst kann man seine erotischen Verführungen aufschreiben. Das Aufschreiben zwingt dazu, die Situation noch einmal aus der Distanz Revue passieren zu lassen und genau zu überlegen, wie es gelaufen ist, konkrete Worte dafür zu finden, kurz: das Erlebte noch einmal durchzuarbeiten, nachzufühlen.

Werbung und Verführung sind nicht Handwerk, sondern Kunstwerk. Der Prozess des Erforschens ist die Kunst des Findens, ist ein allmähliches Hineinwachsen in die Welt des anderen, ein allmähliches Heranbegeben, ein empfindsames, ruhiges, vorsichtiges, hingabefähiges Annähern an die Welt des anderen Menschen. Alles andere ist Technik, Organisation, Plan, jedenfalls etwas sehr Unerotisches. Doch nur die erotische, sensible Werbung und Verführung hat eine Chance, etwas Dauerndes zu ermöglichen, etwas Glückbringendes, Freudebringendes, Ermutigendes.

Sexuelle Fantasien

»In meiner Phantasie wie beim wirklichen Vögeln bin ich an einem entscheidenden Punkt angelangt. Wir schauen bei einem Football-Spiel zu. Es ist bitterkalt. Vier oder fünf von uns haben sich unter einer großen Wolldecke zusammengedrängt. Plötzlich springen wir auf, um den Mittelstürmer besser zu sehen, der auf die Ziellinie zurennt. Während er über das Feld rast, drehen wir uns in die Decke eingehüllt wie ein Mann in seine Richtung und schreien laut vor Aufregung. Irgendwie ist einer der zuschauenden Männer, ich weiß nicht, welcher es ist, und will es auch gar nicht wissen, will auch gar nicht nachsehen, weil ich viel zu gespannt bin, ganz dicht hinter mich gerückt. Ich schreie weiter. Meine Stimme ist wie ein Echo von ihm, dessen Atem ich heiß auf der Haut spüre. Ich kann den steifen Penis durch seine Hose hindurch fühlen, als er mir durch eine Berührung zu verstehen gibt, ich solle meine Hüften weiter zu

ihm herumdrehen. Das Spiel ist so, dass wir alle immer noch zur Seite gewandt bleiben, um zuzuschauen. Die Menge gerät völlig außer sich. Jetzt hat er seinen Schwanz herausgeholt, und plötzlich ist er zwischen meinen Beinen. Er hat ein Loch in meinen Slip unter dem kurzen Rock gerissen, und ich schreie noch lauter, weil die Spieler jetzt nah beim Tor sind. Wir springen alle ständig vor Begeisterung hoch, und ich muss ein Bein auf die nächsthöhere Sitzreihe stellen, um das Gleichgewicht nicht zu verlieren. Nun kann der Mann hinter mir leichter in mich eindringen. Wir hüpfen alle herum und klopfen uns gegenseitig auf den Rücken. Er legt mir den Arm um die Schultern, damit wir uns im gleichen Rhythmus bewegen. Jetzt ist er in mir drin, wie ein Rammbock in mich hineingestoßen. Mein Gott. Mir kommt's, als wäre er schon in meiner Kehle. Weiter so! Los! Los! – schreien wir gemeinsam. Wir sind lauter als alle anderen und bringen sie dadurch dazu, noch verrückter zu brüllen. Wir zwei heizen die Begeisterung an wie die Anführer einer Clique, während ich ihn in mir spüre, wie er – wer er auch immer sein mag – steifer und steifer wird und mit jedem Hochspringen immer tiefer reinstößt, bis das Hurra-Geschrei für die Spieler den Rhythmus unseres Fickens annimmt. Und alle um uns herum sind auf unserer Seite. Jubeln uns und dem Tor zu. Es ist jetzt schwer, beides voneinander zu trennen. Es ist der letzte Angriff des Mittelstürmers, alles hängt von ihm ab. Wir beide rasen wie die Wahnsinnigen, unserem eigenen Ziel schon nahe. Meine Erregung steigert sich, gerät fast außer Kontrolle, als ich dem Football-Spieler zujubele, der es wie wir machen soll, damit wir alle gemeinsam das Ziel erreichen. Der Mann hinter mir schreit auf und umkrampft mich in lustvollen Zuckungen. Der Mittelstürmer schießt ein Tor.«

Nancy Friday hat zwei Bücher veröffentlicht, eines über »Sexuelle Phantasien der Frauen« und eines über »Sexuelle Phantasien der Männer«. Die eben zitierte Phantasie stammt von ihr selbst. Sie hatte mit einem Mann Sexualität, und er forderte sie auf: »Erzähl mir doch, was du gerade denkst.« Doch nach Nancy Fridays Erzählung stand der Mann wortlos auf und verließ das Bett. Er kam auch nie wieder, obwohl sich die beiden vorher versichert hatten, dass es keine sexuelle Grenze für sie gäbe – aber die Phantasien waren ihm unerträglich. Nancy Friday fügt hinzu, dass sie diesen anderen Mann vom Football gar nicht wollte, er war ja ein gesichtsloser Niemand: »Außerdem hätte ich solche Gedanken nie gehabt und schon gar nicht laut ausgesprochen, wenn ich nicht so erregt gewesen wäre. Und das lag ja nun an ihm, dem wirklichen Liebhaber.« Sie hat sich darüber geärgert, dass er ging, sie war empört und empfand Scham. Ihr Ärger war so groß, dass sie sich entschloss, ein Buch über weibliche Phantasien zu schreiben. Sie hat lange keinem Mann mehr ihre Phantasien erzählt, erst ihrem Ehemann. Der war sehr beeindruckt von ihrer Vorstellungskraft und sagte manchmal: »Das hätte ich mir im Traum nicht ausdenken können.« An dieser Toleranz erkannte Nancy Friday, wie sehr er sie liebte.

Als sich Nancy Friday an das Buch über Phantasien der Frauen machte, es erschien in Deutschland 1980, reagierten selbst Freunde sehr restriktiv. Die meisten brachen das Gespräch ab, wenn sie von ihrem Buchprojekt sprach. Wenn überhaupt etwas gesagt wurde, dann kam von den Männern so etwas wie: »Warum sammelst du nicht Phantasien von Männern? Frauen brauchen keine Phantasien, die haben ja uns.« Oder: »Ich verstehe ja, dass irgendeine alte vertrocknete Jungfer, die kein Mann mehr will, solche Phantasien hat. Meinetwegen gestehe ich es auch noch einer frustrierten Neurotikerin zu. Aber die normale, sexuell befriedigte Frau hat doch so etwas nicht. Wer hat denn überhaupt solche Phantasien nötig? Was ist am guten, altmodischen Sex auszusetzen?«

Auch intelligente, angeblich aufgeschlossene, vorurteilslose Männer waren sehr schockiert. Männer haben offensichtlich Angst, wenn Frauen über ihre sexuellen Phantasien sprechen. Etwa 1982 kam dann auch das Buch über die sexuellen Phantasien der Männer heraus.

Die Phantasien von Männern und Frauen unterscheiden sich deutlich. Fridays Bücher zeigen, dass Frauen viel erfindungsreicher, mutiger und risikofreudiger sind. Ich habe das Buch über die Frauen ganz gelesen, das über die Männer nicht: Es war mir zu langweilig. Männer werden durch Ängste, Schuldgefühle und Hemmungen am Phantasieren gehindert. Nancy Friday gibt zu, dass ihr viele Phantasien Vergnügen bereiteten, manche sie aber auch anwiderten oder entsetzten. Das bedeutet: Wir müssen mit dem Mitteilen sexueller Phantasien vorsichtig sein. Nicht jede Phantasie macht jedem Lust. Sie sind sehr unterschiedlich, und wir müssen bei der Verführung, bei der Sexualität, beim Austauschen von Zärtlichkeiten, uns Zeit lassen, um herauszufinden, was den anderen stimuliert, was ihn sexuell anmacht.

Viele männliche Phantasien erschienen Nancy Friday als Ausdruck supermännlicher Überheblichkeit – nur darauf angelegt, sie zu schockieren oder in den Dreck zu ziehen. Ich glaube, da ist etwas dran. Man muss sehr aufpassen, dass man nicht nur schockieren will. Vor allem Männer neigen dazu.

Phantasien sind wie der Appetit beim Essen: Dieses zeigt, was uns schmeckt und was wir essen möchten. Das sollte man ernst nehmen und keine Dinge essen, auf die man keinen Appetit hat.

Mit erotischen Phantasien verhält es sich ähnlich. Sie müssen ungeheuer wichtig genommen werden, aber das heißt nicht, dass alle Phantasien in die Tat umgesetzt werden müssen. Dazu müssen beide Partner Lust haben, doch man kann nicht davon ausgehen, dass beide die gleichen Phantasien haben.

Wer sich etwa ausmalt, die Frau grob anzupacken, sie zu übermannen, zu überwältigen, zu unterwerfen oder sie einfach nur kräftiger zu behandeln, der kann das nicht einfach umsetzen, sondern muss mit ihr zuvor darüber sprechen. Im Grunde genommen sollte über jede erotische Berührung vorher gesprochen werden. Es wird dann immer dagegengehalten: »Dann ist ja der ganze Zauber weg, wenn man immer alles vorher besprechen muss.« Das stimmt nicht. Wer es einmal ausprobiert hat, weiß, dass es nicht stimmt. Ich halte das sogar für eine Schutzbehauptung: Angeblich hat der Mann Angst, der Erotik den Zauber zu nehmen. Tatsächlich hat er Angst, ein Risiko einzugehen. Es gehört viel Mut und Risikobereitschaft dazu, seine Phantasien zu erzählen, und man sollte es auf jeden Fall ausprobieren. Wenn es keinen Spaß macht, kann man es auch wieder lassen, aber probieren sollte man es auf jeden Fall.

Der Austausch erotischer Phantasien erfordert aber auch Fingerspitzengefühl. Wenn ein Mann Gewalt-Phantasien hat, sollte er sich sehr genau überlegen, wie viel er davon seiner Partnerin zumuten kann, wann er ihr das erzählen kann, unter welchen Voraussetzungen. Hier ist vermutlich das Gespräch unter Männern besser. Phantasien vom Gezwungenwerden und Unterwerfen, vom Überwältigen, Fesseln und Schlagen sind keine Perversionen, sie kommen aus der Kindheit, da sind wir vielleicht auch geschlagen worden. Diese Ursprünge in unserer Lebensgeschichte sollten wir erforschen, denn wenn sich Einstellungen und Bewusstsein verändern, wandeln sich auch die Phantasien.

Phantasien kann man gemeinsam ausspinnen. Das kann sich ziemlich frivol und riskant entwickeln, kann sehr anregend, aufregend, erregend sein. Man kann vorher verabreden, dass man alles nur in Worten ausmalt und es auf keinen Fall in die Tat umsetzt. Das macht Mut, man wagt sich an Grenzen und Tabus, findet Worte für das Unaussprechliche. Wichtig ist dabei nur immer, dass man kommuniziert, wie man sich dabei fühlt, damit die Erotik nicht in Angst und Schrecken umschlägt.

Bei vielen Menschen entsteht bereits eine starke erotische Lust, wenn man sich offenbart, die Scham, vielleicht auch Ekelgefühle überwindet. Wer sich offenbart, riskiert natürlich immer die Zurückweisung. Die Partnerin will das nicht hören, das ist die eine Möglichkeit. Oder die Partnerin kann den mit der Phantasie verbundenen Wunsch nicht akzeptieren, weist das entrüstet, ängstlich, aus moralischen oder aus welchen Gründen auch immer, zurück.

Doch Worte und Sätze, die einmal ausgesprochen sind, bleiben wie Samen in der Erde. Die liegen da und keimen vielleicht, und langsam wächst daraus etwas. Meiner Erfahrung nach ist es häufig so, dass man, wenn man nach Wochen oder Monaten wieder auf das Thema kommt, eine veränderte Reaktion erhält. Oder die Partnerin kommt von sich aus auf das Thema zurück, fragt nach, will mehr wissen und hören.

Die Berührung der Haut

Die Haut ist unser größtes und wahrscheinlich wichtigstes Organ. Dieser Tatsache sind sich viele nicht bewusst. Wenn Menschen sich berühren, körperlich berühren, ist die Haut immer das Medium dieser Berührungen. Je bewusster man sich ist, was dabei passiert, desto produktiver wird auch diese Berührung werden.

Alltägliche Berührungen sind oft unbewusst: Man kommt in einen Raum, streift jemanden, stößt jemanden an. Die Hand zu geben ist zwar eine bewusste Berührung, aber unbewusst bleibt meist, dass dabei auch Gefühle eine Rolle spielen: Dem einen gibt man die Hand gern, dem anderen weniger gern, manche nimmt man auch in den Arm. Vor Berührungen kann man sich ekeln, ängstigen, schämen.

Die Haut kann einer Berührung oft nicht ausweichen: Wenn ein Mensch berührt wurde, dann ist er berührt und reagiert auf jeden Fall, ob bewusst oder unbewusst. Hautreaktionen werden oft sofort verdrängt, nicht gespeichert, geschweige denn verstanden, gefühlt oder untersucht. Unbewusst kann es so geschehen, dass man seine Bedürfnisse und Liebesmöglichkeiten drosselt oder Kontakte nicht zulässt. Es ist allerdings auch wichtig, unangenehme Kontakte nicht zuzulassen.

Die Haut spricht häufig eine sehr deutliche Sprache. Sie wird rot vor Scham, vor Wut, vor Anstrengung, man kann erbleichen. Menschen, die sich die Aussagen der Haut nicht bewusst machen und darauf keine Rücksicht nehmen, sind sehr verletzlich. Aber sie wissen nicht, dass sie dort eine schwache Stelle haben.

Hautbewusste Menschen sind präsenter und darauf eingerichtet, sich mit Berührungen auseinander zu setzen. Sie können Unangenehmes vermeiden, sie kennen ihren Körper ziemlich genau, kennen ihre Schwachstellen und Stärken, ihre Bedürftigkeit und ihre Begrenzungen. Deshalb plädiere ich für Hautbewusstsein.

Prinzipiell gibt es angenehme, erwünschte Berührungen und unangenehme, unerwünschte. Entsprechend reagieren wir mit

Abwehr oder Begehren. Zu den Abwehr-Reaktionen können auch psychosomatische Reaktionen kommen. Neben der Schamröte sind das zum Beispiel Neurodermitis, Nesselsucht, Dermatitis und Akne. Schamröte kann aber auch sagen: Eigentlich will ich mehr Berührung, aber ich schäme mich für dieses Begehren.

Schon flüchtige Berührungen, etwa wenn man jemanden trösten oder auf etwas aufmerksam machen will, können zart oder kräftig sein, können angemessen oder auch übergriffig sein. Wer einen unangenehmen Hautkontakt zulässt, entwickelt hinterher oft unangenehme Gefühle und kommt davon nicht mehr los. Besonders Menschen, die aggressiv oder gewalttätig behandelt wurden, haben Probleme mit Hautreaktionen und körperlichen Reaktionen insgesamt. Die Betroffenen, das müssen Männer sich klar machen, sind in unserer Kultur überwiegend Frauen. Frauen sollten unangenehme Berührungen abwehren. Das erfordert eine enorme Energie, deshalb lassen Frauen Berührungen oft geschehen.

Männer sind sich ihrer Hautaktionen und -reaktionen sehr selten bewusst: Ein Händedruck, an den Arm fassen, auf die Schulter klopfen – man sollte sich bewusst sein, was man da tut und was man mit sich geschehen lässt. Oft reagieren wir auch unbewusst, indem wir uns wegdrehen, unter einer Berührung wegwinden, um den anderen auf Distanz zu halten. Ein Mann, den ich einmal umarmte, drehte sich spiralförmig unter meinem Arm weg. Das war mir sehr unangenehm, denn offensichtlich war ich ihm zu nahe getreten. Es ist also außerordentlich wichtig, sich in die Situation, in das Gegenüber einzufühlen, um zu merken, ob eine Berührung angebracht ist.

Problematisch sind angeblich absichtslose Berührungen: Man sitzt in der Kneipe eng nebeneinander, und der Oberschenkel des Mannes drückt an den der Frau, oder man legt den Arm auf die Bank hinter ihr, dass sie sich umarmt fühlt, wenn sie sich zurücklehnt. Das ist aber nur akzeptabel, wenn zwei Menschen sich schon näher gekommen sind und der »Zufall« ihnen ein willkommener Zufall ist. Dann kann man diese Berührungen auch intensivieren und verlängern, sollte aber gerade als Mann sorgfältig darauf achten, ob die Frau das wirklich will, und sie vielleicht einfach fragen. Dazu gehört Mut, denn man riskiert eine Zurückweisung.

Schweigen oder Nicht-Reaktion auf eine Berührung interpretieren Männer gern als Einverständnis. Sartre hat das in dem Buch »Das Sein und das Nichts« beschrieben: Ein Mann legt in einem Restaurant seine Hand auf die der Frau. Sie zieht sie nicht weg. Er interpretiert das als Zustimmung und fühlt sich nach einiger Zeit zu weiteren Berührungen ermuntert. Die Frau hat das aber nicht so gemeint, sondern so getan, als hätte sie nichts gemerkt. Ein problematisches Verhalten von beiden Seiten. Sie sollte reagieren, und er sollte eine Reaktion abwarten oder nachfragen.

Hautberührungen, Körperkontakte, zärtliche Kontakte sollte man unbedingt besprechen: Mann und Frau miteinander und Männer untereinander. Der eigene Körper ist mehr oder weniger vertraut, der andere Körper ist zunächst immer fremd. Männer haben die Tendenz, sich des Körpers der Frau zu bemächtigen. Ein liebevoller Mann bemächtigt sich nicht, sondern lässt den Körper der Frau in seiner Ganzheit bestehen. Er wartet auf Berührungen und führt erwünschte Berührungen herbei, aber keine gewaltsamen Übergriffe.

Es gibt auch ein körperliches Verstehen: Indem man sich berührt und miteinander körperlich umgeht, kann man sich auch verstehen. Aber das kann nicht die Wortsprache am Beginn des Kennenlernens ersetzen. Doch weil Worte mit Angst- oder Schamgefühl besetzt sind, überspringt man die Sprache und berührt ohne Worte.

Dabei kann man auch mit Worten streicheln, sollte das auch. Eine sanfte, liebevolle, zarte Stimme streichelt, betört, verzaubert. Wer eine Frau so anspricht, kann sie im Innersten berühren, kann die Angst nehmen, ihr Geborgenheit vermitteln. Schon im Gespräch kann man Raum und Zeit vergessen. Im liebevollen Gespräch gibt es keinen Zwang, keine Bemächtigungstendenzen, keine Begierde. Worte können aber auch Angst machen oder eine Bemächtigungstendenz erkennen lassen.

Das Streicheln mit Worten ist sinnvoll, weil sich damit auch der Mann vor Frustrationen und Misserfolgen schützt. Wer eine Frau liebevoll und sanft anspricht und keine entsprechende Antwort bekommt, sollte den Körperkontakt erst gar nicht suchen.

Die ersten Berührungen sollten zart und sanft erfolgen. Ohne Zartheit und Liebe ist eine Berührung schnell eine Bemächtigung.

Es wird häufig behauptet, Frauen hätten eine differenziertere Hautwahrnehmung, Männern ginge es nur um Busen, Po und Genitalien, Frauen hätten mehr Interesse am Streicheln. Das stimmt sicher häufig, aber nicht für alle. Und prinzipiell glaube ich, dass das Hautbewusstsein ein Produkt unserer Erziehung ist und dass wir das deshalb verändern können. Wir können Hautsensibilität, Hautbewusstsein lernen. In jeder Berührung, jeder zärtlichen Geste muss im Grunde genommen die Aussage enthalten sein: »Ich vergesse nicht, dass ich dich begehre. Aber ich weiß, dass ich nicht Macht ausüben will oder Brutalität. Ich weiß auch, dass ich dich nicht sofort haben muss, sondern dass ich dich sein lasse.«

Menschen, die nicht geliebt wurden, die selbst nicht lieben können und die hart und erstarrt erscheinen, leben oft mit Angsterlebnissen, Schrecken und Schmerz, aber auch mit Brutalität und Kälte. Solche Menschen kann man mit einiger Menschenkenntnis auch erkennen, wenn man noch nicht mit ihnen gesprochen hat. Sie zeigen mit ihrer Physiognomie, ihrer Haltung, Gestik und Mimik, ob sie hautsensibel sind oder ob sie ihre Haut benutzen mussten, sich gegen andere abzugrenzen. Die Haut ist die Begrenzung unseres Körpers, sie schützt uns, sie wehrt sich.

Streicheln ist lebensnotwendig

Die Grunderfahrungen mit Hautkontakten, das Streicheln, in den Arm nehmen, tragen, drücken, aber auch schlagen oder kratzen, spielen im Leben eines Menschen eine enorme Rolle. Je jünger Kinder sind, desto wichtiger ist der Hautkontakt. Es entscheidet unter Umständen über das Schicksal des ganzen Lebens, was in den ersten Jahren an Hautkontakt und Körperkontakten passiert.

Kinder brauchen beruhigende, besänftigende Erlebnisse. Bloßes Anfassen reicht nicht aus, das kann sehr steril sein. Ein Reagenzglas fasst man emotionslos an, da spielen Gefühle keine Rolle. Aber ein Kind leidet Schaden, wenn es emotionslos, zu grob oder etwa mit zu kalten Fingern angefasst wird.

Entwicklungsstörungen von Kindern sind häufig von Hautreaktionen begleitet. Menschen mit Hautproblemen sind häufig zu wenig gestreichelt worden. Rötungen oder andere Hautreaktionen heißen meist: »Fass mich nicht an.« Kinder hören ja oft: »Fass das nicht an.« Oder: »Lass dich nicht von anderen anfassen.« Das ist ein berechtigter Wunsch, das Kind zu schützen, aber wenn Eltern übertreiben oder übertriebene Angst äußern, wird es problematisch.

Wer in der Kindheit zu wenig körperliche Zärtlichkeit empfangen hat, wer wenig gestreichelt wurde, hat es schwerer als andere, mit Berührungen angemessen umzugehen und andere zu berühren. Ashley Montagu schreibt in seinem Buch »Körperkontakt«: »Die wesentlichste Sinnesempfindung unseres Körpers ist die Berührung, die wichtigste Wahrnehmung im Schlaf- und Wachzustand. Wir fühlen, wir lieben und hassen, sind empfindlich und empfinden durch die Tastkörperchen unserer Haut.«

Die Haut ist also unser frühestes, sensibelstes und sensitivstes Organ, das erste Medium des Austausches mit anderen Menschen, unser wichtigster Schutz. Erneuerung und Entwicklung der Haut gehen das ganze Leben lang weiter. Eine wichtige Frage ist also: Welche Hautreizungen und Stimulierungen sind nötig, um eine gesunde Entwicklung zu ermöglichen? Wie viel Zärtlichkeit braucht der Mensch, und wie wirkt sich ein Mangel an Streicheln auf die Persönlichkeit aus?

Dazu ein Tierexperiment: Mit Ratten wurden zwei Versuchsgruppen gebildet. Die einen Ratten wurden von Geburt an freundlich gestreichelt und zärtlich behandelt, die anderen nur gefüttert und gereinigt, die Berührungen waren nicht liebevoll und auf das Notwendige reduziert. Die Ratten entwickelten ein unterschiedliches Verhalten: Die gestreichelten Ratten waren zahmer, furchtloser, hatten mehr Zutrauen und waren weniger reizbar. Die anderen waren zaghaft, ängstlich, nervös, verkrampften, wehrten sich, wenn man sie in die Hand nahm, und bissen. Das allein ist schon beeindruckend, aber das Experiment ging weiter: Allen Ratten wurden Schilddrüse und Nebenschilddrüse entfernt. Von den gestreichelten Ratten starben in den beiden Tagen nach der Operation 13 Prozent, von den anderen 79 Prozent. Daraus folgerten die Wissenschaftler: Das zarte Streicheln und der liebevolle Umgang mit den Ratten hatten die Stabilität des Nervensystems und des Immunsystems erheblich erhöht. Zärtlichkeit, das drückten sie direkt so aus, kann über Leben und Tod entscheiden. Wenn das schon bei Ratten so ist, dann ist davon auszugehen, dass Streicheln auch beim Menschen enorme Auswirkungen hat. Kinder, die von Geburt an zartes Streicheln und liebevollen Umgang erleben, entwickeln einen anderen Charakter und eine andere Persönlichkeit. Eltern, die ihr Baby nicht streicheln, nicht streicheln können, enthalten ihrem Baby etwas vor. Sie entscheiden über sein Schicksal, entscheiden über Leben und Tod.

Montagu erwähnt in seinem Buch einen ähnlichen Vorgang: Tiermütter reinigen ihre Jungen durch Lecken. Nach Ansicht von Forschern hat das nicht in der Hauptsache mit Reinigung zu tun, sondern das Lecken ist lebensnotwendig: Die Niere wird angeregt, die Harnausscheidung verstärkt, auch die Atmung, der Kreislauf, die Nerventätigkeit, die Verdauung und die Fortpflanzungsfähigkeit werden dadurch erhöht.

Montagu geht davon aus, dass das Streicheln der Mutter nicht nur das Baby stimuliert, sondern dass auch die Mutter den Hautkontakt mit dem Säugling braucht. Ich frage: Braucht denn die Frau später, wenn sie kein Baby mehr hat, diesen Hautkontakt nicht? Und brauchen denn die Väter, die Männer diesen Hautkontakt mit dem Baby nicht?

Viele Frauen beklagen, dass ihr Mann sie nicht mehr streichelt. Ich weiß nicht, was da im Einzelnen vorgeht, aber der Mann, der nicht streichelt, braucht den Körperkontakt doch auch. Das ist eine wichtige Botschaft an Männer, vor allem an solche, die ohne viel Zärtlichkeit erzogen worden sind: Streicheln schadet nicht! Es nützt und ist wichtig für die körperliche und psychische Gesundheit.

Die Schwangerschaft, die Zeit im Leib der Mutter, ist eine Zeit innigster Berührung und Stimulation für das Kind. Menschen haben aber im Vergleich zu anderen Säugetieren eine sehr kurze Schwangerschaft, man spricht von einer biologischen Frühgeburt. Deshalb ist für Menschenbabys der Körperkontakt nach der Geburt enorm wichtig. Bei tatsächlichen Frühgeburten ist er noch wichtiger. Und ich betone: Das können auch die Väter. Außer Stillen können die Väter alles, was die Mutter kann, doch das läuft in unserer Kultur einfach falsch: Die Mutter wiegt das Kind, und der Vater geht arbeiten.

Die Sprache kennt viele Hautbilder. Man sagt zum Beispiel: »Den muss man mit Samthandschuhen anfassen.« Das heißt: Er ist empfindlich, er fährt schnell aus der Haut. Das ist schon der nächste Ausdruck: »Aus der Haut fahren.« Das heißt: Er ist wütend, regt sich auf, bleibt nicht bei sich. Umgekehrt kann man sich »wohl fühlen in seiner Haut«. Das sind Menschen, die mit sich im Reinen sind, ausgeglichen, zufrieden. Von empfindlichen Menschen sagt man auch, sie seien »dünnhäutig«, haben eine »dünne Haut«. Unsensible Menschen haben dagegen eine »dicke Haut«. Als »gute Haut« bezeichnet man Menschen, die einem Geborgenheit vermitteln, die ehrlich sind, denen man vertrauen kann. »Das hat mich berührt« bezeichnet normalerweise eine innere, gefühlsmäßige Berührung. Alle diese Sprachbilder haben mit psychischen Themen zu tun.

Die unglückliche Haut

Ich selbst habe etwa seit meinem 20. Lebensjahr mit Hautreaktionen zu tun. In Aufregungs- oder Stresssituationen springen mir zum Beispiel die Hände auf. Der Arzt nennt das »endogenes Ekzem«, das heißt: Er weiß nicht, woher es kommt. Aus naturwissenschaftlich-medizinischer Sicht kann er nicht mehr sagen und auch nicht mehr tun, als verschiedene Salben auszuprobieren, und irgendeine wirkt dann. Beim nächsten Stress springt die Haut wieder auf: Manchmal kann ich etwas Gutes dagegen tun, manchmal nicht. Eine solche trockene Haut ist auch empfindlicher bei Verletzungen: Ein bisschen geritzt, und schon blutet sie.

Diese Hautreaktionen sind psychosomatische, ebenso wie Neurodermitis, atonische Dermatitis oder Schuppenflechte. Hier wird immer viel über Vererbung gesprochen, mein Vater hatte die gleiche Haut, aber ich glaube auch, dass er einen ähnlichen Charakter hatte. Den Charakter habe ich jedoch nicht geerbt, sondern mir abgeschaut.

Die unglückliche Haut ist ein Symptom. Natürlich darf man nicht vernachlässigen, dass auch die Umweltverschmutzung ein Grund für die zunehmenden Hautkrankheiten ist. Meist aber hat der Betreffende etwas verdrängt, hat irgendeinen Kompromiss gefunden. Mit der Hautkrankheit kann er etwas bewältigen, aber er bezahlt dafür enorme psychische Kosten. Wenn mit der Haut irgendetwas dauerhaft nicht in Ordnung ist, dann ist das ein Hinweis auf psychische Vorgänge. Die Wurzeln dafür liegen oft in der Kindheit, Neurodermitis etwa wird meist in den ersten beiden Lebensjahren sichtbar.

Otto Fenichel, ein Psychoanalytiker aus dem Freud-Kreis schreibt: »Vor allem die Wärmeerotik ist oft auf frühe orale Erotik zurückzuführen und ein wesentlicher Bestandteil der Sexualität. Die Hautnähe des Partners und das Gefühl seiner Wärme sind ein wesentlicher Bestandteil einer Liebesbeziehung.« »Kalte« Menschen sind nicht angenehm. Dabei kann kalt sehr konkret sein: kalte Hände zum Beispiel, deren Berührung unangenehm ist. Oder im übertragenen Sinn: eine kalte Person. Das sagt man zu Menschen, die keine Geborgenheit, keine Zartheit vermitteln. Kälte und Härte sind Eigenschaften, die oft Hand in Hand gehen.

Kinder, die nicht genügend gestreichelt wurden, nicht genügend Nähe und Geborgenheit erfahren haben, können auch ein Anklammerungsbedürfnis entwickeln. Sie können nicht loslassen, weil sie ständig Angst haben, die Menschen seien nicht verlässlich. Dieses Klammern in Beziehungen tötet die Liebe, nimmt die Freiheit und führt zu Distanzlosigkeit.

Die Psychologin Ulrike Haase hat sich intensiv mit gesunder und kranker Haut befasst, hat beides am eigenen Leib erfahren und schreibt darüber: »Hautbewusstsein im zwischenmenschlichen Kontakt gibt auch Sicherheit beim Spüren von Berührungen und Zärtlichkeiten. Die Empfindungs- und Genussfähigkeit beim Erleben zärtlicher Hautkontakte kann sich nach meiner Erfahrung enorm steigern und ausdifferenzieren und einen ganz neuen Bereich des Genießens eröffnen. Hautbewusstsein im Kontakt mit sich selbst ist auch ein Weg zu mehr Bewusstheit und Ruhe, zu mehr Freude, Lust und Genuss am eigenen Körper und damit allgemein im Leben. Hautbewusstsein ist auch Hauterotik. Es ist ein Weg, sich der eigenen Attraktivität und Anziehungskraft und der eigenen erotischen Ausstrahlung bewusster zu werden. Mit der Entwicklung von Hautbewusstsein kann man einen liebevollen Umgang mit sich selbst erlernen, an dem es ja vielen auch sehr mangelt... Deutliches Fühlen von Gefühlen steht nach meiner Erfahrung in direktem Zusammenhang mit gesunder Haut. Es geht für mich einerseits um Abgrenzungsbedürfnisse und aggressive Gefühle. Ich merke deutlicher, wenn ich Distanz und eventuell Alleinsein brauche oder wenn ich mich schlecht behandelt fühle. ... Auf der anderen Seite sind es Nähewünsche, das Sehnen nach Körperkontakt, das ich manchmal sehr direkt körperlich mit der Haut als einen Mangelschmerz wahrnehme. Dann friert meine Haut, und ich habe das Bedürfnis, sie mit eng anliegendem Stoff zu bedecken und zu wärmen und in der Nähe von geliebten Menschen zu sein.«

Ulrike Haase gibt auch Empfehlungen, wie man sein Hautbewusstsein entwickeln kann. Folgende Fragen sollte man sich beantworten: Fühle ich meine Haut überall? Wo am Körper spüre ich sie? Wie fühlt sich die Haut an: warm oder kalt, dick oder dünn, abgehärtet oder empfindlich, verletzlich? Wie fühle ich meine Haut gegen andere Hautbereiche, zum Beispiel die Handflächen auf der Haut, die Haut an den Handflächen? Wie fühlen die Fußsohlen den Boden? Wie empfinde ich Duschen, warmes Wasser auf der Haut? Wie ist Wind auf der Haut, kalter oder warmer Wind? Spüre ich Sonnenstrahlen auf der Haut oder Regen? Wie verändert sich die Haut: nach dem Sonnen, dem Baden, der Sauna, dem Schlafen? Wie fühlt sich die Kleidung an: warm, weich, kuschelig, kühl, steif, kratzend?

Hautgefühle kann man anregen: indem man sich selbst streichelt, sich bewusst wäscht, sich bewusst einseift, sich bewusst abtrocknet, abrubbelt, sich selbst massiert, mit dem Schwamm, der Bürste, sich eincremt, einölt, auch Eigen-Fußreflexzonenmassage ist eine Möglichkeit. Das sind alles Dinge, die man teilweise täglich erledigt und wo man jedes Mal die Chance besitzt, Hautgefühl zu erlernen und sich seiner Haut bewusst zu werden.

Mangelndes Hautbewusstsein wird in der Kindheit erlernt. Ich will hier noch einmal die Parallelen zu den Gefühlen betonen: Wenn man als Kind ständig kratzende Kleidung tragen musste und alle Proteste dagegen von den Eltern ignoriert wurden, dann verdrängt man die Gefühle, die die Haut aussendet: Es ist nicht wichtig, ob es kratzt. Es ist nicht wichtig, ob du dich wohl fühlst in deiner Haut. Natürlich ist es wichtig, aber die Kinder lernen das Gegenteil und werden zur Unempfindlichkeit erzogen.

Eingesperrt wird man nicht nur in unangenehmer Kleidung, auch im Laufstall, im Laufgurt, im Babybett, im Kinderstuhl. Das produziert laut Jean Liedloff (»Auf der Suche nach dem verlorenen Glück«) einen unbehaglichen Überschuss an Energie, der dann normalerweise in unserer Kultur im sexuellen Bereich, nämlich im Orgasmus, ausgelebt wird. Doch der Orgasmus befreit laut Jean Liedloff nur von einem »oberflächlichen Teil der Energien«. Das erklärt auch, warum Sexaholics von einem Orgasmus zum anderen drängen, aber nie richtig befriedigt sind.

Der mangelnde Körperkontakt produziert ein Unbefriedigtsein, und deshalb betone ich noch einmal: Das Wichtigste beim Liebesspiel ist nicht der Koitus, sondern die Haut, das Berühren der Haut, das Streicheln der Haut, das Küssen und das Liebkosen der Haut, der nicht-geschlechtliche Körperkontakt.

Das Problem in unserer Kultur ist, dass Männer immer meinen, jeder Körperkontakt müsse zum Koitus führen. Es herrscht ein großer Mangel an Streicheln und Zärtlichkeit, nicht nur innerhalb von Beziehungen, sondern überhaupt im Umgang der Menschen miteinander. Jean Liedloff drückt das so aus: »Ich bin der Meinung, dass mit einer klaren Vorstellung des Unterschiedes und etwas Übung im Trennen beider Bedürfnisse ein Großteil mehr Zuneigung ohne die Komplikationen durch sexuellen Kontakt, wenn dieser nicht erwünscht ist, ausgetauscht werden können. Das ungeheure Reservoir von Sehnsucht nach körperlichem Trost ließe sich vielleicht beträchtlich verringern, wenn es gesellschaftlich akzeptabel würde, mit Gefährten jeden Geschlechts Hand in Hand spazieren zu gehen, auf dem Schoß anderer Menschen zu sitzen, nicht nur im privaten Kreis, sondern auch in der Öffentlichkeit, einen verführerischen Haarschopf zu streicheln, wenn einem danach zu Mute ist, sich frei und öffentlich zu umarmen und seine liebevollen Impulse nur dann zu bremsen, wenn sie unerwünscht sind.«

Teil II:
Keine Furcht vor unvermeidlichen Komplikationen

Eifersucht ist keine Krankheit

»Wie stark diese Ideologie ist, dass es Eifersucht nicht gibt, habe ich selber in meinem Leben erlebt. Also ich gehöre ja dieser nach-68er-Zeit an und hatte damals mit meiner späteren Frau eben auch die Übereinkunft: Jeder kann machen, was er will. Und: Eifersucht gibt es nicht. Und dann hatte sie eine Beziehung neben mir, außer mir. Und ich hatte eben diese Ideologie: Es gibt keine Eifersucht. Ich habe sie also auch nicht. Jetzt kommt es darauf an, nicht nur zu reden, sondern eben auch keine zu haben. Und das war, im Nachhinein finde ich, total schädlich, weil ich ja gar nicht meine Gefühle haben konnte, die Trauer. Ich war unwahrscheinlich traurig, unwahrscheinlich gekränkt. Das kommt mir jetzt heute immer noch so langsam hoch … Diese Ideologie hat mich daran gehindert, mich damit auseinander zu setzen. Und ich habe das eigentlich bis heute irgendwie nicht richtig verarbeitet … Ich glaube aber, ich habe bis heute auch Rachegefühle daraus zurückbehalten … Also das war einfach so stark: Es gibt gar keine Eifersucht. Ich habe das so vertreten, jetzt mache ich das auch so. Das hat mir sehr geschadet.«

Die meisten Menschen leiden unter Eifersucht, und die meisten Menschen bekennen sich auch dazu. In einer Untersuchung aus dem Jahr 1995 gaben 39 Prozent der Männer an, dauernd eifersüchtig zu sein. Nun ist das keine Krankheit, aber doch eine massive Belastung. Bei den Frauen sind etwa 30 Prozent nach eigenen Angaben ständig eifersüchtig. Zudem stellt diese Untersuchung fest, dass die Eifersucht der Männer zunimmt, wenn die Frau selbstständiger wird und außer Haus ihrem Beruf nachgeht. Historisch gesehen kann man also sagen, dass die Eifersucht die Männer dazu geführt hat, die Frauen einzusperren.

Symptome der Eifersucht, die in den Sprechstunden der Psychologen und Ärzte genannt werden, sind Gereiztheit, Schlafstörungen, Essstörungen, Wutausbrüche und andere.

Die gesundheitlichen Folgen von Eifersucht können Stress, Magersucht und andere psychosomatische Erkrankungen sein.

Eifersucht ist für mich kein moralisches Problem. Ich bin weit davon entfernt, Menschen vorzuschreiben, wann sie mit wem sexuelle Kontakte haben. Eifersucht ist meiner Meinung und Erfahrung nach immer ein individuelles Problem. Wer von Eifersucht betroffen ist und damit kämpft, muss sich auf sich einlassen. Die Lösung des Problems liegt nie im veränderten Partnerverhalten. Eifersucht, darüber sollten sich Partner klar sein, ist in einer Beziehung meist ein schwer wiegendes Problem. So schwer, dass die wenigsten die Kraft haben, es allein zu überwinden. Viele Menschen überschätzen ihre Kräfte und laufen dadurch in noch schwierigere, bedrohliche Situationen hinein.

Arten der Eifersucht

Eifersucht ist von Neid zu unterscheiden. Neid bezieht sich auf *eine* andere Person. Bei Eifersucht sind immer drei Personen im Spiel: die Partnerin und die dritte Person, auf die man eifersüchtig ist.

Eifersucht ist sehr verbreitet, und viele Menschen fühlen sich kompetent, dazu etwas zu sagen. Das äußert sich dann in Allgemeinplätzen wie: »Eifersucht heißt nur Besitzstreben.« Oder: »Man muss den Partner total frei lassen.« Das stimmt in dieser Verallgemeinerung nicht, denn es gibt sehr unterschiedliche Arten von Eifersucht. Ich schildere die Eifersucht in diesem Buch aus Sicht des Mannes, aber das Gesagte kann für Frauen entsprechend gelten.

Grundsätzlich ist zu unterscheiden zwischen Eifersucht ohne Untreue und Eifersucht, wenn tatsächlich Kontakte mit einem Dritten stattfinden.

Manche Männer sind eifersüchtig, obwohl die Partnerin treu ist und keine Beziehung mit einem Dritten hat. Das ist meist eine neurotische Eifersucht, eine unangebrachte Reaktion, die viel mit Projektionen zu tun hat. Meiner Erfahrung nach ist diese Form der Eifersucht sehr selten, weil die jahrelange, die jahrzehntelange Treue selten ist. Wenn ein Mensch wirklich jahrzehntelang treu ist, dann muss er sich ernsthaft fragen lassen, warum er so unlebendig ist. Tatsächlich geben die meisten Menschen zu, dass sie schon einmal untreu waren.

Wenn eine dritte Person im Spiel ist, was nicht unbedingt eine sexuelle Beziehung mit einem oder einer Dritten bedeuten muss, habe ich vier verschiedene Reaktionen entdeckt:

1. Trauer
Eifersucht als Trauer über den Verlust der Zuwendung der Partnerin. Trauer ist die Arbeit, die ein Mensch leistet, wenn er einen Verlust erleidet. Trauer ist eine gesunde Reaktion, sehr gut beschrieben in dem Buch »Die Unfähigkeit zu trauern«, verfasst von dem Ehepaar Mitscherlich.

2. Depression
Eifersucht als depressive Reaktion ist wie die Trauer eine sehr zurückgezogene Reaktion, aber im Unterschied zur Trauer fehlt bei der Depression die Aktivität, den Verlust zu verarbeiten.

3. Kämpfen und Werben
Das ist eine sehr aktive, auch nach außen sichtbare Form. Der Mann versucht bei drohendem Verlust der Partnerin um die Beziehung zu kämpfen und um die Frau zu werben: eine recht seltene, aber sehr gesunde Form der Eifersucht.

4. Aggression
Auch das ist nach außen sichtbar, aber sehr unproduktiv. Von Wutausbrüchen bis zu Gewalttätigkeiten können eifersüchtige Reaktionen reichen. Das kommt übrigens, wie alle Formen von Gewalt, bei Männern deutlich häufiger vor als bei Frauen.

Als fünfte Reaktion ergänze ich: die fehlende Eifersucht. Manche entwickeln überhaupt keine Eifersucht, auch nicht, wenn die Partnerin eine Beziehung mit einem Dritten unterhält. Das erscheint mir neurotisch. Ein solcher Mann ist wohl schon sehr abgestumpft und ignorant.

Angeblich will die Mehrzahl der Frauen mit ihrem Partner über Eifersucht sprechen: 56 Prozent beziffert eine Untersuchung. Ich halte das für eine fiktive Zahl, denn ich glaube, dass es kaum zu solchen Gesprächen über Eifersucht kommt. Meiner Erfahrung nach ist aber das Schweigen über die Eifersucht das größte Problem. Männer wie Frauen trauen sich nicht, darüber zu sprechen, weil das Thema zu schwierig und explosionsgeladen ist. Sie fürchten den Verlust der Beziehung.

Ich bin nicht immer mit allem einverstanden, was Sigmund Freud von sich gegeben hat, aber zur Eifersucht zitiere ich ihn gern: »Die Eifersucht gehört zu den Affektzuständen, die man ähnlich wie die Trauer als normal bezeichnen darf. Wo sie im Charakter und Benehmen eines Menschen zu fehlen scheint, ist der Schluss gerechtfertigt, dass sie einer starken Verdrängung erlegen ist und darum im unbewussten Leben eine umso größere Rolle spielt.«

Man kann es nicht genug betonen: Eifersucht ist normal. So wie die Trauer normal ist, die ich ja eben als eine Form der Eifersucht genannt hatte. Trauer ist die Reaktion auf einen Verlust. Man trauert nicht nur um einen verstorbenen Menschen, man kann auch um den Verlust einer Illusion trauern. Freud beschreibt die Trauer in mehreren Stufen: Als Erstes entsteht der Verlust, als Zweites wird Arbeit notwendig, sich von dem Verlorengegangenen zu lösen. Als Drittes sträubt sich der Mensch gegen diese Arbeit, will das Verlorengegangene nicht loslassen. Dann kommt es zu einer schmerzlichen Verstimmung, und schließlich interessiert sich der Trauernde nicht mehr für die Außenwelt. Das kann so weit gehen, dass er nicht mehr in der Lage ist, Kontakt zu Mitmenschen aufzunehmen oder seinen Alltag zu regeln. Um nicht in diesem Zustand zu verharren, ist Trauerarbeit notwendig. Sonst baut sich der Trauernde illusionäre Wunschphantasien auf, um über die Trauer hinwegzukommen, statt dass er sich der Realität stellt, die sich ja nach dem Verlust verändert hat.

Wenn ein Mensch keine Trauerarbeit leistet, kann es zur Depression kommen. In einer starken Depression hat ein Mensch kein Interesse mehr, zu arbeiten, zu lieben, Beziehungen aufzubauen. Depression wird heute allgemein als Krankheit verstanden, und ein solcher Patient bedarf der Hilfe. Es wäre gefährlich, das als Eifersucht zu verharmlosen. Wer infolge der Eifersucht depressiv ist, sollte sich psychotherapeutische Hilfe holen.

In der Psychologie wird meist nicht unterschieden zwischen Eifersuchtstrauer und Eifersuchtsdepression, doch ich halte die sorgfältige Unterscheidung für sehr wichtig.

Im Patriarchat ist Eifersucht ein Tabu: Männer müssen nicht eifersüchtig sein, denn die Frau kommt ja zu Hause nicht raus, kann also auch keine anderen Männer kennen lernen. Dieses Einsperren der Frau musste man aber auch erklären, und dazu hat man den größeren Freiheitsdrang des Mannes und den Drang nach Sexualität mit einer anderen Frau herangezogen. Meiner Meinung nach verschleiern solche Erklärungsversuche nur die Arbeitssucht und die Frauensucht des Mannes.

Alfred Adler hat im Gegensatz zu Freud in der Eifersucht keine normale Reaktion gesehen. Für ihn war Eifersucht immer krankhaft, immer eine kämpferische, gegnerische Stellungnahme. Adler anerkennt weder die Trauer noch den verstärkten Kampf um die Partnerin und führt die Eifersucht auf die kindliche Eifersucht zwischen Geschwistern zurück. Doch ich denke, es gibt einen großen Unterschied zwischen der kindlichen Konkurrenz um dieselben Eltern und der Eifersucht eines erwachsenen Menschen auf einen Konkurrenten. Adler argumentierte immer final, das heißt: Er fragte, wohin eine bestimmte Reaktion führte. Als Ziel der Eifersucht sah er die Entwicklung von Macht und das Kompensieren von Minderwertigkeitsgefühlen. Ich sehe das sehr skeptisch, denn Eifersucht kann auch aus einem tatsächlichen oder real drohenden Verlust entstehen. Wenn sich dann jemand engagiert für die Beziehung einsetzt oder um die Partnerin trauert, sehe ich das nicht als Machtstreben, sondern als gesunde, nachvollziehbare Reaktion.

»Wirkliche Liebe kann nicht eifersüchtig sein.« Dieser Satz wurde so oder ähnlich schon von vielen Autoren geäußert. Ich lese daraus nur die eigene Verdrängung der Autoren. Sie streben ein unerreichbares Ideal an und versuchen, sich mit der Verdrängung der Eifersucht etwas vorzumachen. Eifersucht wird als der Feind jeder Liebe beschrieben, als Krankheit gebrandmarkt, in ihren extremsten Ausprägungen geschildert. Einen paradoxen Höhepunkt erreicht die Beschäftigung mit dem Thema Eifersucht zur Zeit der angeblichen sexuellen Befreiung, also nach der Pille und der linken Bewegung, etwa von 1968 bis 1972. Seitdem ist die Eifersucht tabuisiert: Man ist nicht eifersüchtig. Kaum jemand spricht über seine Eifersucht, weil jeder denkt: Eifersucht ist krankhaft. Eifersucht ist falsch. Ich muss tolerant und offen sein, Eifersucht ist unmoralisch.

Eifersucht erfordert Arbeit

Ich meine: Eifersucht ist selten das Problem eines Beteiligten, sondern meist haben beide zum Problem beigetragen, es wäre also Beziehungsarbeit angesagt. Der nicht-eifersüchtige Teil der Beziehung hält sich oft für den stärkeren, doch wenn sich die Partnerin dann trennt oder auch eine zweite Beziehung eingeht, bricht die Stärke zusammen. Man kann nicht einfach sagen: Die Eifersucht muss weg. Es ist sorgfältig zu untersuchen: Woher kommt der Eifersuchtskonflikt? Wie ist er entstanden? Wie sind die Beteiligten damit umgegangen?

Ab 1968 wollten viele leben und lieben wie de Beauvoir und Sartre. Der Lebenspakt der beiden lautete, sich erstens absolute Freiheit zu lassen und zweitens absolut ehrlich zu sein und einander alles zu erzählen. Sartre hatte viele Liebesbeziehungen und hat sich selbst Eifersucht sehr übel genommen. Den anderen Frauen gegenüber galt der Lebenspakt allerdings nicht: Die kannten die Wahrheit nicht und wurden zum Teil sogar belogen. Nur Simone wusste die ganze Wahrheit. Ich habe immer bezweifelt, dass das zu ihrem Vorteil war.

In ihren Memoiren, im zweiten Teil von »In den besten Jahren«, gibt es dann tatsächlich Stellen, in denen de Beauvoir ihre Eifersucht eingesteht, zum Beispiel gegenüber Camille: »Er erzählte mit einer Wärme von ihr, die an Bewunderung grenzte ... Ich sagte mir, dass sie mit Sartre mehr gemeinsam hatte als ich. Vielleicht schätzte er sie mehr als mich. Vielleicht war sie wirklich schätzenswerter als ich. Ich hätte mich ihretwegen nicht so sehr erregt, wenn nicht Eifersucht mich geplagt hätte.« Oder Olga: »Magisches Dreieck. Dieses Gebäude, dieses Trio war Sartres Werk. So sehr ich mich bemühte, ich fühlte mich nicht recht wohl darin. Als ich mich entschloss, sie mit Sartres Augen anzusehen, hatte ich den Eindruck, meinem Herzen Zwang anzutun ... Wenn ich mir das Trio als Dauereinrichtung vorstellte, die über Jahre bestehen würde, graute mir. Ich hatte nicht den leisesten Wunsch, Olga bei den Reisen, die ich mit Sartre machen wollte, mit von der Partie zu sehen.«

Simone de Beauvoir wäre keine Schriftstellerin, hätte sie das nicht in einem Roman verarbeitet: »Sie kam und blieb«, ein Roman, den ich jedem empfehlen kann, der sich mit dem Thema Eifersucht auseinander setzt. Im Roman kommt es schließlich dazu, dass Françoise ihre Nebenbuhlerin ermordet. Simone de Beauvoir hat sich zu den autobiographischen Zügen dieses Romans bekannt, und ich glaube, dass sie dieses Buch geschrieben hat, um mit ihrer Eifersucht fertig zu werden, die sie sich ja wegen des Lebenspaktes nicht leisten konnte. Übrigens hat de Beauvoir es später als Sadismus bezeichnet, sich alles erzählen zu sollen. Selbst so starke Persönlichkeiten wie Sartre und de Beauvoir sind im Grunde genommen mit dem Problem Eifersucht nicht fertig geworden.

Carl Rogers schildert in »Die Kraft des Guten« eine Eifersuchtssituation: Fred und Trish wollten nicht besitzergreifend sein, wollten nicht beherrschen und unterhielten beide außerhalb der Ehe intime, sexuelle Beziehungen. Sie sprachen über alles offen, waren kaum eifersüchtig, empfanden eine große Zuneigung zueinander. Trish, die Frau, geht zuerst eine intime Beziehung mit einem Freund von Fred ein. Fred reagiert sehr verständnisvoll und sagt: »Durch unsere Kommunikation waren wir im Stande, im ständigen Kontakt miteinander zu sein, beziehungsweise einander Rückmeldung zu geben und die entstehenden Konflikte gleich beizulegen.«

Das halte ich schon für eine Illusion: Wer einmal in einer Dreierbeziehung gelebt hat, weiß, dass solche Konflikte nicht »gleich beizulegen« sind, sondern nur nach intensiver Arbeit.

Fred jedenfalls bezeichnet seine Beziehung als »Bezugspunkt und Quelle der Sicherheit in unserem Verhältnis zur Umwelt«. Nach zwei Jahren wandelt sich Trishs intime Beziehung zu Freds Freund in ein freundschaftliches Verhältnis, weil der Freund seinerseits eine Freundin hat, die besitzergreifender ist und ihn für sich allein haben will. Bei Fred und Trish kommen neue Partner hinzu, eine Art Großfamilie entsteht. Freds Katastrophe tritt ein, als seine Eltern sich trennen, die Großmutter todkrank ist, er mit großen Problemen nur das Rigorosum besteht und danach arbeitslos wird. Er bekommt Schuldgefühle wegen einer Forschungsarbeit, eine Depression bricht bei ihm aus, er gerät in Panik, hat Lähmungsgefühle, unternimmt schließlich einen Suizidversuch. In den sieben Tagen auf der Suizidstation ist Trish immer bei ihm, er erholt sich schließlich langsam. Deutungsversuche von Bekannten: »Da ist nur eure komplizierte Beziehung schuld«, wehrt er ab. Fred: »Ich kann eindeutig sagen, dass dies keinesfalls zutraf. Im Gegenteil, nur die ständige Anteilnahme von Trish und den anderen hatte mich gerettet.«

Ich glaube, Fred macht sich etwas vor, wenn er seine Kraftlosigkeit und Schwäche einzig dem beruflichen Sektor zuschreibt. Es stand wohl ein Kongress an, und dieser, so interpretiert Carl Rogers, habe Fred den Schlaf geraubt, habe ihn Wahnvorstellungen entwickeln lassen, weil Fred nach Perfektion strebte und Angst vor der Konkurrenz mit Kollegen hatte. Aber das entscheidende Problem ist meiner Meinung nach: Warum hat denn Fred Trish nicht von seinen Problemen erzählt, wenn doch angeblich die Kommunikation so offen war? Fred sagt: »Ich hatte Schuldgefühle, dass ich so deprimiert war. Ich meinte, allein darüber hinwegkommen zu müssen.« Das ist eine typisch männliche Stellungnahme: »Ich habe mich geschämt, davon zu sprechen. Es schien mir unglaublich. Es schien mir, als ob jemand anderer dies fühlte.« Anfänge von Dissoziation und Schizophrenie? »Es fällt mir schwer, um Hilfe zu bitten. Ich fürchte mich davor, in eine psychiatrische Anstalt gesteckt zu werden, für den Rest des Lebens eingesperrt.« Auch Trish wurde von Carl Rogers befragt, und sie sagt: »Ich will keine besitzergreifende und eifersüchtige Beziehung. Ich liebe zwei Männer. Seit der Depression von Fred und seinem Selbstmordversuch fürchte ich mich davor, was der nächste Tag bringen wird.« Auch sie hat also Angst, will zunächst raus aus der ganzen Gemeinschaft und weiß, dass sie in Fred nun nicht mehr nur ihren Partner, sondern auch ihren Patienten sehen wird.

Ich glaube, dass sich Fred nicht nur im Beruf, sondern auch privat übernommen hat. Eine Dreierbeziehung ist ungeheuer schwierig zu leben, und nach meiner Erfahrung ist es noch schwieriger, sich das auch noch gegenseitig zu beschreiben.

Interessant ist, wie Carl Rogers und, kontrovers dazu, seine Kollegin Maureen Green, eine bekannte Sexualtherapeutin in Amerika, das beurteilen. Carl Rogers kommt, trotz der genauen Kenntnis der Katastrophe, zu dem Schluss: »Man kann auch lernen, nicht eifersüchtig zu sein. Es ist möglich, mehr als einen Menschen gleichzeitig zu lieben ... Die Menschen gehen auf Erkundung aus und kehren bereichert in die Beziehung zurück.«

Maureen Green bezeichnet Freds Bericht als »zu gut, um wahr zu sein«. Sie sagt: »Ich kann mich nicht damit identifizieren, dass Eifersucht ein Zeichen eines Mangels an Selbstvertrauen ist. Eifersucht kann eine durchaus angemessene Reaktion sein auf eine bestimmte zwischenmenschliche Situation. Dann muss es Zweifel, Verzweiflung, Bedürftigkeit, Leidenschaft und sogar Hass geben.«

Das Prinzip Treue

Das Thema Treue und Untreue betrachte ich als völlig ungelöst. Es gibt zwar jede Menge Aussagen darüber, aber sie sind meiner Meinung nach alle falsch. Deshalb philosophiere ich auch zu diesem Thema als einer, der an der Wahrheit interessiert ist, sie aber noch nicht kennt.

Zunächst einige Überlegungen zum Prinzip Treue: Treue in unserer Gesellschaft ist immer vor einem patriarchalen Hintergrund zu betrachten. Manches davon wird zwar heute als vergangen abgetan, aber die patriarchalen Prinzipien haben ihre Spuren in den Köpfen der Menschen hinterlassen.

Historisch gesehen ist die Frau das Privateigentum des Mannes. Der Mann musste dem Vater der Frau einen Preis für die Frau bezahlen. Dann hat er versucht, die Treue der Frau zu erzwingen, indem er sie zu Hause einsperrte. Mit seiner Käufermentalität meinte der Mann, mit der Frau machen zu dürfen, was er will. Manche Männer glauben das heute noch. Der Marxist würde sagen: Der Mann betrachtet die Frau als Ware.

Für die Frau gilt das Prinzip Treue: Sie muss treu sein. Der Mann darf sich auch anderen Frauen zuwenden. Die Treue der Frau ist die Garantie für das Identitätsgefühl des Mannes, auch für sein Überlegenheitsgefühl ihr gegenüber. Diese Doppelmoral gilt bis in die Gegenwart. Zwar bekennen sich heute auch Frauen zu ihren Seitensprüngen: 72 Prozent der verheirateten Frauen gaben in einer Umfrage an, in ihrer Ehe mindestens einmal fremdgegangen zu sein. Das ist nicht moralisch zu werten, Männer haben das ja schon immer getan. Ein Phänomen ist nur, dass die weibliche Untreue bis heute strenger beurteilt wird als die männliche.

In den USA ist das immer noch sehr auffällig. In Minnesota etwa ist Ehebruch per Gesetz definiert als Geschlechtsverkehr einer verheirateten Frau mit einem Mann, der nicht ihr Ehemann ist (Stand 1997). Wenn ein verheirateter Mann dagegen mit einer Frau, die nicht seine Ehefrau ist, Geschlechtsverkehr hat, bedeutet das keinen Ehebruch.

Gegen solche Doppelmoral kämpfen Frauen und mittlerweile zum Teil auch Männer, aber das heißt nicht, dass sie schon verschwunden ist. In ihrem Buch »Die Liebe der Frauen« schreibt Margrit Brückner, dass Misshandlungen und Gewalt gegen die Frau die Folge des Versuchs des Mannes sind, seine Frau einzusperren und sie von anderen Menschen zu isolieren. Er meint, die Treue auch mit Gewalt erzwingen zu dürfen. Die Frau soll nicht einmal Kontakte zu ihren Verwandten haben, soll nur für ihn zu Hause da sein. Anfangs empfinden das manche Frauen sogar als besonderes Zeichen von Liebe: »Der liebt mich so, dass er mich immer bei sich zu Hause haben will.« Margrit Brückner beschreibt: »... häufiges Anrufen am Arbeitsplatz, ob die Frau wirklich da ist, und Begleitung bei allen Erledigungen. Das kann so weit gehen, dass der Frau verboten wird, das Haus zu verlassen, Freunde einzuladen oder arbeiten zu gehen. In wachsendem Umfang beaufsichtigen die Ehemänner alle Lebensäußerungen der Frauen. Die Frauen wenden viel Energie dabei auf, die Männer von ihrer Treue zu überzeugen. Frauen haben immer einen gewissen Teil ihrer Kraft darauf zu verwenden, den Mann sicher zu halten, dass sie treu sind. Jeder Blick, jedes Lächeln könnte als Flirt interpretiert werden. Jedes Gespräch und jedes Kleid muss sie auf ihre Wirkung hin überprüfen, um sich nicht erneuter Gewalttätigkeit und Verdächtigung auszusetzen.«

Die moderne Frage lautet: »Lässt sich sexuelle Treue in einer engen Paarbeziehung nicht nur um den Preis der Erstarrung, Enge, Selbstverleugnung und Selbstbetrug verwirklichen?« Diese Frage stellt Marina Gambaroff in ihrem Buch »Utopie der Treue«. Man kann die Frage verkürzt formulieren: Kann denn ein Mensch dem anderen alles bieten, alles sein? Das Nein liegt in der Luft. Also darf man sich dann das, was man braucht, auch woanders holen? Ob und vor allem wie man sich das gestattet, das liegt an jedem einzelnen Menschen und seinem Charakter.

Es ist eigentlich selbstverständlich, dass man sich auch zu anderen Menschen hingezogen fühlt. Es ist modern, sich gegenseitig Freiheiten zuzugestehen, sich nicht einschränken zu wollen. Warum aber fühlen sich Männer durch das Treue-Gebot viel stärker eingeschränkt als Frauen? Marina Gambaroff stellt den Zusammenhang zur Zwangsneurose her: Sowohl die Treue als auch die Untreue können zwangsneurotisch sein. Beides jedoch ist als problematisch anzusehen, wenn es mit Zwang zu tun hat.

Es gibt Menschen, die können erfüllte Sexualität nur mit ihrem Partner erleben. Aber ebenso kann es, vor allem Männern, passieren, dass sie in ihrer Partnerschaft keine erfüllte Sexualität erleben und bei der zweiten Frau auch nicht. Ich bin überzeugt davon: Absolute Treue, lebenslange Treue gibt es nicht. Es sei denn um den Preis großer Starrheit.

Das Prinzip Treue ist eine entfremdete Struktur, die mit Zwang zu tun hat. Hinter einer solchen Treueforderung stehen drei charakteristische Motive:

1. Symbiosetendenz: Menschen, die absolut miteinander verschmelzen wollen, fordern prinzipiell Treue voneinander.
2. Kontaktängste: Ein Mann mit Kontaktängsten muss seine Partnerin festhalten und verbietet ihr also jeden gefährlichen Kontakt mit anderen Männern, denn der birgt ja die Gefahr des Verlustes.
3. Fähigkeit zur Selbstverwirklichung: Ein Mensch, der kreativ und produktiv lebt, sich selbst verwirklicht, braucht keine dritte Person.

Aber ebenso können diese Treuemotive als Motive für Untreue interpretiert werden:

1. Wer in einer Symbiose mit einer Frau lebt, kann sich vielleicht nur mit einer anderen Frau daraus lösen.
2. Untreue kann auch die Reaktion eines Kontaktgeängstigten sein. Der enge Kontakt in der Beziehung macht ihm so große Angst, dass er ausbricht.
3. Untreue kann auch als Selbstverwirklichung gelten: Ein Mann lässt sich nicht einschränken und sieht die zweite Frau als Lebenserweiterung, die ihm zusätzliche Glücksmomente bietet.

Das Prinzip Untreue

Diese Gedanken sollen zeigen: Beim Thema Treue und Untreue gibt es keine generellen und einfachen Antworten. Es hängt immer sehr stark von der Situation ab. Wenn allerdings jemand andere Umgangsformen in der Liebe und Sexualität leben will als die gesellschaftlich vorgegebenen, dann braucht er eine ungeheure Kraft dazu, im Grunde genommen brauchen beide Partner oder alle drei eine große Kraft dafür. Selbst Jean-Paul Sartre und Simone de Beauvoir haben zuweilen nicht die Kraft gehabt, die ihr Experiment erforderte. Je mehr man sich an die gesellschaftlichen Klischees hält, und das Klischee bedeutet bei uns Treue, vor allem für die Frau, desto leichter hat man es. Das soll keine Aufforderung sein, es sich immer leicht zu machen. Nur ist es wichtig, auch einmal zu versuchen, den Klischees dieser Kultur zu entkommen.

Marina Gambaroff schreibt in ihrem Buch »Utopie der Treue«: »Je mehr ich mich darauf einstellte, über Treue zu schreiben, desto unsicherer erschien mir der Boden, auf den ich mich leichtsinnigerweise zu begeben versprochen hatte. Ich sah nur noch unauflösbare Widersprüche und Ungereimtheiten.«

Mir geht es ähnlich. Ich kann zwar in einem Einzelfall Stellung beziehen, aber Allgemeinheiten zu diesem Thema fallen mir schwer. Mir erscheint die Treue ebenso wie die Untreue als Extrem. Deshalb ist es wichtig, für sich selber im Leben immer wieder zu überprüfen: Was habe ich früher für Maßstäbe gehabt? Wie hat sich das bei mir verändert? Wie sehe ich das heute?

Wenn man älter wird, ändern sich die moralischen und ethischen Vorstellungen und die sexuellen Praktiken. Wahrscheinlich hat jeder Mensch so genannte Untreue-Wünsche. Untreue ist für mich nicht negativ besetzt. Untreue ist das Gegenteil von Treue und ebenso problematisch zu bewerten.

Historisch galt im Patriarchat Untreue als Diebstahl der Ware Frau, und Eifersucht war das adäquate Gefühl. Die Untreue war eine Herabwürdigung des besitzenden Mannes. Dieser bekam Minderwertigkeitsgefühle, Demütigungsgefühle – nicht, weil ihm die Frau so wertvoll war, sondern weil er es als Demütigung empfand, dass man ihm seine Ware wegnahm. Beim patriarchal orientierten Mann kommen Selbstzweifel auf, dass er nicht stark, nicht attraktiv genug ist, die Frau zu halten. Und mit halten meint man wohl nicht »im Arm halten«, sondern eher »im Gefängnis halten«.

Die Gefahr für den untreuen Mann, der sein Glück in immer neuen Abenteuern sucht, ist der Don-Juanismus: Man geht von einer Frau zur anderen, ohne jemals wirklich befriedigt zu sein. Die Untreue kann also eine Flucht vor der Aufgabe sein, sich zu verwirklichen und voll in eine Beziehung einzubringen. Untreue kann auch die Flucht vor einer Auseinandersetzung in der Beziehung sein: Die Beziehung ist eng, die Sexualität langweilig, aber man spricht das Thema nicht an, sondern sucht sich woanders eine oberflächliche Befriedigung. Aber: Wer hat schon die Kraft, sich immer voll einzubringen, sich immer zu behaupten und immer auf die Partnerin Rücksicht zu nehmen?

Untreue kann auch positiv sein. Ich habe erlebt, dass Menschen sich nur durch Untreue etwa von einem despotischen oder gewalttätigen Partner befreien konnten.

Untreue wird gern als Anzeiger für Schwierigkeiten in der Beziehung interpretiert. Das ist ein Klischee, und dagegen sträube ich mich. Denn: In keiner Beziehung stimmt jemals alles. Damit stimmt der Satz wieder, aber dann stimmt er eben immer und ist überflüssig.

Eine feste Beziehung kann in ihrer Alltäglichkeit langweilig erscheinen, die den Alltag durchbrechende Untreue-Beziehung könnte mehr erotisieren. Sie lässt Träume zu, Sehnsucht. Vor allem Männer leiden an Sehn-Sucht und halten sich vielleicht treu nicht mehr aus. Das hat weniger mit der Partnerin zu tun. Der Mann hält sich selber nicht aus, geht zu einer anderen Frau und versucht dort, aus seinem Dilemma herauszukommen.

Ich möchte die Untreue ebenso wenig zum Prinzip erheben wie die Treue. In den Jahren 1968 bis 1970 war die Untreue Gesetz: »Wer einmal mit derselben pennt, gehört schon zum Establishment.« So hieß das damals, doch die Untreue als Prinzip ist eine Illusion von Freiheit und Problemlosigkeit und mündet in der Beziehungslosigkeit.

Verantwortung für drei

Wenn nun eine Dreier-Situation entstanden ist, ist sehr viel Verantwortung gefragt. Die Feministin Carol Gilligan schreibt in »Die andere Stimme«: »Es darf niemand verletzt werden, keiner der Beteiligten, nicht einmal ich selbst, wenn ich in einer solchen Situation bin.«

Es ist also immer darauf zu achten, dass keiner der unmittelbar Beteiligten geschädigt wird. Das kann man am Anfang nicht wissen, und deshalb muss man immer wach bleiben und prüfen, wie sich die Situation für die Beteiligten entwickelt. Schaden kann jeder Beteiligte nehmen, nicht nur die betrogene Ehefrau. Wenn die zweite Beziehung länger dauert, ist unbedingt zu prüfen, ob und wann man der Hauptpartnerin etwas erzählt.

Ich unterscheide bei der Untreue zwei Formen: den Seitensprung und die länger dauernde zweite Beziehung. Der Seitensprung ist für mich kein Problem. Wenn ein Mann sich einmal oder für ein paar Wochen mit einer anderen Frau einlässt, selber damit fertig wird und der Frau nichts erzählt, sehe ich darin nichts Schlimmes. Die Beichte, gar die nachträgliche Beichte, ist eine sadistische Attacke, um die Partnerin zu beunruhigen.

Wenn die zweite Beziehung mehrere Monate dauert, muss man das der Partnerin mitteilen, weil sie sonst keine Chance hat, um die Beziehung zu kämpfen. Ich verwende bewusst das Wort Kampf, denn es ist eine Illusion, zu meinen, dass immer harmonische Situationen herzustellen sind. In Dreier-Situationen ist häufig überhaupt nichts mehr harmonisch. Wer die feste Partnerin über längere Zeit im Unklaren lässt, ist ungerecht.

Der Untreue muss die Verantwortung dafür übernehmen, dass er seine beiden Liebespartnerinnen nicht in eine Katastrophe hineinsteuert. Diese Verantwortung ist ein Kriterium für Erwachsensein. Er hat die Verantwortung für die Geliebte, denn diese zweite Frau ist ja keine Droge, mit der man sich mal schnell Abwechslung von der Beziehung holt. Sie ist ein Mensch, und der Mann muss darauf achten, dass er sie nicht kaputt macht. Das ist deshalb so wichtig, weil nicht alle Geliebten in der Lage sind, auf sich zu achten und sich gegen die Situation zu wehren.

Aber die Geliebte ist nicht immer nur das Opfer, sie ist auch Täterin. Das muss sich jeder Mensch klar machen, der sich als Dritter in eine Beziehung hineinbegibt. Normalerweise weiß ja die Geliebte, dass der Mann verheiratet ist.

Jeder Mensch hat auch auf sich selbst zu achten: Eine Situation mag reizvoll sein, aber das heißt nicht, dass sie einem auf Dauer gut tut. Wer mit zwei Partnerinnen lebt, lebt in einer gefährlichen Situation, die enorm viel Kraft kostet. Das kann so weit gehen, dass jemand depressiv wird, verstört, suizidal oder gar verrückt, weil es zu anstrengend ist. Die Situation ist also immer wieder zu prüfen, und nur weil mir etwas vor vier Wochen gut getan hat, heißt das noch lange nicht, dass es heute auch noch gut ist. Wir müssten wissen, wann ein Zustand erreicht ist, der für einen der Beteiligten so unerträglich ist, dass etwas verändert werden muss, weil sonst vielleicht jemand daran zerbricht.

Um dies entscheiden zu können, für die anderen und für sich selbst, muss man wissen, was man unbedingt braucht und was man unbedingt tun muss. Hier betone ich noch einmal: Sexualität braucht man nicht unbedingt. Auf Sexualität kann man auch verzichten. Ich weiß, dass manche diese Aussage für prüde halten, aber ich habe in diesem Buch ausführlich begründet, welchen Stellenwert die Sexualität hat.

Generelle Aussagen über die Untreue gibt es nicht, was können also die individuellen Motive für Untreue sein? Dazu gibt es kaum psychologisch erforschte und gesicherte Fakten; die nachfolgenden Überlegungen entspringen meinen Gedanken, Beobachtungen und Erfahrungen.

Ein erstes Motiv für Untreue ist die Chance, sein Selbstwertgefühl aufzuwerten. Eine andere Frau zu erobern, vermittelt ein Glücksgefühl. Dieses Aufwertungsgefühl dauert nicht allzu lange. Etwa drei bis sechs Wochen dauert die erste Verliebtheit, dann kommt die Realität.

Untreue kann eine Partnerwahl auf narzisstischer Grundlage sein. Im Akt der Untreue, der Eroberung der anderen Person, kommt eine Selbstidealisierung zustande, eine Art Größenwahn und Stolz.

Manche Männer wollen mit der Untreue die Partnerin disziplinieren. Irgendetwas stimmt nicht in der Beziehung, man macht einen Seitensprung und beichtet dann. Die Betrogene ist sodann in einer Zwickmühle, denn ihr wird ja vermittelt: Du bist schuld, dass ich fremd gegangen bin, bemühe dich gefälligst mehr um mich. Diese Absicht zu disziplinieren muss genau erforscht werden, vor allem, wenn schon ein kleiner Seitensprung gebeichtet wird.

Männer werden auch untreu, weil ihnen die Partnerin zu groß geworden ist: Die Kinder werden größer, die Frau geht wieder in den Job zurück und hat vielleicht mehr Erfolg als der Mann, der seit Jahren auf einer Stelle festsitzt. Neid auf den Erfolg ist dann der Grund für die Untreue: »Dich hole ich jetzt mal auf den Teppich zurück«, steht als Motiv dahinter. Auch eine Art von Disziplinierung.

Manche Männer ersparen sich mit der Untreue schlicht die Arbeit an sich und an der Beziehung. Wenn der Mann zum Beispiel in der Ehe impotent geworden ist, bei der Freundin aber nicht, dann erspart er sich die Arbeit an der Impotenz. Er setzt sich nicht mit seiner Ehefrau, seiner Sexualität, seinen Gefühlen auseinander, sondern holt sich woanders den Reiz. Oder die Geliebte macht etwas mit, was die Ehefrau verweigert: Auch da erspart er sich die Mühe, immer wieder darüber zu reden und seiner Frau vielleicht die Angst zu nehmen. Es kann die verschiedenste Arbeit anstehen, die sich ein Mann durch die Untreue erspart: Arbeit an Gefühlsarmut, wirklich sprechen lernen, lernen, zu sagen, was los ist und was man empfindet, worunter man leidet, Arbeit an Herrschsucht, an Ausbeutungstendenz, an Kraftlosigkeit und so weiter.

Mit Untreue kann man auch Lebensprobleme verdrängen, die nicht direkt mit der Beziehung zu tun haben. Allgemeine Zukunftsangst oder Angst vor Entwicklungen in der Gesellschaft lassen sich durch kurzfristige Verliebtheiten verdrängen. Oder man verliebt sich, wenn man gerade eine Diplomarbeit schreiben oder eine wichtige Entscheidung im Beruf treffen muss. Dann ist die Verliebtheit wichtiger, und man drückt sich vor der Arbeit.

Ein typisch männliches Untreue-Motiv ist die Sehn-Sucht in all ihren Spielarten wie Sehn-Sucht nach Heimat, nach Nähe, nach Ferne, nach Gefahr, nach Abenteuer. Wer jedoch wirklich liebt, stellt sich seinen Lebensaufgaben und flieht nicht davor, indem er aus der Beziehung ausbricht.

Es kann auch sein, dass ein Mann untreu wird, weil er das Schweigen in seiner ständigen Beziehung durchbrechen will. Es gibt Beziehungen, in denen überhaupt nicht mehr richtig kommuniziert wird. Irgendwann gibt man es auf, die Partnerin zu erreichen: Man kennt die Tabus, man riskiert keine Konflikte mehr, aber mit der neuen Gefährtin kann man alles bereden, plötzlich ist alles wieder interessant.

Die emotionale Kraftlosigkeit vieler Männer ist ein weiteres Motiv für Untreue. Sie holen sich in der Partnerschaft mit einer dritten Person eine neue Therapeutin. Und die Geliebte spielt vielleicht sogar gern die Therapeutin, denn so kann sie den Freund halten.

Ein Phänomen ist, dass man jemanden schlecht zur Untreue auffordern kann. Immerhin kann es passieren, dass man wagt, zu sagen: »Jetzt such dir doch endlich einmal jemand anderen.« Aber das ist dann im Allgemeinen eine Aufforderung zur Trennung, nicht zur Untreue. Es ist nicht sinnvoll, untreu zu werden, wenn schon die Hauptbeziehung nicht richtig funktioniert.

Doch Untreue ist oft ein Ausweichen vor der Trennung. Da liegt eine Beziehung seit Jahren im Argen und ist auch nicht hinzukriegen. Vermutlich wäre die Trennung sinnvoller als das gegenseitige Lügen und Betrügen. Aber Trennung erfordert Kraft, und die Angst vor der Unsicherheit hält viele davon ab, sich zu trennen.

Mit diesen Motiven zur Untreue will ich keine Moral aufstellen, wie sie etwa Kirche, Staat und verschiedene Institutionen verbreiten. Die Untreue, die ein Mensch wählt, ist ein Teil seines Lebensplanes. Alle drei oder mehr Beteiligten leben ihre persönlichen Möglichkeiten. Sie brauchen sich nicht dafür zu schämen, aber es bleibt ihre Aufgabe, dass sie für ihr eigenes inneres Gleichgewicht sorgen, vor allem, wenn die Beziehung zu einer Dreierbeziehung wird, in der alle Beteiligten Bescheid wissen. Ich bin da nicht moralisch, und es hat auch keinen Sinn, Menschen davor zu warnen. Ob eine Dreier-Beziehung, die riskiert und eine Zeit lang gelebt wurde, gut ist oder nicht für die Beteiligten, kann man immer erst hinterher beurteilen. Auch Ratschläge sind in einer solchen Situation sinnlos: Man sollte die Beteiligten schon sehr gut kennen, bevor man einen Ratschlag wagt.

Ich verurteile auch Leute nicht, die treu leben. Das soll kein Leser aus meinen Äußerungen schließen. Treue und Untreue sind Aspekte der abendländischen Kultur, und beides kann die Verfehlung des eigenen Lebenssinns bedeuten. Den Sinn eines Lebens kann nicht die Gesellschaft vorgeben. Diesen Sinn muss sich jeder selbst erobern und erarbeiten.

In unserer kirchlich und patriarchal geprägten Kultur wird bis heute das Prinzip Treue vertreten. In Bezug auf das »Problem« Untreue ist unsere Kultur hilflos. Aus der linken Bewegung heraus erschien 1984 ein Sonderheft der Zeitschrift *Konkret* zum Thema »Sexualität«. Darin gibt es ein Kapitel zu »Wahn und Treue«. Herman Gremlitzer schreibt zu diesem Thema über die Doppelmoral des Journalisten Springer, der sexuell ausgerichtete Kontaktanzeigen veröffentlicht und sich zugleich in diversen Artikeln sittlich entrüstet. Auf diese Doppelmoral weist Gremlitzer hin, auf die persönliche Ebene von Treue und Untreue wagt er sich nicht. Martin Walser bringt zum Thema Treue Folgendes vor: »Das Konservendosenhafte Liz Taylors und das Liz-Taylor-hafte Romy Schneiders immunisiert mich vollkommen gegen den Gestütsnaturalismus Brigitte Bardots.« Mehr schreibt Walser nicht. Christel Dormagen äußert sich über die frauenfeindliche Sprache eines gewissen Gernot Geilers und polemisiert gegen eine sexuelle Geschwätzigkeit, die das Verlangen austreibt. Meiner Erfahrung nach ist Polemik gegen Geschwätzigkeit meist eine Polemik gegen den intensiven gesprächsmäßigen Austausch von Menschen über Probleme. Die vierte Stellungnahme zur Treue besteht aus einem Wortspiel zu Treue und Wahn, wo Soldaten zum Stichwort Wahn der Flughafen bei Köln einfällt.

Also bereits vier Stellungnahmen, ohne dass dabei etwas Substanzielles über Treue und Untreue gesagt wird. Der einzige für mich ernst zu nehmende Beitrag stammt von Peggy Parnass: »Treue ist was für immer und immer und immer ... Meine Mutter war genau so. Sie hat sich freiwillig umbringen lassen. War gar nicht mitverhaftet, hat sich aber darum gedrängt, auch verhaftet zu werden, um bei ihm bleiben zu können. Das ist für mich Treue.«

Auch der Männerforscher Herb Goldberg äußert sich in seinen Schriften zu Treue und Untreue. Er behauptet, der Mann sei frühzeitig auf Polygamie konditioniert, ohne den Beweis dafür anzutreten. Er meint, der Mann müsse sich der Frau unterwerfen, versuche stets, sich den Bedürfnissen der Frau anzupassen, weil ein Seitensprung ein Bombardement von Schuld- und Selbsthassgefühlen nach sich ziehe. Ich will auf die Argumentation nicht eingehen, vieles schreibt er einfach so, ohne es zu belegen. Meiner Einschätzung nach hat er das verfasst, um gegen die Feminismus-Bewegung anzuschreiben, aber er hat nicht begonnen, über das Problem nachzudenken.

Auch Theodor Reik liefert in »Geschlecht und Liebe« nur Klischees. Er vertritt zum Beispiel die Meinung, dass Frauen toleranter seien, weil sie die Erkenntnis hätten, dass Männer sich gern frei fühlen und nicht daran erinnert werden wollen, dass sie gebunden sind. Also ich kann weder eine größere Toleranz bei Frauen beobachten, noch meine ich, dass sie toleranter sein müssten.

Reik meint auch, dass Frauen nur selten so stark eifersüchtig, so zornig und selbstquälerisch sind wie Männer. Das erscheint mir als Frauenidealisierung. Frauen leiden, toben und quälen sich ebenso wie Männer. Dann meint Reik noch, dass bei Männern das Bedürfnis nach Abwechslung stärker sei, weil sie einen stärkeren Geschlechtstrieb hätten. Dem kann ich nur entgegenhalten, dass die Männer aus der Männerbewegung genau das Gegenteil behaupten. Frauen seien unersättlich in ihrem Geschlechtstrieb und würden die Männer verschlingen, schreibt zum Beispiel Walter Hollstein in »Nicht Herrscher – aber kräftig«.

Es gibt also nicht viel, an das man sich halten kann, wenn es um das Thema Untreue geht. Untreue, Sehn-Sucht und Verliebtheit sind aber drei Dinge, die nach meiner Beobachtung oft zwanghaft zusammenhängen.

Der Mann verhält sich in Fragen der Sehn-Sucht und Untreue ebenso, wie er auch sonst im Leben steht. Wenn er seine Mitmenschen normalerweise rücksichtsvoll behandelt, dann wird er auch in der Dreier-Situation rücksichtsvoll, verantwortungsbewusst und beziehungsvoll handeln. Wenn er sich sonst rücksichtslos verhält, wird er auch Untreue unverantwortlich oder gar brutal handhaben. Sehn-Sucht und Untreue können also Zeichen von Kraft sein und ebenso Zustände seelischer Armut, Verwirrtheit und Schmerz. Sie können neurotische Phänomene oder eine Aktualneurose sein, die in einer Lebenskrise auftaucht.

Sehn-Sucht und Untreue sind meist nicht bewusst gewollt, sondern werden unbewusst angesteuert, installiert, arrangiert und haben immer mit unserem Lebensplan zu tun. Wenn wir verstehen wollen, warum wir untreu werden oder treu bleiben, müssen wir uns einen psychotherapeutischen Zugang zum Unbewussten verschaffen. Sehn-Sucht und Untreue haben mit Gefühlen zu tun, sind aber keine reinen Gefühlsakte. Sie haben mit Lebensstimmungen zu tun, mit Illusionen, mit realistischen Lebenssichten ebenso wie mit aktiven eigenen Leistungen. Sehn-Sucht und Untreue sollten nicht mit Liebe verwechselt werden. Sie enthalten oft keine Bewegung mehr auf die geliebte Person zu.

Liebe dagegen ist Bewegung auf die geliebte Person zu. Indem man Kontakt aufnimmt, das Gespräch aufnimmt, sich dem Problem stellt, den Gesprächspartner ernst nimmt und Mitverantwortung für die Beziehung übernimmt. So verstehe ich Liebe, und das ist oft in Sehn-Sucht und Untreue nicht mehr enthalten.

Letztlich ist aber immer die Treue sich selbst gegenüber wichtig. Man kann von niemandem die Lösung seiner persönlichen Probleme erwarten. Ein Phänomen wie die Liebe ist eine lebenslange Aufgabe, eine Kraftanstrengung, ein Bemühen, sich selbst zu begreifen. Das kann man nie als erledigt abhaken: In neuen Lebensphasen ergeben sich neue Probleme, und in Konfliktfällen wie Treue und Untreue sollte man sich immer wieder zu einer gewissen Offenheit sich selbst gegenüber, zu einer Treue zu sich selbst durchringen. Die Frage lautet immer wieder: Was sind unsere Ängste? Was versuchen wir zu vermeiden? Was wollen wir eigentlich nicht aussprechen?

Treue zu sich selbst heißt auch Treue zu den eigenen Werten. Werte, die man für sich als gültig anerkannt hat, die man jahre-, vielleicht jahrzehntelang gelebt hat, sollte man nicht einfach fallen lassen. Man muss auch seinen Kräften treu bleiben, sollte nicht Raubbau am Körper betreiben, seinen Geist nicht überanstrengen und seiner Seele nicht zu viel zumuten. Untreue und Dreierkonstellationen bringen erhebliche Unruhe ins Leben, sie kosten Kraft. Wer nur bei seiner Geliebten Kraft und Erholung findet, muss sich fragen, ob er sie ausnutzt und warum er nicht selbst für Muße und Freude in seinem Leben sorgen kann.

Treue zu sich selbst ist auch, sich Gewohnheiten anzueignen, die man für sich als günstig erkannt hat: dass ich zum Beispiel in Ruhe frühstücke oder am Samstag mit meiner Partnerin etwas unternehme oder zweimal die Woche mit Freunden Fußball spiele.

Treue zu sich selbst bedeutet, dass man versucht, Schuldgefühle und neurotische Störungen abzubauen, gegebenenfalls mit fremder Hilfe. Dass man sich seine Lebensmöglichkeiten immer wieder vor Augen führt, auch die Möglichkeiten, die man bisher noch nicht ergriffen hat. Treue und Untreue sind solche Möglichkeiten, die man in Erwägung ziehen kann.

Treue zu sich selbst heißt, ein Leben mit Sinn zu führen, mit Selbsterkenntnis und mit Menschenkenntnis.

Trennung: Flucht oder Rettung?

Es ist sehr schwierig und aufwändig, eine Beziehung zwischen Mann und Frau über längere Zeit zu führen. Auf diese Aufgabe werden wir in unserer Kultur nicht vorbereitet. Man bekommt als Kind mit, dass es wohl angebracht ist, sich mit einer Partnerin, einem Partner zusammenzutun. Aber wie diese Beziehung zu führen ist, wo die Klippen liegen und wie die Probleme zu lösen sind, das lernt man nicht. Selbst im Fach Psychologie an der Universität fehlt Partnerschaft im Vorlesungsverzeichnis nahezu völlig.

Weil das Führen einer Beziehung so schwierig ist, trifft man auf sehr wenige Beziehungen, die über 20 Jahre bestehen und lebendig sind. Ich formuliere jetzt sogar die These: Wechselseitiges Missverstehen in der Partnerschaft ist die Normalität, wechselseitiges Verstehen die Ausnahme.

Aus vielen Trennungen können wir schließen, dass es zwischen den Partnern so schwer wiegende, unlösbare Probleme gibt, dass sie sich schließlich nicht mehr umeinander bemühen. Vielleicht sind es aber gar nicht die Probleme. Vielleicht erleben die beiden auch zu wenig Freude miteinander, und es kommt deshalb zur Trennung?

Trennung wird manchmal überhöht und als großes Unglück empfunden. Eine Trennung aber ist kein Unglück, sie ist eine ganz normale Lebenskrise, die man mit Hilfe anderer Menschen durchstehen kann. Manche Menschen nutzen die Gelegenheit, dass jemand sich von ihnen getrennt hat, um sich völlig gehen zu lassen. Daran ist aber nicht die Trennung schuld, sondern die Charakterstruktur des Betreffenden, der sich nicht wieder aufrappelt.

Nicht in jeder Beziehung geht es gleich um trennen oder nicht trennen. Oft haben sich die beiden einfach auseinander gelebt. Das Problem ist, dass jeder vom anderen erwartet, dass er auf seine Gefühle und Bedürfnisse eingeht, ohne sich seine eigenen neurotischen Charakterzüge bewusst zu machen, geschweige denn, in einer Therapie einmal zu besprechen. Eine solche Therapie würde ja Arbeit machen.

Ich bin hier weit davon entfernt, Frauen und Männern einseitig die Schuld zuzuweisen. Zu einer Beziehung gehören immer zwei, und oft ist es so, dass beide Hilfe brauchen.

Viele Menschen trennen sich trotz großer Schwierigkeiten nicht. Da können Verzweiflung, Unglück, Leblosigkeit in der Beziehung oder Krankheiten herrschen. Doch die Ursachen für die Probleme werden nicht in der Beziehung oder in der Person des Partners gesehen. Beide verdrängen, dass eigentlich eine Trennung notwendig wäre. Sie haben Angst davor.

Zwei Menschen, die in einer Beziehung leblos und unglücklich sind, die wenig Freude miteinander haben, tragen eine schwere Last. Die Verantwortung, die Schuld dafür möchte ich nie einem der beiden zuschreiben. Es sind immer beide beteiligt. Die Partnerschaft wird von beiden errichtet, sie leiden beide darunter und oft nicht nur sie, sondern auch die Kinder und andere Menschen, die mit den beiden zu tun haben.

In unserer Kultur spielt auch die Religion beim Thema Trennungen oft eine große Rolle. Häufig unterstützen religiöse Kreise zwar die Zusammenführung von Menschen, die Trennung aber nicht. Trennungen sind ein Tabu: »Was Gott zusammengefügt hat, das soll der Mensch nicht scheiden.«

Ein häufig vorgebrachter Grund für Trennungen ist: Die Partnerwahl war falsch. Im therapeutischen Gespräch zu dritt werden dann oft Klagen und Anklagen formuliert. Wenn man mit den Partnern einzeln spricht, werden noch mehr Anklagen formuliert. Die Frau klagt den Mann an, der Mann klagt die Frau an, und meistens haben beide ein bisschen Recht und ein bisschen Unrecht. Im Therapiegespräch darf man ja auch einmal klagen. Verräterisch wird es, wenn an der Partnerin kein gutes Haar mehr gelassen wird. Warum haben die beiden sich dann zusammengetan? Sie sind ja schon eine Zeit zusammen, und jetzt ist alles Mist? Es kann hier zu einer Wahrnehmungsverzerrung kommen bis hin zu der Strategie, den anderen loszuwerden oder in die Knie zu zwingen. Es scheint vergessen zu sein, was das Liebenswerte am anderen war.

Hinter den Anklagen stehen meist andere Gefühle: Woraus ist die Abneigung entstanden? Woher kommen die Distanzwünsche? Diese Frage ist oft zu beantworten: Distanzwünsche entstehen, weil die Nähe zu dicht war. Die meisten Menschen leben zu dicht beisammen, und für diese Dichte reicht das Wort »Symbiose« nicht. Denn Symbiose ist eine Gemeinschaft zu wechselseitigem Nutzen. Aber viele Menschen führen eine Lebensgemeinschaft zu gegenseitigem Schaden und in den Trennungs-Szenarios erlebt man dann glühenden Hass. Aber je größer der Hass erscheint und je engagierter sich die beiden anklagen, desto eher sind dahinter noch starke Gefühlsbindungen zu vermuten. Die Gefühle sind oft noch da, weil auch die Gründe, weswegen die beiden sich gewählt haben, weiterhin bestehen.

Wenn ein Paar sich trennen will, sind die Probleme meist nicht nur aus der aktuellen Situation gespeist, sondern auch aus unbewussten Quellen und Kindheitserfahrungen. Kindheitserforschung aber ist absolut notwendig, um herauszufinden, welche Wünsche, Hoffnungen und Sehnsüchte der Mann mit der Partnerwahl verbindet.

In dieser Richtung findet aber in unserer Kultur keine Aufklärung statt, eher sogar eine Verdummung. Kinder finden oft eine schizophrene Situation vor: Die Eltern sind nicht glücklich miteinander, reden nicht miteinander, arbeiten Konflikte nicht durch, ja gehen sich aus dem Weg. Dieselben Eltern schwärmen den Kindern vor, wie wichtig es ist, einen Partner zu finden, wie toll die große Liebe ist. Die Kinder werden nicht auf Schwierigkeiten vorbereitet und wie man diese löst, sondern es wird ein romantischer Dunst erzeugt: Wenn ein Mann eine Frau findet, ist er glücklich und zufrieden.

Die meisten von uns treffen keine realistische Wahl, sondern wählen Traumbilder. Wir sind alle sehr gut in der Lage, unsere Traumbilder auf reale Personen zu projizieren. Außenstehende sehen das manchmal und warnen, aber das wird nur selten gehört. Die Verliebtheit hält meist nicht lang, und in der realen Beziehung verschwinden die Illusionen allmählich. Doch die Traumbilder kommen immer wieder hoch, sie halten 20, 30, 40

Jahre lang. Ab und zu tritt die reale Person hervor, aber das ist dann nicht auszuhalten, und so wird das Traumbild wieder davor gestellt. Anstatt dass man die Kinder aus unerfüllten Bedürfnissen heraus Traumbilder erzeugen lässt, wäre es wichtiger, sie darüber aufzuklären, wie sie sich selbst und andere Menschen besser kennen lernen.

Von den Eltern, der Schule und der Kirche bekommen wir auch eine unrealistische Perspektive vermittelt, worauf wir dann ein Anrecht zu haben meinen. Die Männer lernen, sich eine Traumfrau auszumalen: »So sollte sie sein. Wenn ich die finde, ist alles in Ordnung. Sie wird für mich da sein und auf mich achten. Sie wird für mich Termine machen und sagen, wann ich zum Arzt gehen muss. Sie wird mir sagen, wann ich meinen Chef nicht mehr anpöbeln darf. Weil ich sonst die Stelle verliere. Sie wird therapeutisch tätig sein. Sie wird sagen, wann wir verreisen und wohin wir verreisen.« Das klingt überspitzt, aber dieses unbewusste Traumbild wird vermittelt. Der Mann weiß nicht, dass er das im Grunde auch selber könnte. Er müsste das sogar selber können, um der Frau auch etwas zurückgeben zu können. Doch der Mann lernt nur, dass er der Geldverdiener ist. Oft hört man: »Ich habe doch immer alles gemacht. Habe gearbeitet, Überstunden gemacht und das Geld nach Hause gebracht. Und war nie untreu.« Er sieht seine Pflicht als erfüllt an, weil ihn nie jemand darüber aufgeklärt hat, dass zu einer Beziehung mehr als Geld bringen und Verwöhnung nehmen gehört. Nur eine Zahl dazu: Von drei Trennungen gehen inzwischen zwei von der Frau aus.

Manchmal führen die unerfüllten Träume auch »nur« zu einem Auseinanderleben in der Partnerschaft. Die beiden sind sich bewusst, dass sie realitätsferne Fiktionen hatten. Nun könnte man erwarten, dass sie sich in dieser Situation der Desillusionierung gegenseitig helfen. Das Problem der Männer ist aber, dass sie nicht merken, dass sie Hilfe von den Frauen bekommen. Deshalb wissen sie auch nicht, dass sie etwas zurückgeben sollten.

Zum Trennungsproblem werden die unerfüllten Hoffnungen, weil viele Partner nicht über sie reden können. Es kommt kein Gespräch zustande. Allenfalls wird geschrien, werden Türen geknallt und wird Gewalt ausgeübt: Ein ruhiges Konfliktgespräch zu führen, das haben wir nicht gelernt.

Es wäre Aufgabe der Schule, mit Heranwachsenden ruhige Konfliktgespräche einzuüben. In Schulklassen gibt es viele Konflikte und zunehmend Gewalt. Auch die meisten Eltern können Konflikte nicht bewältigen: Sie verheimlichen Differenzen vor den Kindern, aber die spüren, dass irgendetwas nicht stimmt. Manchmal rasten die Eltern auch aus, schreien, werden hysterisch oder gewalttätig, schweigen sich tagelang an: Sie sind später Vorbild für Kinder.

Wenn in Beziehungen Probleme auftreten, schweigen Männer häufig, und zwar zwanghaft. Die Frau will dann mit dem Mann ins Gespräch kommen, versucht es immer wieder, wird immer aufgeregter und hysterischer, bis er sagt: »Mit dir kann man sowieso kein vernünftiges Gespräch führen, so wie du dich aufregst.« Aber vorher hören die Männer nicht hin, oft jahrelang. Auf die Frage nach Trennungsgründen antworten Männer immer wieder: »Sie hat mir nie irgendeine Kritik gesagt.« Und die Frauen sagen: »Ich habe es ihm immer wieder gesagt, dass es mir so nicht gefällt und dass es so nicht weitergehen kann, aber er hat mir nicht zugehört.«

Das ist aus meiner Sicht der Hauptgrund für Trennungen: das zwanghafte Schweigen des Mannes, weil er sich für emotionale Dinge nicht zuständig fühlt, und das zum Teil aufgeregte bis hysterische Angreifen der Frau, die allmählich ausrastet, weil sie kein Gegenüber hat.

Manche Frauen halten solche Beziehungen sehr lange aus, lassen sich kränken und zurückweisen, aber sie trennen sich nicht, sondern nörgeln so lange herum und machen dem Mann das Leben schwer, bis er die Trennung vollzieht.

Ein weiterer Grund für Trennungen sind die Gewalt des Mannes und die Moral der Frau. Die beiden entsprechen sich, denn die oft restriktive Moral der Frau ist auch eine Art Gewalt: Sie macht Schuldgefühle.

Diese tiefer liegenden Gründe für Trennungen sind oft nicht bewusst. Vordergründige Anlässe sind dann oft ganz andere.

Beziehungen mit Dritten sind häufig Anlass für eine Trennung. Nicht jeder ist bereit, zu akzeptieren, dass die Partnerin noch eine andere Beziehung pflegt. Das muss er auch nicht.

Immer wieder erzählen mir Männer, was sie alles nicht bekommen haben, was aber alles von ihnen gefordert wurde. Richtig gesprochen haben sie mit ihrer Partnerin darüber nie, etwa darüber, ob die Forderungen und Erwartungen realistisch sind. Manchmal werden schon die kleinsten Versagungen in der Partnerschaft als Lieblosigkeit gewertet, direkt ausgesprochen oder auch unterbewusst. Deshalb ist es ganz wichtig, seine Erwartungen zu erforschen und die Erwartungen der Partnerin zu kennen.

Fehlende Verwöhnung ist solch eine vermeintliche Lieblosigkeit, die eine Trennung auslösen kann. Die meisten Männer erwarten, dass sie verwöhnt werden. In unserer Kultur wird nicht vermittelt, dass Beziehung auch mit Zumutungen zu tun hat, mit gegenseitigen Forderungen.

Anlass für Trennungen ist, dass Konflikte in verletzendem Ton ausgetragen werden: wütend, hasserfüllt, aggressiv, kränkend, autoritär. So kommen zu den Konflikten verletzte Gefühle, Kränkungen, Beleidigungen hinzu. Wenn die Frau etwa spottet: »Du Schlappschwanz«, oder: »Du kriegst doch eh keinen hoch«, dann wird der Mann gewalttätig.

Manchmal löst auch Narzissmus die Eskalation aus: Der Mann ist übertrieben gekränkt, seine Selbstachtung ist angenagt, und er denkt sich: »Das darf ich mir nicht bieten lassen. Die Frau attackiert mich.« Es kommt zu Schuldzuweisungen, und die sind fast immer an die falsche Adresse gerichtet. Meist tragen beide die Schuld und die Verantwortung für eine Eskalation.

Wenn sich Partner mit Problemen dazu entscheiden, eine Therapie zu machen, sollte der Therapeut nie parteiisch sein. Das ist etwas, was ich auch Freunden im Umfeld des Paares nur empfehlen kann: Es geht nicht darum zu klären, wer Recht hat. Die Aufgabe heißt, ein besseres Verständnis zwischen den Partnern zu ermöglichen.

Wenn sich ein Paar einen Therapeuten sucht, dann empfehle

ich, sich vorher anzuschauen, wie dieser Therapeut lebt. Wenn er eine bürgerliche Ehe führt, dann kann man nicht erwarten, dass er offen mit einer Dreier-Konstellation umgeht. Wenn er noch nie in einer Partnerschaft gelebt hat, kann er sich womöglich gar nicht in die Problemwelt des Paares einfühlen. Nach solchen Kriterien sollte man sich den Therapeuten aussuchen.

War die Partnerwahl falsch?

Wenn Trennungen in der Luft liegen oder vollzogen werden, heißt es oft: Die Partnerwahl war falsch. Meiner Meinung nach stimmt dieser Satz beinahe nie. Eine schwierige Beziehung ist für mich nicht der Beleg, dass die Partnerwahl falsch war. Die Partnerwahl war meist in Ordnung, denn die Menschen wählen oft unbewusst richtig. Natürlich kann die Partnerwahl aus fehlender Menschenkenntnis heraus auch einmal wirklich falsch sein. Dann sollte man nicht am falschen Partner festhalten. Jeder Dogmatismus in dieser Frage ist mir fremd: Die Menschen haben ein Recht, sich zusammenzutun, und sie haben genauso das Recht, wieder auseinanderzugehen.

In der Psychologie wird weithin die These vertreten, dass in unserer Kultur die Frau sich den Mann wählt. Auch ich bin dieser Meinung. Deshalb muss der Mann sich fragen, sich fragen lassen, warum das so ist. Bei Männern herrscht ein gewisses Maß an Passivität, an Verwöhnung. Früher war die Mutti zuständig, jetzt kommt die Frau und sagt: »Komm, wir gehen zusammen.« Darüber sollten wir Männer nachdenken. Natürlich geschieht das von Seiten der Frau nicht offen und direkt: Sie gibt bestimmte Signale, und der Mann geht darauf ein. Scheinbar – vor allem für Außenstehende – ist es so, als sei der Mann aktiv geworden. Aber die Signale der Frau waren vorher da, sonst wäre der Mann nicht aktiv geworden. Unbewusst läuft bei vielen Männern ein Sich-wählen-Lassen ab, der Mann praktiziert sozusagen eine passive Partnerwahl.

Bis Anfang des 20. Jahrhunderts hatten Menschen in Bezug auf einen Partner keine Wahl, persönliche Zu- oder Abneigung waren kein Kriterium. Die Familie wählte und setzte Kriterien fest wie: Aus welcher Schicht kommt sie? Zu welchem Stand gehört sie? Wie viel Geld hat die Familie, was bringt die Braut mit in die Ehe? Aus welcher Volksgruppe kommt sie, welcher Konfession gehört sie an? Ist sie gesund, kann sie Kinder zur Welt bringen? Ist sie kräftig, kann sie arbeiten?

Der Zweck einer Ehe war nicht das persönliche Glück der beiden: Die Ehe war eine Wirtschaftsgemeinschaft, eine gegenseitige Arbeitskraftsicherung. Die beiden Zusammengeführten hatten keine andere Möglichkeit, als zusammenzuwachsen. Das ist durchaus manchmal gelungen: Sie meisterten das Leben gemeinsam, verständigten sich, ertrugen Schicksalsschläge und unterstützten sich gegenseitig.

Auch heute noch ist es so, dass sich viele junge Männer nicht trauen, gegen die Erwartungen der Eltern eine Partnerin zu wählen. Die Kriterien dafür sind meist unbewusst, und ich meine: Vielleicht sind diese alten Kriterien in manchen Fällen ganz vernünftig. Man sollte schon ein wenig darauf schauen, mit wem man sich zusammentut. Ich kann mir nicht vorstellen, dass es günstig ist, wenn ein junger Mann, der sehr gut verdient, sich eine Partnerin nimmt, die kein Geld hat und die auch nicht bereit ist, zu arbeiten: So entsteht Abhängigkeit und keine Gleichberechtigung.

Hinter die angeblich »rein gefühlsmäßige« Partnerwahl, die der Stimme des Herzens folgt, setze ich große Fragezeichen. Da spielen Machtprobleme eine Rolle, Geltungsprobleme, Verwöhnung und so weiter. Zudem ist die Partnerwahl infolge des sozialen Wandels viel komplexer und widersprüchlicher als früher: Menschen verändern ihre Berufe, vollziehen persönliche Wandlungen. Letzteres passiert übrigens immer wieder: Ein Mann beginnt eine Therapie, und die Partnerin zieht nicht mit, bleibt stehen, entwickelt sich nicht. Irgendwann hat sich der Mann durch die Therapie weiterentwickelt und stellt fest, dass die Partnerin noch wie früher ist. Das genügt ihm dann nicht mehr, und er trennt sich von ihr.

Die Aufgabe eines Paares besteht darin, Probleme gemeinsam anzugehen. Ohne die Hilfe einer produktiven sozialen

Gemeinschaft schaffen die beiden das kaum. Die Eigenleistung von zwei Menschen müsste darin bestehen, dass sie sich eine gemeinsame Welt aufbauen, gemeinsame Werte entwickeln, Verhaltensweisen üben, Kompromisse schließen, sich auch voneinander abgrenzen und Konflikte im Gespräch lösen. Das erfordert Einsatz.

Die Aufgabe, eine gemeinsame Welt zu schaffen, löst man nicht ein für alle Mal. Diese Welt ist jeden Tag aufs Neue zu schaffen. Jeden Morgen muss man die Beziehung neu auf die Beine stellen. Es ist wichtig zu wissen, dass man sich nicht zurücklehnen kann: »Jetzt ist es gut, und jetzt sind wir glücklich.«

Die Partnerwahl ist seltenst durchdacht und erfolgt meist aufgrund von Zufälligkeiten, Eitelkeiten und allen möglichen neurotischen Aspekten. Zwei Fremde tun sich zusammen und kommen doch aus verschiedenen Welten. Die Welt des anderen kennen zu lernen und seine eigene Welt zu vermitteln, ist eine Aufgabe, die sehr langwierig sein kann. Selbst wenn wir in Nationalität, Rasse, Schicht, Religion und Vermögen übereinstimmen, sind wir im Grunde Fremde.

Die Kriterien für die Partnerwahl sind häufig sehr bestimmend, aber selten bewusst. Manche Menschen wählen ihre Partner sogar gegen eigene Interessen.

Ein wichtiges Kriterium bei der Partnerwahl sind psychische Zwänge. Sie verhindern eine frei-willige Wahl. Wichtig wäre, sich diese psychischen Zwänge bewusst zu machen, daran zu arbeiten und sie abzulegen. Das setzt eine gewisse Reife voraus. Diese persönliche Reife sollte auch die Partnerin mitbringen. Das wird häufig nicht berücksichtigt, es zählen ganz andere Kriterien.

Männer wählen oft Frauen, die ihrer Mutter ähneln, Frauen wählen Männer, die dem Vater ähneln. Das ist häufig sehr tief im Unterbewusstsein verankert. Das Problem ist, dass die meisten Menschen nicht wissen, wie die Beziehung zu ihrer Mutter beziehungsweise zum Vater war. Im Lauf der Partnerschaft kommt es dann zu Déjà-vu-Erlebnissen: »Das habe ich ja schon einmal erlebt.« Die Wahl des gegengeschlechtlichen Elternteils ist die Suche nach dem kindlichen Paradies. Dabei ist der Ausdruck »Paradies« oft nicht angebracht. Viele Kinder haben zu Hause gelitten, doch als Partner wählen sie sich dann Menschen, die eine ähnliche Situation wie zu Hause erzeugen, denn daran sind sie ja gewöhnt. Damit können sie umgehen.

Oder es erfolgt die Gegenreaktion: Als Erwachsener will man auf keinen Fall mehr das erleben, worunter man in der Kindheit gelitten hat. Das kann vom Regen in die Traufe führen, weil auch hier zwanghafte Strukturen zu einer unfreien Partnerwahl führen.

Ein weiteres Kriterium für die Partnerwahl sind Übereinstimmungen. Dieses Kriterium kann, auch wenn es unbewusst abläuft, Sinn machen. Da spielt vieles aus der Kindheit herein: die Ansicht der Eltern, der Lehrer, der Freunde. Deshalb wird auch heute noch meist innerhalb der Schranken des sozialen Milieus, der Herkunft, des Besitzes und der Religion gewählt. Übereinstimmung kann sich auch auf Äußerlichkeiten beziehen, auf die finanziellen Möglichkeiten, auf die Intelligenz. Viele Aspekte der Übereinstimmung kann man nur schwer beschreiben, zum Beispiel spielt der Geruch eine Rolle, die Stimme, gewisse ästhetische Vorstellungen, bestimmte Auffassungen und Einstellungen, Vorlieben und Interessen. Es können aber auch Kleinigkeiten sein, die zu einer Übereinstimmung führen: die Vorliebe für einen Namen, für ein Gericht, für einen Musiktitel. Besonders das Aussehen eines Menschen kann zum Gefühl der Übereinstimmung führen: ein voller Mund, kleine Ohren, ein blonder Haarschopf, ein strammer Po, schlanke Beine. Solche Äußerlichkeiten sind natürlich nicht geeignet, den passenden Lebenspartner zu finden, aber viele Menschen wählen danach.

Diese Übereinstimmung kann natürlich auch für das Gegenteil gelten: Manche Männer wollen zum Beispiel auf keinen Fall eine dicke Frau oder eine Frau mit herrischer Stimme, oder eine Vegetarierin.

Ein weiteres Kriterium bei der Partnerwahl sind natürlich Gefühle, und zwar nicht nur Liebe. Manche Männer suchen zum Beispiel Angst. Ihre Angstlust ist ihnen nicht bewusst, und sie erkennen nicht, dass sie eine Angst einflößende Partnerin wählen. Andere Männer suchen ständig Aufregung, damit sie nie zur Ruhe kommen müssen. Andere suchen die vollkommene Ruhe, bis hin zur Leblosigkeit, damit sie nie aufregende Konflikte ausstehen müssen. Die Partnerwahl kann von einem Überlegenheitsgefühl bestimmt sein oder auch von Stolz auf die in irgendeiner Weise herausragende Partnerin. Diese Partnerwahl erhöht dann das eigene Selbstwertgefühl. Stolz gibt es auch in Form eines Eroberungsgefühls, als Triumph sozusagen, die Frau herumgekriegt zu haben. Ein häufiges Gefühlspaar zwischen Mann und Frau ist, dass die Frau das Gefühl haben will, dem Mann zu helfen und ihn zu retten, zu therapieren. Der Mann sucht das Gefühl, verwöhnt zu werden. Die Frau sucht sich dann einen problematischen Mann, und der Mann sucht sich eine Helferin. Diese Struktur gibt es zum Beispiel beim Alkoholiker und bei der Co-Alkoholikerin.

Typisches Gefühlsmuster bei Beziehungen ist, dass der Mann so wählt, dass er vor den Gefühlen der Frau fliehen wird. Die Innerlichkeit der Frau ist ihm suspekt, für Themen wie Anhänglichkeit, Zärtlichkeit, Feinsinnigkeit oder Taktgefühl fühlt er sich nicht zuständig. Da kann er als Gesprächspartner nicht standhalten und flieht deshalb hinaus in die Welt, in die Arbeit. Dort kann er rechnen, kalkulieren, organisieren, analysieren. Die beiden leben also in zwei völlig verschiedenen Welten. Der Mann wählt die Partnerin, die für ihn die Gefühlsarbeit und die Beziehungsarbeit leistet, weil er das nicht kann. Damit die beiden miteinander funktionieren, muss sie ganz klar akzeptieren, dass er so ist, wie er ist. Sie darf nicht etwa von ihm verlangen, dass er auch Gefühls- und Beziehungsarbeit leistet. Mit der Partnerwahl hat die Frau dieser Struktur zugestimmt, und nachdem das so ist, will sie seine Schwächen, Unsicherheiten, Zweifel, Ängste und Hilflosigkeiten auch gar nicht sehen. Sie will einen Mann haben, von dem sie auch etwas hat, deshalb biegt sie ihn in ihrer Phantasie so hin, wie sie ihn sich wünscht. Sie entschuldigt ihn: »Er ist eben so, er wird sich nicht ändern. Das muss ich eben ertragen, ich werde ihn nicht verlassen.« Insgeheim hat sie die Überzeugung: »Den kriege ich schon noch hin. Ich habe Liebe für uns beide.« Dann versucht sie ihn heimlich hinzubiegen, nimmt Zuflucht zu Tricks oder verweigert sich. Das aber ist nicht der richtige Weg: Da fühlt der Mann sich verschaukelt, ausgetrickst und wehrt sich zurecht.

Ostermeyer spricht in seinem Buch »Zärtlichkeit« von »neurotischer Partnerwahl«. Meiner Meinung nach sind in dieser Kultur fast alle Partnerwahlen neurotisch, denn sie werden von Schwäche bestimmt, nicht von Stärke. Die Wahl der Partnerin erfolgt aus dem Bedürfnis nach Vervollständigung und Zuarbeit, nicht aus dem Bedürfnis, selbst kraftvoll zu sein und etwas abgeben zu können, aus dem Bedürfnis, dass die Partnerin sich freut und dass sie Glückserlebnisse hat.

Trennungsarten

Nach einer Trennung tritt an die Stelle der Liebe, die angeblich da war, häufig tödliches Beleidigtsein. An die Stelle des Zusammenseins, das oft ein Gefängnis war, tritt die absolute Trennung. Vorher haben die beiden sich geliebt, dann kommt ein Eklat, ein riesiges Problem, und einer oder beide sind tödlich beleidigt.

Ich glaube, das sind Menschen, die mit so viel Größenwahn leben, dass sie bei der kleinsten Zumutung schon umkippen. In der Psychoanalyse nennt man das narzisstische Kränkung, und das ist ein Charakterfehler.

Muss das so sein? Müssen es immer die Extreme sein: absolute Nähe und dann absoluter Kontaktabbruch? Ich kann mir auch eine andere Variante vorstellen, wenn es sich um zwei einigermaßen stabile Persönlichkeiten handelt: Die beiden könnten in einer lockeren Beziehung bleiben. Das wäre keine Beziehung mehr, in der sie immer nur füreinander da sind. Doch hier liegt das Problem: Männer brauchen die Therapeutin, um mit ihrer psychischen Situation fertig zu werden. Und Frauen scheinen die feste Bindung zu brauchen, in der sie jemanden umsorgen können.

Warum immer diese radikale Trennung? Warum können aus Partnerschaften nicht Freundschaften entstehen? Warum ist man dermaßen erbost und beleidigt, dass man diese ehemals geliebte Frau überhaupt nicht mehr ertragen kann? Warum kann man nicht die Sachen, die gut waren, weiter miteinander praktizieren, etwa zusammen ins Theater gehen, zusammen eine Radtour machen oder miteinander ins Bett gehen? Warum immer dieses Klammern oder die absolute Trennung? Ich plädiere dafür, darüber nachzudenken, warum man mit der Partnerin, mit der man so lange zusammen war, nicht wenigstens einen lockeren Kontakt hält.

Die lockere Bindung könnte auch mit Zärtlichkeit und Sexualität zu tun haben, ohne Verpflichtung. Es wäre doch schön, wenn zwei eine Freundschaft aufbauen könnten, sich gegenseitig frei lassen würden und sich gleichzeitig auf die Suche nach einem anderen Partner, einer anderen Partnerin machen würden. Man könnte diese Freundschaft sogar aufrecht erhalten, wenn man eine neue so genannte feste Bindung eingeht.

Aber wir leben in einer Kultur der zwanghaften Treue-Moral, deshalb ist das schwierig. Ein Mensch darf nicht zwei Beziehungen gleicher Intensität haben, und er darf im Grunde auch nicht zwei freundschaftliche Beziehungen gleichzeitig leben. Warum jedoch diese strikte Moral des Alles oder Nichts?

Die Gleichsetzung von Sexualität und fester Bindung ist im Grunde Religion – »aus der Not geborene Unselbstständigkeit schwacher Menschen« habe ich das genannt. Beziehung war in unserer Kultur immer schon Unfreiheit, absolute Treue und die Pflicht, gebunden zu sein. Dieses Muster nehmen wir als Kinder in uns auf, wiederholen es bei der Partnerwahl und leben es unseren Kindern wieder vor.

Eine Alternative zum Klammern, das irgendwann die absolute Trennung provoziert, sind vorübergehende Trennungen. Man kann ja ruhig eine enge Bindung haben und auch viel zusammen sein, aber warum soll man nicht jede Woche zwei, drei Tage getrennt verbringen? Oder warum trennt man sich nicht für ein, zwei Wochen, wenn man merkt, dass es langweilig, belastend, nervend oder sogar gewalttätig wird? Dann lebt jeder für sich, wird sich über sich klar und entwickelt vielleicht auch wieder Sehnsucht.

Doch diese zeitweiligen Trennungen erfordern einiges. Zunächst einmal muss das Gespräch darüber stattfinden. Es hat keinen Zweck, wenn der Mann das macht, ohne die Frau darüber aufzuklären. Dann kommt bei der Partnerin verständlicherweise Angst auf. Wir müssen also unser Schweigen aufgeben und zugleich dabei vorsichtig vorgehen: Wenn ein Mann nach Jahren des Zusammenlebens sagt: »Du, ich will mich jetzt einmal ein paar Wochen trennen«, ist das eine Zumutung für die Frau. Und will man eine Frau kennen lernen, kann man nicht voraussetzen, dass sie vollkommen gelassen darauf reagiert, wenn man ankündigt: »Ich bin gewohnt, mich alle paar Tage zu trennen.« Auf vorübergehende Trennungen muss man sich gemeinsam einigen, sonst gefährden sie die Beziehung, anstatt sie zu stabilisieren.

Voraussetzung für vorübergehende Trennungen ist auch, dass beide eine gewisse Selbstständigkeit haben und einander nicht neurotisch brauchen. Der Mann sollte zumindest fähig sein, Kaffee zu kochen und die Fertigsuppe aufzubrühen. Eigentlich müsste es ja überhaupt so sein, dass zwei Menschen in einer Beziehung leben, die so selbstständig sind, dass sie einander nicht brauchen. Bei manchen Männern ist das nicht gegeben: Die sind so unselbstständig, dass die Frau ihnen sagen muss, was sie heute machen, was sie morgen anziehen sollen und wohin sie nächsten Monat zusammen in Urlaub fahren. Menschen, die sich vorübergehend trennen, müssen für sich die Verantwortung übernehmen können und ein wenig mehr auf die Beine stellen, als nur vor dem Fernseher zu sitzen.

Die vorübergehende Trennung darf auch nicht zur gegenseitigen Kontrolle führen: Ständige Anrufe mit Nachfragen wie: »Wo warst du? Was hast du gemacht? Mit wem?«, sind nicht der Sinn vorübergehender Trennungen.

Trotz der Trennung, der vorübergehenden Distanz und Ferne müsste auch die Kraft da sein, für die Partnerin Verantwortung zu fühlen. Wenn es ihr zum Beispiel schlecht geht, sollte man für sie da sein. Das darf natürlich nicht zum Dauerzustand werden, dass es dem einen schlecht geht, damit der andere immer für ihn da ist.

Es muss auch die Kraft da sein, die Verbindung immer wieder herzustellen. Nicht, dass einer die Trennung will mit dem Hintergedanken: »Da soll sie mal sehen, wie's ihr geht. Dann soll sie mal kommen.« Beide sollten die Kraft und auch das Interesse haben, die Bindung immer wieder herzustellen.

Ich bin, wie bereits erwähnt, ein Befürworter von getrennten Wohnungen. So kann man die zeitweiligen Trennungen und das Sich-wieder-Begegnen sehr gut gestalten.

Abschließend möchte ich noch näher darauf eingehen, warum Trennungen oft vermieden werden, obwohl sie vielleicht nötig wären. Menschen leben mit der Illusion, dass nach einer Trennung ihr ganzes Glück zerstört ist, dass danach ihr glückliches Leben zu Ende ist. Sie halten die aufkommende Verzweiflung nicht aus, das Alleinsein wird zur Einsamkeit und zum Schmerz.

Vor allem Männer sind nicht in der Lage, Trauerarbeit zu leisten, viele wehren sich gegen Tränen. Ein Mann, der weint, gilt auch heute immer noch nichts. Ein bekannter Fußballer, der einmal Tränen zeigte, wurde von seinen Kollegen öffentlich als Heulsuse beschimpft und fertig gemacht.

Es wird sogar empfohlen, Trennungen nicht durchzusprechen. Ostermeyer zum Beispiel empfiehlt: »Nur eines macht das Weiterleben möglich: Alle Spuren und Erinnerungen an den Geliebten tilgen, ihn auslöschen, als wäre er nie gewesen.« Das ist eine typisch männliche Stellungnahme, die ich als krankhaft empfinde. Natürlich ist Durcharbeiten angebracht. Im Zusammenhang mit einer Trennung kommen Gefühle hoch, beispielsweise Hoffnungen, Verzweiflungen, Ängste, Wünsche, da kann man sich selbst besser kennen lernen und weiterentwickeln.

Trennungen werden auch vermieden, weil Arbeitsteilung herrscht. Der Mann bringt das Geld, die Frau ist für Kinder und Gefühle zuständig, das hat sich gesellschaftlich eingespielt, nach diesem Muster laufen viele Beziehungen. Das zu durchbrechen, kostet viel Kraft. Man muss plötzlich auch die Arbeit des anderen im eigenen Leben übernehmen. Die Frau muss sich um das Geld sorgen, der Mann um den Haushalt, um die Gefühle, um den Kontakt zu den Kindern.

Auch das soziale Umfeld übt oft einen massiven Druck aus. Die eigene Familie, die Nachbarn, die Freunde, sie alle vermitteln einem, dass man zu dieser Frau gehört, dass man ihr treu sein muss. Wer das durchbricht und die Frau verlässt, ist der Böse, den alle verurteilen. Mit der Entscheidung zur Trennung schwimmt man also unter Umständen ganz allein gegen den Strom.

Dahinter steht die Partnerschaftsideologie dieser Gesellschaft. Sie vermittelt uns: »Wenn du dich mit einer Frau zusammentust, hast du die Chance, glücklich zu werden.« Ohne Frau geht das nicht. Dieses Ideal ist mehr oder weniger bewusst in uns: »Ewige Liebe zweier Menschen.« Andere Beziehungen haben wir selten oder nie erlebt: Beziehungen mit Abstand und Freiheit, geprägt von gegenseitiger Verantwortung und Feinfühligkeit. Uns wird beigebracht, dass wir eine Partnerin brauchen, und dazu gibt es dann Buchtitel wie »Das Ich wird erst Ich durch ein Du«. Die marode Paarbeziehung, die beinahe nie funktioniert, wird idealisiert und so dargestellt, als ob sie notwendig wäre, als ob des Menschen Natur so sei.

Wer heute ohne eine feste Partnerin lebt, wird geschmäht: »Warum hast du keine Freundin? Hast du ein Problem?« Auch das Getrenntleben von Partnern wird nicht hingenommen: »Warum zieht ihr nicht zusammen? Warum heiratet ihr nicht?« Wer dann gar in größeren Gemeinschaften zu dritt oder mehreren zusammenwohnt, wird sogar als gefährlich und pervers hingestellt. Wohngemeinschaften sind fast nur noch unter Studenten geduldet.

Zweierbeziehungen entsprechen der gesellschaftlichen Norm, und wer sich trennt, sprengt die Norm. Das wiederum braucht enorme Kraft, die nicht jeder aufbringen kann.

Das Altern des Mannes

So sollst du, munterer Greis, dich nicht betrüben,
sind gleich die Haare weiß, doch wirst du lieben.

Johann Wolfgang von Goethe

Männer haben Angst vor dem Älterwerden, verdrängen es und laufen deshalb Gefahr, ihr Älterwerden nicht aktiv zu gestalten. Als Ehemänner und Väter überlassen sie die Gestaltung der Beziehung oft den Frauen. Doch es ist wichtig, sich mit dem Älterwerden auseinander zu setzen. Frauen werden zum Teil besser mit dem Älterwerden fertig, weil sie oft schon mit dem Weggang der Kinder gezwungen werden, sich eine neue Aufgabe und neue soziale Kontakte zu suchen.

Weithin unbekannt, aber mittlerweile wissenschaftlich erwiesen ist, dass auch Männer ein Klimakterium, also Wechseljahre durchleben. Zwischen 45 und 55 Jahren kommt es auch bei ihnen zu Veränderungen im hormonellen Haushalt. Das verursacht wie bei Frauen verschiedene psychosomatische Erscheinungen. Männer sollten darauf vorbereitet sein, sonst kann es zu schweren psychischen Einbrüchen und Krisen kommen.

Das Altern ist natürlich zunächst ein körperliches Phänomen. Der Körper weist Mangelerscheinungen auf, man wird gebrechlicher, man verliert auch in geistiger Hinsicht. Wer glaubt, er baue nur körperlich ab und bleibe geistig fit, macht sich etwas vor: Man bleibt nur dann geistig gesund, wenn man auch körperlich fit bleibt. Wir müssen uns also im Alter ganz besonders um unsere körperliche Befindlichkeit kümmern.

Das Beste, was ich jemals zum Altern gelesen habe, stammt von Simone de Beauvoir: »Das Alter«. Auf dieses Buch werde ich mich in diesem Kapitel überwiegend stützen. Normalerweise beziehe ich mich nicht nur auf eine einzige Autorin, aber dieses Werk erscheint mir außerordentlich bedeutsam, und ich befinde mich in völliger Übereinstimmung mit dem, was de Beauvoir schreibt.

»Alte, Betagte oder Greise« nennt de Beauvoir die Altersgruppe, um die es hier geht. Wir alle halten uns da gern heraus, und ich gehe davon aus, dass die meisten Leser jünger sind und meinen: »Alter? Geht mich nichts an.« Keiner hält sich für alt, keiner will alt sein. Man spricht nicht von älteren Menschen. Alter ist ein Tabu, man ist höchstens weniger jung.

Anstatt uns mit dem Alter zu beschäftigen, üben wir uns in Selbsttäuschung: »Ich werde nicht alt, nicht schwach wie die anderen«, reden wir uns systematisch ein. Keiner weiß, wie er sein wird. Aber eine wirkliche Selbsterkenntnis, die wir uns für unser Leben wünschen, erfordert auch das Verstehen des Alters und die Auseinandersetzung mit dem Tod. Wir sollten uns nicht nur betroffen fühlen, wir sind betroffen.

Diese Angst vor dem Alter bezeichne ich als »Gerontophobie«. Menschen unserer Kultur schämen sich des Älterwerdens, entwickeln Scham und Angst als Abwehrmechanismen, um sich nicht mit dem Alter beschäftigen zu müssen. Es gibt auch wenig Literatur zu dem Thema. Alte werden in unserer Kultur verurteilt zu Einsamkeit, Krankheit und Verzweiflung. Es wird so getan, als hätten die alten Menschen nicht die gleichen Bedürfnisse wie die jungen, die Bedürfnisse der alten Menschen werden verdrängt. Simone de Beauvoir schreibt: »Alte, die etwas fordern, schockieren die Jüngeren: Wenn ältere Menschen auf Liebe, auf Sexualität, auf Eifersucht bestehen, erscheinen sie Jüngeren oft widerwärtig, lächerlich oder gar abstoßend.«

Die Jüngeren fordern von den Älteren eine heitere Gelassenheit, die es erlaubt, über das Unglück der Älteren hinwegzusehen. Verbreitet wird ein falsches Ideal des alten Mannes: Weiße Haare, reich an Erfahrung, verehrungswürdig, über allem stehend. Es heißt, Ruhestand bedeutet Muße und Freude. Das kann so sein, wenn einer sich darauf vorbereitet. Aber die meisten alten Menschen haben einen erbärmlichen Lebensstandard. Sie sind zwar von Berufszwängen befreit, haben aber zu wenig Geld und Energie, um neue Möglichkeiten zu erleben. Sie fühlen sich häufig absolut einsam, langweilen sich, werden ausgeschlossen aus der Gesellschaft. Die Jungen verspotten den alten Narr, der dummes Zeug faselt. Simone de Beauvoir weist immer wieder darauf hin, dass dies erstaunlich ist, weil wir doch alle älter werden und wissen müssten, dass wir uns bei diesem Thema mit unserer eigenen Zukunft befassen: »Kinder und Enkel bemühen sich kaum um die Alten, sie bemühen sich nicht, das Los ihrer Eltern und Großeltern zu erleichtern.« Das Abschieben in Heime ist ein grausamer Akt, besser wäre es, zu Hause in einer größeren Lebensgemeinschaft zu bleiben.

Wir noch nicht Alten wenden uns, wenn wir uns nicht realistisch mit dem Alter befassen, gegen uns selbst. Normalerweise werden wir ja auch einmal alt. Wir verdrängen unser eigenes Altern und machen uns kein konkretes Bild. Simone de Beauvoir schreibt: »Das Alter kommt häufig unvorhergesehen.« Also nicht allmählich, Schritt für Schritt, sondern als Schock, mit einer Depression oder gar mit Suizid-Anwandlungen.

Tatsächlich erscheint vielen, wenn sie sich ihres Älterwerdens bewusst werden, das Alter wie ein Unglück. Es ist aber kein Unglück, es ist ein Lebensabschnitt, ein nicht zu umgehender Lebensabschnitt, den wir auf würdige Art und Weise gestalten sollten. Wir müssen unsere Kräfte zusammennehmen, um das Alter zu gestalten und zu bestehen. Gelegentlich haben wir Angst davor: Wir müssen uns ja eingestehen, dass mit dem Alter der Tod näher kommt. Todesangst ist vermutlich die schlimmste Angst, die wir haben können.

Die Erotik altert nicht

Ältere Männer haben dieselben Bedürfnisse wie jüngere, das gilt selbstverständlich auch für erotische Bedürfnisse. Man hört immer wieder, dass sich Menschen über die Lüsternheit der Greise mokieren. Sexuelle und erotische Interessen der Älteren werden von den Jüngeren als abstoßend empfunden, auch weil der Ältere dadurch ein Rivale des Jüngeren wird. Der Ältere hat gewisse Vorteile: Er hat vielleicht mehr Geld, ein gewisses Ansehen. De Beauvoir: »Er hat auch noch Kraft und Potenzen zur Liebe.« Der ältere Mann ist sich des Reizes der

Frauen auf sich bewusst, und er übt auch manchmal einen Reiz auf jüngere Frauen aus, der, so meint de Beauvoir, aus der Sehnsucht der Frauen nach einem lieben Vater entsteht.

Der ältere Mann, der noch Chancen auch bei jüngeren Frauen hat, verletzt den Narzissmus der jüngeren Männer. Natürlich ist die Sexualität der Älteren nicht mehr so animalisch, aber das erscheint vielen Frauen eher als Vorteil: Ein älterer Mann ist zärtlicher, weicher, behutsamer, hat mehr Zeit, nimmt sich Zeit, ist einfach dankbarer dafür, dass er noch erotisch und liebevoll fühlen kann.

Der ältere Mann ist häufig impotent. »Impotent« ist ein Schimpfwort in unserer Kultur, dabei heißt es einfach, dass ein Mann keine Erektion mehr bekommt oder nur noch eine leichte. Der ältere Mann will deshalb mehr küssen und streicheln, die Frau ansehen, und damit entwertet er den Koitus des Jüngeren. Ich habe bereits ausführlich die problematische Koitus-Fixierung der meisten Männer beschrieben. Ein Mann, der nur den Koitus anstrebt, ist nicht zärtlich und erotisch. Der junge, koitusfixierte Mann hat Angst vor der Impotenz des Alters, verdrängt diese Angst und entwickelt einen Kastrationskomplex. Die Verdrängung, den Hass auf sein künftiges Schicksal drückt er aus, indem er den älteren Mann lächerlich macht.

Das Traurige ist, dass dieser Mann, wenn er älter wird, sich der Frau nicht mehr gewachsen fühlt, nur weil sein Penis nicht mehr wächst. Er wirbt nicht mehr um die Frau. Dabei wäre es gerade dieses Werben, die Erotik, die dem älteren Mann Freude und Lebendigkeit bringen würde.

Das Ideal der heiteren Gelassenheit ist natürlich anzustreben, doch das bedeutet Arbeit an sich, das kommt nicht automatisch mit den Jahren. Lachen ist dabei ein wichtiger Punkt: Viele Männer lachen zu wenig. Es wäre gut, wenn Männer rechtzeitig lachen lernen würden. Lachen gehört ja zum Weisewerden, Lachen aus vollem Halse, Lachen mit einem wirklich guten Gefühl, Lachen aus Freude am Leben. Das kann man lernen, das ist einem nicht immer von Natur aus gegeben, sondern ein Lebens-, ein Therapieziel für Männer.

Heiterkeit, Besonnenheit, Weisheit und Güte sollten Männer nicht erst im Alter entwickeln. Dazu gehört auch, sich von Männern führen zu lassen, die schon mehr davon haben. Simone de Beauvoir zitiert Platon: »Weise Männer sollen führen, nicht die, die sich im Krieg ausgezeichnet haben, sondern die, die denken gelernt haben.« Allerdings: Die heitere Gelassenheit in Bezug auf den Körper der Frau, die gibt es einfach nicht. Wenn bei einem Mann Liebe, Erotik und Sehnen verschwinden, hat er sich meist selbst dazu verurteilt. Das ist ein Entschluss, eine Resignation. Viele ältere Männer lassen die Liebe nicht mehr zu und sterben dann ab.

Die fehlende Erektion ist kein Hinderungsgrund für Erotik. Mittlerweile gibt es ja auch Tabletten dagegen, und ich habe nichts dagegen, wenn Männer diese nehmen. Ich würde sie allerdings nicht nehmen. Der Grund für diese Erektions- und Koitus-Fixierung ist, dass die Zärtlichkeit enorm unterschätzt wird und der Koitus überschätzt. Meiner Erfahrung nach sind Koitus und Zärtlichkeit völlig unterschiedlich: Koitus hat nur selten mit Zärtlichkeit und Erotik zu tun.

Ziel von Spottgeschichten, aber auch von Neid ist in unserer Kultur der ältere Mann, der sich Dank seines Reichtums eine hübsche Frau angelt, dann aber seinen »ehelichen Pflichten« nicht mehr nachkommen kann. Die Gefahr für den Älteren ist, dass die Frau sich dann einem Jüngeren zuwendet. Simone de Beauvoir zitiert aus Canterbury Tales von Geoffrey Chaucer die Schilderung der Hochzeitsnacht: »Und an die Arbeit ging er, bis das Licht des Tages schien. Nahm einen Bissen, trank ein Schlückchen feinen Klaret dann und sang aufrecht im Bette sitzend, hell und klar und laut und küsste, koste lüstern seine Braut, gleich einem Fohlen voller Spielereien und schwatzhaft war er, gleich einem Elsterlein, im Nacken zitterte sein offenes Fell, indem er sang, so laut krähte er und hell, Gott weiß allein, was seine Maid empfand, als sie ihn sitzen sah im Schlafgewand und in der Nachtmütz mit dem dürren Hals, vom Spiel erbaut war sie wohl keinesfalls.«

Aber es gibt auch eine andere Darstellung, wo der Alte nicht lächerlich und abstoßend dargestellt wird. Simone de Beauvoir zitiert zum Beispiel Victor Hugo mit folgender Dichtung: »Sein Bart war silbern wie ein Bach im April. Denn der junge Mann ist schön, doch der Greis ist groß. Und man sieht Feuer in den Augen des Jungen, doch im Aug des Greises sieht man Licht.« Das gefällt mir: »Wie ein Bach im April«, der Mann hat seine erotische Ausstrahlung bewahrt.

Simone de Beauvoir beschreibt im weiteren Verlauf, wie die Gesellschaft mit älteren Menschen umgeht: Man achtet sie nicht, hat Interesse, sie als minderwertige Menschen zu entlarven, man tyrannisiert und zermürbt sie, behandelt sie fürsorglich. Ich sehe solche Fürsorglichkeit sehr kritisch: Das ist eine Verwöhnung mit dem Ziel, den alten Menschen endgültig zu schwächen. Es gibt eine Art ironisches Wohlwollen alten Menschen gegenüber: Man spricht dümmlich mit ihnen, nimmt sie nicht mehr ernst, belügt sie, blinzelt sich hinter ihrem Rücken vielsagend zu. Simone de Beauvoir sagt: »Man will, dass die alten Leute sich jenem Bild anpassen, das die Gesellschaft sich von ihnen macht. Man nötigt ihnen Beschränkungen in der Kleidung auf, ein zurückhaltendes Benehmen, die Wahrung des Scheins. Vor allem auf sexuellem Gebiet wird Unterdrückung der erotischen Impulse erwartet. Die Familie zum Beispiel empört sich, wenn der Alte oder die Alte noch mal heiraten will. Man droht, ihn oder sie ins Irrenhaus zu stecken, man sperrt ihn oder sie ein, er kommt zu Tode … Die meisten haben ein sehr niedriges geistiges Niveau. Sie lesen wenig, ihr Interessenniveau sinkt auf Null. Sie können immerfort die alten Gedanken über die Krankheit und den Tod wiederkäuen. Im Heim verfällt der alte Mensch sehr rasch in den Zustand der Senilität.« Die Autorin macht hier also sehr klar: Der alte Mensch kommt nicht wegen der Senilität ins Heim, sondern er wird dort senil gemacht.

Das ideale alte Paar ist nicht ohne Erotik. Der Geschlechtstrieb nimmt zwar ab, aber alte Menschen sind nicht asexuell, sie bleiben geschlechtliche Wesen und wollen ihre Sexualität befriedigen. Es gibt eben andere Befriedigungen als den Koitus. Die Sexualität ist meist auf den anderen Körper bezogen. Wir wollen den anderen Körper sehen und berühren, denn der andere Körper, für den Mann der weibliche Körper, verleiht der Welt eine erotische Dimension. Bei alten Menschen finden oft Regressionen statt, sie regredieren auf eine kindliche Sexualität: küssen, beißen, sich zeigen, schauen wollen und so weiter. Das sollte man nicht abwerten, denn die kindliche Sexualität ist genauso wertvoll wie die des Erwachsenen.

Simone de Beauvoir nennt Ziele der Sexualität, denen ich mich anschließe:

1. Spannungen lösen, also zum Orgasmus zu gelangen und danach entspannt zu sein.
2. Das Bewusstsein von Befriedigungen geistiger Art haben zu dürfen, also Bilder vor meinem geistigen Auge zu haben oder auch de facto vor mir zu haben, wie ich küsse, beiße, streichle, liebe, geliebt werde, begehre, bewundere, werbe. Diese Bilder sind in uns und sollten befriedigt werden. Auch die Herstellung dieser Bilder bedeutet eine Befriedigung.
3. Erotik ist immer Wagnis und Abenteuer, eine lahme Erotik ist schlecht vorstellbar. Wenn Wagnis da ist, ist aber auch Angst da. Wagnis kann auch Angstlösung sein.
4. Die Begierde nach dem anderen Körper ist das Bewusstsein, den anderen Menschen auf diese einzigartige Weise zu erreichen. Die Welt der beiden, die sich berühren und befriedigen, wird eine andere. Es ist faszinierend, den anderen zum Körper werden zu lassen. Normalerweise sind wir Kopfmenschen, aber wenn zwei sich nackt begegnen, sich kosen und küssen, werden sie zum Körper, und das ist ein beglückendes Erlebnis.
5. Die Nähe zum anderen: In der körperlichen Begegnung wird die Distanz zum anderen Ich überwunden. Es werden, wenigstens vorübergehend, beglückende Nähe hergestellt und die eigene Begrenztheit überwunden.
6. Ziel der Liebe und der Sexualität ist auch das Akzeptieren des Nein-Sagens der anderen Person. Nicht jede Nähe ist beglückend, aber das Scheitern eines Treffens kann durch Liebe kompensiert werden. Die Wünsche der anderen Person werden total akzeptiert, und das kann beglücken.

7. Der Mann fühlt sich als Mann, die Frau fühlt sich als Frau bestätigt, anerkannt, gesehen. In der Sexualität ist auch Narzissmus erlaubt. Narzissmus wird oft als etwas Perverses hingestellt. Wenn mich aber die Partnerin schön findet, dann ist das eine ungeheure Bestätigung des Selbstwertgefühls, eine Aufwertung.

Aus dieser Darstellung der Grundbefindlichkeiten und des Wesens der Sexualität folgt, dass das Alter nicht der Keuschheit geweiht werden kann. Der alte Mann und die alte Frau begehren zu begehren. Diesen Wunsch, zu begehren und begehrt zu werden, halte ich für wichtig. Mann und Frau haben Sehnsucht nach Gefühl, nach unersetzlichen Glückserfahrungen, die man nicht vergisst, nach erotischen Erfahrungen.

Die Begierde des anderen Körpers ist der Beweis, dass ich noch ich bin, dass ich mir eine gewisse Unversehrtheit, eine Jugendlichkeit bewahrt habe. Der Grund für die Keuschheit, die sexuelle Abstinenz, ist der Ekel vor dem eigenen, alternden Körper: Man weigert sich, den eigenen Körper für den anderen noch existieren zu lassen, glaubt, ihn verstecken zu müssen. Das ist ein Phänomen, das bei Frauen auch in jüngeren Jahren schon zu beobachten ist. Simone de Beauvoir schreibt: »Der Mensch, der geliebt wird, empfindet sich als liebenswert und überlässt sich rückhaltlos der Liebe. Die Gefahr ist einzig die öffentliche Reaktion.« Der alte Mensch fürchtet, sich lächerlich zu machen in seiner Liebe, in seinen erotischen Bedürfnissen, er fürchtet den Skandal und macht sich zum Sklaven der Gesellschaft, die Keuschheit und sexuelle Abstinenz von ihm verlangt. Er schämt sich seiner Begierden und leugnet sie, verdrängt sie ins Unbewusste.

Viele Männer gewinnen ihre Erotik zurück, wenn sie eine jüngere Partnerin erobern oder wenn sie sich von ihrer langjährigen Partnerin trennen. Doch viele ältere Männer haben Angst, überhaupt um Frauen, um jüngere oder gleichaltrige, zu werben. Sie fürchten, nicht verführen zu können. Sie zögern lange, fürchten den Widerwillen der Frau, fürchten das Scheitern. Die Lösung für viele Ältere ist die Selbstbefriedigung, die ja viel einfacher und oft auch schöner ist als der Koitus. Ich habe mit Selbstbefriedigung sehr schöne Erlebnisse gehabt, sowohl allein als auch mit der Partnerin, die häufig schöner als die Koituserlebnisse waren, aber das wird in unserer Kultur immer wieder geleugnet.

Simone de Beauvoir sagt: »Je reicher und glücklicher die Sexualität im Leben des Menschen überhaupt war, desto mehr hält sie im Alter an.« Das ist ein deutlicher Hinweis darauf, dass man nie auf Sexualität und Erotik verzichten und statt dessen darum kämpfen sollte. Ich glaube, Menschen, die stark genug sind, um Sexualität zu kämpfen, sind die kreativeren, glücklicheren. Kampf hat hier natürlich nichts mit Gewalt zu tun, meist steht ja Arbeit an sich selbst, an seinen Gefühlen und Möglichkeiten und an der Beziehung an.

Der alte Mann kann ja nun meist nicht mehr den Koitus ausführen, also sucht er andere Wege der Befriedigung. Männer, die ihr ganzes Leben eine reiche Erotik leben, haben im Alter die besseren Voraussetzungen für eine erfüllte Sexualität. Befriedigung kann man finden in erotischer Lektüre, frivolen Bildern, Berührungen, auch flüchtigen Berührungen, Fetischismus, so genannten Perversionen, Betrachtungen, Regressionen, oralen und analen Berührungen. Aufgabe der älteren Menschen ist es, den eigenen Weg zu finden, mutig zu sein und gegebenenfalls die Meinung anderer Leute zu ignorieren.

Simone de Beauvoir macht auch Ausführungen zur alten Frau: »Die Sexualität der Frau wird biologisch weniger beeinträchtigt als die des Mannes.« Das bestätigt auch Kinsey, der feststellte, dass die Frau sexuell beständiger ist und mit 60 Jahren noch genauso begehren kann und Lust empfinden wie mit 30 Jahren. Die Frau bleibt orgasmusfähig vor allem, »wenn ihr regelmäßige und wirksame Stimulierung zuteil wird«, schreibt Simone de Beauvoir.

Frauen stören sich viel weniger am Altern des Mannes als umgekehrt, weil sie weniger von Äußerlichkeiten abhängig sind. Nichts behindert die Frau, ihre sexuelle Aktivität bis zum letzten Lebenstag zu behalten, doch Kinsey meint, dass sexuelle Aktivitäten bei älteren Frauen seltener sind.

Der Grund für die Benachteiligung der Frau liegt darin, dass der Mann die Frau als Objekt betrachtet und sich selbst als Subjekt. Simone de Beauvoir schreibt: »Für die ältere Frau ist es sogar sehr schwierig, sexuelle Partner zu haben, vor allem außereheliche Partner zu haben, ist schwierig. Sie ist für Männer weniger attraktiv als der Mann für Frauen. Ein junger Mann kann eine Frau begehren, die alt genug ist, um seine Mutter zu sein, nicht aber eine, die seine Großmutter sein könnte.« Das ist leider so: Mit 70 Jahren ist die Frau für die Männer meist kein erotisches Objekt mehr. Sie hat auch meist kein Geld, einen Prostituierten zu bezahlen, und hat viel mehr Scham und Angst, was die Leute sagen könnten. Ihr Verlangen beherrscht sie aber weiter, und der einzige Ausweg ist dann die Selbstbefriedigung.

Damit wird aber der Narzissmus der Frau nicht mehr befriedigt. Simone de Beauvoir: »Aber durch Liebkosungen und Blicke des Partners wird auch der älteren Frau, durch Liebkosungen und Blicke, also lüsterne Blicke des Mannes, wird nur beglückend der eigene Körper als begehrenswert bewusst. Doch beim ersten Anzeichen einer Zurückhaltung des Partners empfindet die Frau ihren Verfall, fasst sie einen Widerwillen gegen sich und erträgt es nicht mehr, sich den Blicken des Mannes auszusetzen. Selbst wenn ihr Mann sie noch begehrt, kann ein tief verinnerlichtes Gefühl für Schicklichkeit sie dazu bringen, sich zu versagen.« Das finde ich sehr erschütternd. Es ist wichtig, dass wir Männer uns klar machen, dass die Frau dann Schicklichkeit statt Lüsternheit im Gefühl haben kann.

Einen weiteren interessanten Hinweis gibt Simone de Beauvoir: »In Pflegeheimen, in Altersheimen nimmt die Erotik mit dem Alter zu. Altersirresein, Dementia senilis, bringt erotische Phantasien mit sich, weil die geistige Kontrolle abnimmt.« Es gibt eine so genannte krankhafte Erotik, wenn alte Menschen sich dann öffentlich zeigen, masturbieren, Koitusgesten machen, obszöne Reden führen, sich exhibitionistisch verhalten. Das wird von der Umgebung heftig und mit Ekel zurückgewiesen. Aber welche Not dahinter steckt, das macht sich niemand bewusst. Die Sexualität alter Frauen ist noch stärker tabuisiert als die alter Männer. De Beauvoir betont aber: »Die Sexualität hängt eng mit der Vitalität und der Aktivität von alten Menschen zusammen, sie sind untrennbar miteinander verbunden in dem geschlechtlichen Begehren. Wenn das tot ist, stumpft auch der Mensch mit seinen Gefühlen ab. Sexualität und Kreativität entsprechen einander.«

30 Schritte zur erotischen Intimität

30 Schritte zur erotischen Intimität – solche Aufzählungen bergen natürlich immer Gefahren in sich: Jede Beziehung beginnt anders, jeder Mensch ist anders, reagiert anders. Die erste Frage ist: Wo fängt der erste Schritt an, wo endet der 30. Schritt? In der Disco etwa kennt man sich nicht, am Arbeitsplatz oder im Verein wahrscheinlich schon. Ich gehe hier vom Urzustand aus: Man kennt sich nicht.

Diese 30 Schritte können nicht allgemein verbindlich sein, aber es ist sicher gut, überhaupt 30 Schritte zu machen. Es müssen nicht diese sein und schon gar nicht in dieser Reihenfolge. Diese Schritte können auch nicht an einem Tag vollzogen werden. Wenn man von einem Zwölf-Stunden-Tag ausgeht, dann blieben für jeden Schritt nur 20 bis 30 Minuten, das wäre zu schnell. Diese 30 Schritte können sich Wochen oder Monate hinziehen, ja es kann ein Jahr dauern, je nachdem, mit welcher Impulsivität oder Angst die beiden aufeinander zu gehen.

1. Der erste Blick

Der erste Punkt des Kennenlernens zwischen Menschen scheint mir der Blick zu sein. Irgendwo sieht man jemanden, und es kann passieren, dass man schon beim ersten Blick enorm angetan ist.

Es ist wichtig, die Gefühle zu registrieren, die man bei diesem ersten Blick hat. Sind das zugewandte Gefühle? Man verliebt sich ja nicht in jede, die man sieht. Es wäre gut, sich bewusst zu machen, wie man blickt: Man sollte den völlig verschlingenden Blick vermeiden, aber auch den gänzlich ignoranten Blick, mit dem man so tut, als ob einen das alles nichts anginge. Man sollte freundlich blicken, und das kann man lernen: freundlich oder lieb zu blicken oder auch zu grüßen. Es ist wichtig, sich seines Blickes bewusst zu werden, wenn man zum Beispiel einen Raum betritt: Ob man an den Menschen vorbeischaut oder ob man sie freundlich anblickt.

Der erste Blick kann auch ein Laut sein: Ein Wort, ein Satz, ein Lachen, ein Seufzer, die Stimme, der Tonfall – das alles kann einen elektrisieren. Auch wenn man jemanden flüchtig berührt – im Vorbeigehen oder wenn man nebeneinander sitzt –, kann der Funke überspringen. Oder man riecht die Frau, ihr Parfum zum Beispiel.

2. Der Blick zurück

Ich blicke also elektrisiert auf die eine Frau, bin fasziniert, und jetzt ist die Frage: Erwidert sie den Blick, kann sie ihn überhaupt erwidern? Es wäre ganz gut, sich so zu positionieren, dass die Frau den Blick erwidern kann. Man kann sich in einer Runde zum Beispiel ins Blickfeld setzen und auf den Rückblick warten.

Wenn dieser Antwortblick erfolgt, sollte man sich fragen: Wie ist dieser Blick? Interessiert, nicht interessiert?

Man kann seinen Blick auch durchaus wiederholen, aber man wird nicht unverwandt in ihre Richtung starren, schaut mal hierhin, mal dorthin und dann wieder zu ihr. Auch hier ist die Ausgewogenheit wichtig: weder zu aufdringlich noch desinteressiert. Man darf sein Interesse durchaus signalisieren und vielleicht auch seine Faszination.

3. Ansprechen

Man erkennt durchaus am Blick, ob jemand Interesse hat. Es kann aber auch sein, dass man kein Interesse registriert, doch das sollte einen nicht entmutigen. Manche Menschen wirken eben eher unscheinbar. Auf jeden Fall entsteht die Notwendigkeit, die faszinierende Person anzusprechen.

Ich empfehle, wenn man wirklich fasziniert ist, mit der Ansprache nicht zu lange zu warten: Im Café, im Kino-Foyer, im Bus – die Situation kann schnell unwiederbringlich vorbei sein.

Was sagt man? Es gibt viele Möglichkeiten, und es ist sicherlich eine Kunst, die »richtigen« Worte zu finden. Mit welchen Worten erreicht man eine Frau, die man noch nicht kennt?

Das richtet sich auch nach der Situation: Man kann nach dem

Weg fragen oder sich etwas Witziges zurechtlegen. Aber man kann auch ganz direkt und einfach fragen: »Darf ich Sie ansprechen?« – »Ja, worum geht's?« – »Ja, Sie sind mir aufgefallen. Ich finde Sie faszinierend.«

Es ist durchaus eine Kunst, etwas Freundliches, etwas Positives zu sagen: »Ich finde Sie sympathisch. Darf ich einmal ein paar Worte mit Ihnen wechseln?« Wenn die betreffende Person dann »Nein« sagt, muss man nicht sofort auf dem Absatz kehrt machen, sondern kann durchaus eine weitere Ansprache formulieren: »Vielleicht nachher nochmal?«

4. Einladung/Verabredung

Als Viertes könnte man eine Einladung aussprechen, eine Verabredung versuchen: »Könnten wir nicht nach dem Film noch in eine Kneipe gehen?« – »Ich möchte Sie zum Kaffeetrinken einladen.« – »Ich würde gern nach dem Konzert mit Ihnen auf ein Glas Wein gehen.« Es kann passieren, dass man auf die Frage: »Haben Sie irgendwann Zeit?«, die Antwort bekommt: »Nein, ich habe nie Zeit.« Da ist es gut, wenn man sich einen gewissen Humor bewahrt: »Wie? Sie haben nie Zeit? Auch nicht für Ihren größten Verehrer?«

Der Humor ist auch wichtig für das eigene Wohlbefinden: Nur weil man jetzt drei Blicke gewechselt hat, darf man sich nicht auf die Sache versteifen und auf Teufel komm raus Erfolg haben wollen. Eine gewisse Heiterkeit sollte man sich erhalten: Wenn es nicht klappt, ist es auch nicht so schlimm, aber eine gewisse Hartnäckigkeit ist auch erlaubt.

Relativ frühzeitig angebracht und sinnvoll ist die Frage: »Sind Sie gebunden oder nicht? Ich möchte Sie nicht belästigen, und wenn Sie mir jetzt sagen, Sie sind gebunden und es gibt keine Chance, dann will ich Ihre Zeit auch nicht weiter beanspruchen.« So hält man sich den Rückzug offen, und auch für die Frau ist es nicht unangenehm.

Bei der Einladung gibt es durchaus Abstufungen: Einen Kaffee zusammen trinken ist unverbindlicher als spazieren gehen, eine Disco ist oft unverbindlicher als eine Kneipe. Man muss spüren, was angebracht ist.

5. Erstes Gespräch

Wenn es mit der Verabredung klappt, dann kommt es bei diesem Treffen zu einem Gespräch. Am Anfang steht die Begrüßung: Es gab einen Fall, da kam der Mann mit dem Auto zum Treffen. Es war vereinbart: Unter einer Laterne bei einem großen Tor. Der Mann parkte das Auto in 20 Metern Entfernung und blieb sitzen – das ist nicht besonders »entgegenkommend«. Besser wäre es gewesen, er wäre ausgestiegen und lächelnd zu der Laterne gegangen, an der die Frau stand.

Die Begrüßung sollte freundlich, aber nicht überschwänglich sein. Ein Satz zu Beginn wäre etwa: »Guten Tag, ich freue mich, dass wir uns heute treffen und uns etwas austauschen können.«

Beim ersten Gespräch sollte man darauf achten, dass man nicht dauernd nur von sich spricht. Es ist auch nicht zu empfehlen, gleich seine ganze Kranken- und Leidensgeschichte zu erzählen oder von der letzten Freundin, die einen gerade verlassen hat – das ist kein Therapiegespräch, von dem man geheilt aufsteht. Das Gespräch sollte vielmehr aus einer Art von unverbindlicher Konversation bestehen. Es empfiehlt sich auch nicht, sich selbst eine Stunde lang in den höchsten Tönen zu loben. Das Gespräch sollte ungefähr in der Mitte liegen zwischen Kranken- und Heroengeschichte. Humor oder ein paar Witze können die Situation im ersten Gespräch auflockern, aber das muss einem liegen. Witze erzählen sollte nur, wer es kann und gern macht. Gute Gesprächsthemen sind der Beruf, Hobbys, die Familiensituation, eventuell Kinder. Und man kann natürlich anknüpfen an die Situation, in der man sich getroffen hat: das Konzert, der Film, der Vortrag, das sind gute Themen.

Es kommt darauf an, sowohl zuzuhören als auch zu sprechen. Wer zu viel spricht, nimmt sich die Chance, den anderen kennen zu lernen. Wer zu viel schweigt, bleibt auf Distanz, gibt nichts von sich preis. Man sollte auch darauf achten, ob die Frau gesprächsfähig ist: Bekomme ich eine Antwort auf das, was ich sage, oder bringt sie immer nur ihre Themen an?

Man sollte die Frau ins Auge fassen, versuchen, sie wirklich zu sehen und zu hören und sich auch auf sie zu beziehen. Das soll nicht zu nahe gehen, aber ein kleines Kompliment ist durchaus angebracht, ohne zu übertreiben. Man kann sich auf die Kleidung beziehen, auf die Haare, und dann vorsichtig formulieren, was einem gefällt. Bei der ersten Begegnung dürfen die Komplimente durchaus eine gewisse Distanz wahren, aber ehrlich müssen sie sein. Wenn einem etwas nicht gefällt, sollte man es für sich behalten und nicht in irgendwelche bemüht witzigen Formulierungen packen. Das kann schnell in Peinlichkeit umschlagen.

Die Kommunikation besteht nicht nur aus Worten: Wo schaut sie hin? Schaut sie mir überhaupt in die Augen? Wie schaut sie mich an? Fixiert sie etwas hinter mir, oder schaut sie immer auf den Tisch? Diese Dinge geben ersten Aufschluss über die Charakterstruktur, und davon will man ja im ersten Gespräch einen Eindruck gewinnen. Auch wie jemand die Hand gibt – so kräftig, dass man fast in die Knie geht, oder wie ein Stück Kuchenteig –, das ist wie eine Visitenkarte beim ersten Gespräch.

Ich finde auch Pünktlichkeit bei der ersten Verabredung wichtig. Es bleibt jedem überlassen, wie lange er wartet, aber ich denke, nach einer halben Stunde wird jeder unruhig. Wenn man zu lange allein in der Kneipe sitzt oder irgendwo herumsteht, wird es unangenehm, und dann sollte man auch gehen.

6. Interesse des Gegenübers

Beim ersten Gespräch muss man sich auch fragen: Interessiert sie sich überhaupt für mich? Hört sie mir zu? Werde ich wahrgenommen? In dieser Phase des Gesprächs muss man merken, wie man behandelt wird und wie das Gefühl dabei ist.

Ich empfehle, schon im ersten Gespräch sofort einzugreifen, wenn jemand sich asozial verhält. Wenn man unfreundlich angesprochen, zu wenig beachtet wird, sollte man die Situation nicht vorbeigehen lassen, ohne Einfluss zu nehmen. Hier geht es darum, wie ich mich fühle, und dass ich mich wehre, wenn ich mich nicht gut fühle. Man sollte sich zum Beispiel wehren, wenn einem der Zigarettenrauch direkt ins Gesicht geblasen wird: »Entschuldigen Sie, der Rauch ist mir unangenehm, können Sie die Zigarette wieder ausmachen?« Bei unangenehmen Äußerungen kann man durchaus etwas Qualifiziertes erwidern: »Das ist mir jetzt unangenehm. Sie waren mir erst so sympathisch, und jetzt fangen Sie an zu jammern. Warum denn? Wollen Sie in diesem ersten Gespräch nicht ein wenig optimistischer sein?« So etwas kann man sagen – selbst wenn man die Frau nie wieder sieht. Das hinterlässt garantiert einen bleibenden Eindruck, und vielleicht denkt sie sogar darüber nach.

7. Erneute Verabredung?

Das Nächste ist die Frage, ob man sich wieder sehen will. Habe ich Interesse? Spüre ich auch bei der Frau Interesse? Manchmal hat man selbst keine Lust, oder man spürt: »Die wird sowieso Nein sagen.« Dann sollte man es auch lassen. Wenn eine zweite Verabredung in der Luft liegt, sollte man sich überlegen, wo diese stattfinden soll.

8. Wo sich wieder sehen?

Ich rate davon ab, sofort in die Wohnung einzuladen. Ich empfehle, erst zwei bis drei Verabredungen an neutralen Orten: Man kann ins Museum gehen, ins Kino, Konzert oder Theater, spazieren gehen, sich in der Kneipe, im Café treffen.

Beim Kino sollte man sich sorgfältig überlegen, welchen Film man wählt. Nichts Brutales, was vielleicht die Frau verängstigt. Auch keinen stark erotischen Film, denn dann fragt sich die Frau sicher: »Was will der von mir?« Ich halte eher einen hochklassigen Film für angebracht, sodass man danach auch Gesprächsstoff hat, sich austauschen kann.

Gleiches gilt für Vorträge, aber Vorsicht: Wenn man sehr verschiedener Ansicht ist, dann kann es danach zu einem Streitgespräch kommen, und das ist ganz am Anfang vielleicht nicht so günstig.

9. Attraktivität ausdrücken

Wenn man beim zweiten, dritten, vierten Treffen ein sehr deutliches persönliches Interesse spürt, dann wird es Zeit, dies der Frau auch zu sagen: »Ich finde dich attraktiv.« – »Ich finde dich äußerst interessant.« – »Ich fühle mich zu dir hingezogen.« Oder natürlich: »Ich mag dich.« – »Du gefällst mir.« – »Ich würde dich gern noch viel besser, viel näher kennen lernen.« Bei aller Unsicherheit, in die man sich mit solchen Sätzen hineinbegibt, sollte man beobachten, wie die Frau reagiert. Wenn nur Desinteresse kommt, dann sinkt die Wahrscheinlichkeit, dass es zu einer näheren Beziehung kommt. Wenn auch nach mehrmaligen Anläufen nichts zurückkommt, sollte man so mutig sein zu fragen: »Wie findest du mich denn? Ich habe dir jetzt schon mehrere faustdicke Komplimente gemacht, und es kommt überhaupt nichts zurück. Magst du mich überhaupt?« Wenn dann ein klares Nein kommt, braucht man das Gespräch auch nicht mehr lange auszudehnen. Das hat keinen Zweck: Man will ja auf Sympathie stoßen und einen gewissen Erfolg haben. Aber es kann ja auch eine Antwort kommen wie: »Ich bin eigentlich unwahrscheinlich schüchtern, entschuldige bitte, dass ich dir nicht direkt geantwortet habe. Aber ich finde dich auch recht nett.«

Für dieses Nachfragen gibt es viele Formulierungsmöglichkeiten: »Wie geht es dir eigentlich mit mir?« – »Wie findest du mich?« – »Findest du mich attraktiv?« – »Findest du mich interessant?« Oder sogar: »Findest du mich erotisch?« – »Kannst du dir eine Freundschaft zwischen uns vorstellen oder sogar eine Liebesbeziehung?« – »Kannst du dir vorstellen, dass wir uns näher kommen?«

10. Nach Hause einladen

Wenn das gegenseitige Interesse klar und ausgesprochen ist, kann man riskieren, die Frau nach Hause einzuladen: »Ich würde dich gern zum Frühstück einladen.« Oder auch zum Abendessen. Man muss nicht unbedingt ein Meisterkoch sein, um jemanden einzuladen, es genügen auch einfache Gerichte. Oder man geht ins Restaurant und danach zu sich nach Hause: »Ich habe da einen feinen Likör, den könnten wir gemeinsam probieren.« Ob in ihre oder in seine Wohnung, das ist egal. Frauen haben oft das Interesse, die Wohnung des Mannes kennen zu lernen.

11. Mitbringsel

Wenn man zum ersten Mal in die Wohnung der Frau kommt, ist es angebracht, ein kleines Geschenk mitzubringen. Das kann Konfekt sein oder Blumen. Das Geschenk sollte nicht zu intim wirken.

12. Die erste Berührung

Zu Hause kann es zur ersten bewussten, gewollten, selbstbestimmten Berührung kommen: Diese muss so sein, dass sie Freiheit lässt und Freiheit stiftet.

Das kann am Tisch sein, indem man seine Hand auf die Hand der Frau legt – oder vielleicht auch nur daneben, aber so, dass sie spürt, dass die Berührung kein Zufall ist. Bekommt die Frau einen Schreck und zieht die Hand zurück, dann ist das ein sicheres Zeichen, dass man weitere Berührungen sein lassen sollte. Wenn sie die Hand ohne erkennbare Reaktion liegen lässt, sollte man den Mut aufbringen, nachzufragen: »Ist dir das angenehm?«

Die ersten Berührungen sollten sehr zart und vorsichtig sein – immer im Nicht-Wissen: Wie kommt das jetzt an? Dabei sollte man alle Gefühle und Reaktionen registrieren: Wie fühlt sich das an, ist die Berührung angenehm? Wie reagiert die Frau, welche Gefühle zeigt sie, was bringe ich zum Ausdruck? Ist es ihr angenehm? Man kann seine Freude ausdrücken, sollte aber auch darüber sprechen, wenn Berührungen zurückgewiesen werden: »War dir das unangenehm? Warum?« Sehr gut ist, wenn man bei Zurückweisungen eine gewisse Leichtigkeit, einen Humor bewahrt und weiterträgt ins Gespräch.

13. Vorsichtiges Streicheln

Wenn klar ist, dass die Berührung für beide angenehm ist, kann man als Nächstes den Arm berühren oder die Schulter. Vielleicht folgt ein vorsichtiges Streicheln der Hand, der Haare, der Wangen – aber immer erst an den peripheren Körpergefilden, nicht gleich in den geschlechtsspezifischen Regionen. Intime Bereiche sollte man auf jeden Fall noch meiden.

Die erste Berührung erscheint noch nicht so gezielt und gewollt, aber mit den nächsten Berührungen will man dann schon etwas. Man streichelt die Hand länger, erkundet sie genauer, spürt Reaktionen und reagiert seinerseits. Damit wird man eine freundliche, ruhige oder erotische Stimmung erreichen. Weiter sollte man bei dieser Begegnung nicht gehen.

14. Intimere Gespräche

Bei der nächsten Begegnung sollte man das Ziel haben, sich näher kennen zu lernen. Bisher weiß man ja noch nicht so viel voneinander. Man kann ein Gespräch anbahnen über Intimität und Sexualität, kann über seine Erfahrungen sprechen, sollte jedoch nicht gleich von anderen Frauen schwärmen. Man muss auch nicht zu sehr ins Detail gehen oder sich exhibitionieren, aber es gibt da so eine Zwischenzone, in der sich das Gespräch bewegen kann.

15. Der Kuss

Nach diesen etwas intimeren Gesprächen und zärtlichem Streicheln kommt für mich der Kuss. Ich halte wenig davon, den anderen einfach heranzuziehen und zu küssen. Da hat natürlich jeder seine eigenen Erfahrungen, aber ich würde vorher fragen: »Ich habe jetzt ein so warmes Gefühl für dich. Darf ich dich küssen?«

Ich bin dafür, den ersten Kuss nicht so wild zu gestalten: Vielleicht sollten sich erst nur die Lippen berühren. Im Laufe der Zeit spürt man, ob ein Zungenkuss angebracht ist, ob er als wohlig empfunden wird oder ob er gar verweigert oder zurückgewiesen wird.

Beim ersten Küssen sollte man ganz vorsichtig und im Gespräch bleiben, sich immer vergewissern, wie alles erlebt wird: »Findest du das jetzt schön?« – »Ist dir das angenehm?« Das darf man durchaus fragen. Oder: »War das zu schnell?« – »Bist du das nicht gewohnt?« Auch sollte man immer spüren, wie es einem selbst dabei geht, wie man die Berührungen des Kopfes, des Rückens, das Streicheln erlebt. Man merkt zwar, wie es vom anderen erlebt wird, ob es erwidert, ob es als angenehm empfunden wird. Trotzdem empfehle ich die Nachfrage, damit die Frau Gelegenheit hat, etwas zu sagen. Es ist ungeheuer wichtig, zu erfahren, was in ihr vorgeht, dass sie sagen kann, was sie sich wünscht und was sie nicht ertragen kann. Bei Begrenzungen und Zurückschrecken sollte man immer fragen: »Was ist los?« Manchmal kommen eben Erlebnisse hoch, die die eine oder andere Berührung oder Liebkosung als unangenehm erleben lassen. Das muss man unbedingt respektieren. Es kann sich im Lauf der Beziehung ändern.

An diesem Punkt und überhaupt immer ist es ungeheuer wichtig, miteinander im Gespräch zu bleiben und sich wechselseitig zu vergewissern, welche Hemmungen und Wünsche vorhanden sind. Die nächsten Schritte bewegen sich in den intimen Bereich hinein, und hier werden die Unterschiede im persönlichen Erleben immer größer.

16. Berührung der Brust

Beim Mann entsteht jetzt oft der Wunsch, die Brust zu berühren. Dies kann sehr zart geschehen und wenn die Frau bekleidet ist. Ich gehe auch davon aus, dass wahrscheinlich die meisten Frauen darauf warten, dass der Mann die Initiative ergreift und nicht der Mann darauf warten kann, dass die Frau initiativ wird und etwa ihn an der Brust berührt. Die Brust des Mannes ist, was das Lustempfinden betrifft, genauso empfindlich wie die Brust der Frau. Manche Männer wissen das nicht, Frauen vielleicht auch nicht. Das kann man im Liebesspiel gegenseitig erkunden und ausprobieren.

Manche Männer haben ungeheure Hemmungen, die Brust einer Frau zu berühren, dann sollten sie darüber reden. Wenn die Frau das allerdings kategorisch ablehnt, muss man sich nach einiger Zeit auch fragen, ob das die richtige Frau für eine erotische Beziehung ist, sie direkt ansprechen: »Warum komme ich bei dir nicht an? Was ist los mit dir?«

17. Umarmungen

Zur intimen Berührung gehört als Nächstes, die Frau in den Arm zu nehmen – was ja auch häufig vom Mann ausgeht. Viele Männer reagieren sogar empfindlich, wenn die Frau im sexuellen Bereich zu forsch vorgeht. Meine langjährige Arbeit mit Männern hat mir gezeigt, dass Männer oft viel zarter sind, als sie sich nach außen geben. Davon sollten auch die Frauen wissen.

In den Arm nehmen heißt, den Körper spüren, die Erregung spüren. Für die Frau ist die Erektion meist einfacher zu spüren als für den Mann die Erregung der Frau. Wenn er die Brustwarzen berührt, und diese sind hart, ist sie wahrscheinlich erregter, als wenn sie nicht hart sind. Aber eine feuchte Vagina zum Beispiel ist nicht so schnell zu erkunden, deshalb ist es auch wichtig, dass er immer wieder fragt, wie sie sich fühlt.

Während der Umarmungen kann man, solange die Frau noch bekleidet ist, ihren Po streicheln und sehen, wie sie darauf reagiert. Der Po ist eine sehr erogene und lustvolle Körpergegend, das kann man ruhig einmal ausprobieren, aber immer mit der Bereitschaft, die Hände wieder zurückzunehmen, wenn man Abwehr spürt. Abwehr und Widerstand können sich manchmal darin zeigen, dass die Frau starr wird oder beinahe nicht mehr weiteratmet. Das ist eine Art von Nein und zeigt, dass sie sich darauf im Moment noch nicht einlassen kann. Man ist in diesem Moment zu weit gegangen und sollte sich sofort zurückziehen.

Dies beschreibe ich jetzt natürlich sehr stark aus der Sicht des Mannes, und es kann sein, dass die Frau das ganz anders empfindet. Aber darüber kann man dann ja ins Gespräch kommen – und selbstverständlich muss auch nicht jeder Mann so empfinden wie ich. Alle Schritte sollten wechselseitig gemacht werden: Es ist nicht angebracht, dass eine Frau sich streicheln, küssen und berühren lässt und dabei immer passiv bleibt.

18. Erste Erkundung der nackten Haut

Irgendwann kommt der Punkt, wo man die Erkundung der nackten Haut wagen sollte. Das heißt zum Beispiel für den Mann, der Frau unter die Bluse zu fassen, vielleicht zuerst den Rücken und den Bauch zu streicheln und dann zu versuchen, die Brust zu berühren. Grobes, drängelndes Vorgehen ist nicht angebracht. Wenn die Bluse oder der BH zu eng sind, kann man fragen, ob man sie öffnen darf oder ob die Frau sie auszieht. Sehr erregend ist die Möglichkeit, in die Hose zu fassen, wenn sie nicht zu eng ist, und zu versuchen, dort bestimmte Regionen zu streicheln und zu erkunden – aber immer genau auf die Reaktionen der Frau achten!

19. Verhütung

Spätestens an diesem Punkt sollte man von der Erotik wieder in die Realität zurückkehren und über Empfängnisverhütung sprechen. Das kann man nicht aussparen.

Der Mann sollte sagen, wenn er vasektomiert ist, das heißt: die männliche Sterilisation hat durchführen lassen, sodass er unfruchtbar ist. Man sollte darüber sprechen, ob man Aids-gefährdet ist, ob man einen Aids-Test hat machen lassen und ob man seitdem ungeschützten Geschlechtsverkehr hatte. Die Frau sollte sagen, ob sie die Pille nimmt, ob sie eine Spirale eingesetzt hat oder ob sie andere Empfängnisverhütungsmethoden praktiziert.

Mann und Frau sind dafür verantwortlich, dieses Gespräch zu suchen. Es erfordert eine gewisse Zeit, denn es sind Hemmungen zu überwinden, man kann nicht jede Frage sofort beantworten, man muss sich erst vertrauter werden. Verhütung und Aids müssen besprochen werden, aber das hat keine Eile – wie Eile überhaupt tödlich für jede Erotik ist und die Beziehung sprengt.

20. Orgasmusfähigkeit

Ein weiteres Gesprächsthema ist die Orgasmusfähigkeit: Es gibt Menschen, die sind orgasmusfähig, und Menschen, die sind es nicht. Die Orgasmusfähigkeit sagt nichts über die Erotik. Natürlich wünscht sich jeder, orgasmusfähig zu sein, aber eine Orgasmusunfähigkeit verhindert nicht die Erotik, ebenso wenig wie die Erektionsschwäche des Mannes Erotik verhindert. Meine erotischsten Erlebnisse hatte ich in Situationen ohne Erektion – wesentlich erotischer als alles, was ich mit Erektion erlebte.

Das Gespräch sollte nicht beim Orgasmus stehen bleiben,

sondern sich überhaupt darum drehen, was Lust macht. Für viele Männer ist der Orgasmus das Ende der sexuellen Begegnung. Meiner Interpretation nach sind Männer, die nach ihrem Orgasmus sofort schlafen müssen, recht verwöhnt, um nicht zu sagen: verschlafen. Wenn man im Moment erschöpft ist, wartet man ein wenig, und wenn man die Frau wirklich begehrt, dann ist auch die Lust wieder da – wenn auch vielleicht nicht die Erektion. Viele Männer sind nur auf den Koitus fixiert, und viele Frauen machen das auch mit. Diese Frauen sind enttäuscht, wenn der Mann keine Erektion hat, weil sie nicht viel über andere Lustmöglichkeiten wissen.

Im Gespräch über Lust sollte man auch nach der Angst fragen: »Hast du Angst vor dem, was wir jetzt wagen wollen?« – »Ja, ich habe Angst.« – »Und wovor?« – »Vor den Schmerzen, weil ich es schon erlebt habe, dass es wehtut, wenn der Penis in die Vagina eindringt.« Darüber muss man reden, denn wenn zum Beispiel eine Frau keine Vaginal-Flüssigkeit hat, hat das nicht unbedingt mit ihrer Lustfähigkeit zu tun. Mangelnde Feuchtigkeit bei der Frau ist übrigens viel leichter zu kompensieren als das Ausbleiben der Erektion beim Mann, etwa mit Öl oder Gleitmitteln.

21. Nackt sein

Ich meine, diese Dinge sollte man besprochen haben, bevor man sich entkleidet. Es ist nicht wichtig, ob man sich selbst auszieht oder ob man es gegenseitig macht, aber man sollte sich dabei anschauen. Dabei sollte sich doch ein gewisses Begehren entwickeln, und es ist schön, wenn man sich attraktiv findet.

Häufig legen Männer überhaupt keinen Wert auf ihre Körperformen oder ihre Körperfülle. Ich finde das nicht gut. Eine gewisse Ästhetik ist im sexuellen Bereich durchaus wünschenswert. Frauen achten meist sehr auf ihren Körper. Das soll natürlich nicht heißen, dass jeder Dicke unerotisch ist. Körperfülle ist etwas, was man von Anfang an sieht, und wenn zwei Menschen sich einander annähern, haben sie auch Gelegenheit, die Körperformen des anderen zu akzeptieren. Ganz wichtig ist, ob der Dicke sich wohl fühlt. Wer mit seinem Körper zufrieden ist, dürfte hier auch kein Problem in der sexuellen Begegnung haben.

Wenn man sich dann anschaut, sich in den Arm nimmt, sich ins Bett legt, oder vielleicht nackt miteinander tanzt, sollte man sein Entzücken über den Körper des anderen auch ausdrücken. Nicht nur das Betrachten ist wichtig, sondern man sollte sich auch bewusst machen, was für ein ungeheures Geschenk das ist, sich nackt zu zeigen. Es ist ein Beweis von Vertrauen und Offenheit – und diese Wertschätzung vermisse ich bei Männern manchmal. Sie gehen damit um, als ob es selbstverständlich wäre, dass die Frau sich nackt zeigt.

22. Der Weg zum Orgasmus

Die nächste Frage, die sich auftut, wenn zwei Menschen miteinander ins Bett gehen, ist: Wie kommen beide zum Orgasmus? Es gibt Menschen, die gar nicht zum Orgasmus kommen wollen, die brauchen das nicht. Wenn eine Frau das zum Ausdruck bringt, muss man als Mann nicht erschrecken oder das gar als Niederlage verbuchen. Doch sehr häufig erleben Männer das als gegen sie selbst gerichtet und halten sich dann für einen Versager. Hier möchte ich ganz klar sagen: Wenn eine Frau keinen Orgasmus hat, ist der Mann noch lange kein Versager.

Es kann natürlich sein, dass die Frau eine bestimmte Berührung braucht oder bevorzugt, um zum Orgasmus zu kommen. Darüber sollten die beiden reden und es auch im Bett berücksichtigen.

Ob man nun mit dem Penis in die Vagina eindringen darf oder kann, wie das die Frau empfindet, wie man es selbst empfindet – das ist einfach bei allen Menschen unterschiedlich. Es gibt Männer, die können ihren Penis noch so viel hin und her bewegen, sie bekommen keinen Orgasmus dabei, und ebenso ergeht es manchen Frauen. Da gibt es dann wohlmeinende Bücher, in denen der Mann als »impotent« und die Frau als »frigide« abgestempelt wird. Ich halte das nicht nur für dumm und völlig unsachlich, sondern es ist einfach brutal, wie diese Ausdrücke verwendet werden.

Interessant, wichtig, human und vor allem erotisch ist es, andere Wege zu erkunden, die einen Orgasmus ermöglichen. Das können die beiden auch miteinander schaffen, wenn sie sich ruhig und geduldig darüber unterhalten und vieles ausprobieren.

23. Selbstbefriedigung

Ein weiterer Schritt in der Beziehung kann sein, über Selbstbefriedigung zu sprechen, sich darüber auszutauschen, welche Art von Selbstbefriedigung man bevorzugt und ausübt.

Beinahe jeder Mensch befriedigt sich selbst. Selbstbefriedigung ist der normalste und früheste sexuelle Ausdruck im Leben. Manche sind da gehemmt, andere nicht, aber man darf danach fragen, wie Selbstbefriedigung praktiziert wird: »Streichelst du dich auch selbst?« – »Kommst du dabei zum Höhepunkt?« – »Wie machst du das? Was macht dir besonders Spaß?«

24. Oral-genitale Kontakte

Wichtig ist auch das Gespräch über oral-genitale Kontakte, also das Berühren der Genitalien mit dem Mund. Es gibt zwei bekannte Möglichkeiten: Cunnilingus, der Mann leckt oder lutscht dabei an der Vagina oder Klitoris, und Fellatio, die Frau leckt dabei den Penis.

Ich empfinde das als völlig normales Bedürfnis, das man äußern darf. Aber man muss als Mann damit rechnen, dass Frauen eine ungeheure Angst davor haben, den Penis in den Mund zu nehmen, etwa weil sie abschreckende Erlebnisse in der Kindheit damit hatten oder weil sie sich einfach ekeln.

Umgekehrt können auch Männer Angst vor der Vagina haben. Auch Frauen haben bisweilen Angst vor dem Geleckt-Werden, weil sie sich für unrein halten. Vielleicht hilft es ihnen schon, wenn sie sich vor der intimen Begegnung waschen. Auch die Männer sollten darauf achten, dass sie sich vorher waschen. Manchmal wird es vergessen, und im Lusterleben denkt man dann: »Ach, das ist jetzt nicht mehr so wichtig.« Doch es ist immer wichtig, sich vor intimen Begegnungen und Berührungen sauber zu machen. Das wird von der Frau gewiss nicht als störend empfunden, wenn man ins Badezimmer geht und sich wäscht, eher im Gegenteil.

Manchmal wird von oral-genitalen Kontakten abgeraten mit der Begründung, es könne auch ein wenig Urin in den Mund gelangen. Ich halte diese Begründung schlicht für eine geschickt getarnte Prüderie.

Wenn Mann oder Frau Hemmungen vor der Berührung der Genitalien mit dem Mund haben, sollten sie darüber sprechen. Vielleicht lösen sich die Vorbehalte mit zunehmender Vertrautheit und beim rücksichtsvollen Umgang miteinander auf. Oral-genitale Sexualpraktiken werden von vielen Menschen als äußerst genussvoll erlebt, manche brauchen sie geradezu (bisweilen auch aus physiologischen Gründen). Solche Intimität zu wagen, ist auch ein sehr intimer seelischer Vorgang. Cunnilingus und Fellatio können gar als Vorgang der Verehrung, der Bewunderung, der gegenseitigen Anerkennung empfunden werden. Ich halte es für sehr wichtig, sich darüber Gedanken zu machen und darüber zu sprechen.

25. Gespräch über Intimitäten

Über alles, was man miteinander ausprobiert und gewagt hat, sollte man sprechen: »Wie hast du das empfunden?« Diese wechselseitige Information ist wichtig, denn was den einen im siebten Himmel schweben lässt, ist für den anderen vielleicht nur wenig erregend. Manchmal merkt man auch ohne Worte, was die Partnerin empfindet: an Körperbewegungen, am Stöhnen – wie man überhaupt sich und der Partnerin das Stöhnen erlauben sollte. Wenn Menschen im intimen Kontakt verhalten sind, schmälert das die Lust. Wenn eine Frau laut stöhnt und man in ihrem Körper den Orgasmus spürt, dann braucht man natürlich nicht mehr zu fragen, ob sie den Koitus als lustvoll erlebt hat.

Trotzdem ist das Gespräch danach gut. Es ist auch ein Zeichen dafür, wie viel Zeit man sich gibt, sich und der Frau und der Beziehung. Wenn für den Liebesakt immer nur wenige Minuten bleiben, ist das auf Dauer nicht befriedigend. Liebesnächte können sich manchmal ziemlich lange hinziehen und sind ein Beweis dafür, dass Liebe und Erotik da sind.

26. Körpererkundung

Ein Liebespaar hat oft ein sehr starkes Interesse, den Körper des anderen zu erkunden und dies auch am eigenen Körper zu erfahren. Hier gibt es viele Möglichkeiten: Beim Koitus ist das relativ einfach, aber man kann ja auch andere Körperöffnungen, zum Beispiel den Anus, und andere Körperregionen mit einbeziehen. Die Brust, der Bauchnabel, die Achselhöhlen – prinzipiell kann jede Körperregion durch Berührungen erotisiert werden, doch hier gibt es sehr viele Vorurteile. Alle möglichen intimen Erkundungen werden als »Perversion« gebrandmarkt, das ist unanständig, verboten, oder gar krank.

Ich ermuntere an diesem Punkt zu mehr Abenteuer- und Erkundungslust. Man darf da ruhig etwas riskieren: Auch Beißen und Kratzen sind erlaubt – in einer sanften Art kann das Spaß machen, selbstverständlich immer nur, wenn sich beide dabei wohl fühlen und nicht so, dass man sich verletzt. Auch ein wenig stärker auf den Po zu klatschen, kann man in gegenseitiger Übereinstimmung, und wenn man danach im Gespräch bleibt, wagen.

27. Der gemeinsame Orgasmus

Ein weit verbreitetes Vorurteil ist, dass der gemeinsame Orgasmus das Tollste ist. Das ist absoluter Nonsens. Ich habe es nie als besonders toll empfunden, weil ich sowohl meinen Orgasmus genießen will als auch den Orgasmus der Frau ganz unabhängig davon. Es kann ein ungeheurer Genuss sein, sich gegenseitig zu stimulieren und dann zu erleben, wie die Frau ihren Orgasmus hat, wie sie sich dabei wohl fühlt, dabei wohlig stöhnt. Es sind Glückserlebnisse, die unbewussten Signale ihres Körpers kennen zu lernen, und die reduziert man meiner Meinung nach, wenn man gleichzeitig den eigenen Orgasmus erlebt. Gerade im gegenseitigen Genießen wird die Begierde viel größer, das Begehren viel stärker.

28. Ganz nackt

Dazu kann auch gehören, einander überall und genau zu betrachten, man kann sich mit großer Lust am Körper des anderen erfreuen. Man sollte wagen, seine Wünsche zu äußern: »Ich würde dich gern im Bett sehen, wenn du auf dem Bauch liegst.« – »Mach doch mal die Beine breit, ich möchte dich gern anschauen, nur anschauen.« Das ist erlaubt und fördert die Erotik.

Es kann sein, dass die Partnerin Hemmungen äußert, sich ganz offen zu zeigen. Das muss man respektieren, aber es ist gut, wenn man darüber spricht. Nach dem Gespräch, nach ein paar Tagen, vielleicht erst nach ein paar Wochen kann man den Wunsch wieder vorbringen, und dann hat sich vielleicht etwas verändert. Normalerweise nimmt in einer Beziehung die Vertrautheit zu, und die Hemmungen verflüchtigen sich.

29. Austausch von sexuellen Fantasien

In einem sehr vertrauten, fortgeschrittenen Stadium der Beziehung kann man auch wagen, einander seine sexuellen Phantasien zu erzählen. Das ist sicher nur allmählich möglich. Manche Menschen denken, dass ihre sexuellen Phantasien unzumutbar seien oder zu unanständig. Hier empfehle ich die Lektüre der Bücher von Nancy Friday: »Sexuelle Phantasien der Frauen« und »Sexuelle Phantasien der Männer«.

Es kostet Überwindung, von seinen sexuellen Phantasien zu erzählen, aber es ist aus der Psychoanalyse bekannt, dass die Dinge am reizvollsten sind, bei denen Tabugrenzen überschritten werden. Jeder Mensch hat andere Tabus. Diese Grenzen zu überschreiten, vorausgesetzt man macht es allmählich und vorsichtig, kann ungeheuer lustfördernd sein. Bei aller Rücksicht ist durchaus eine gewisse Hartnäckigkeit erlaubt, wenn man das Zögern der Partnerin spürt. Erzählen heißt ja nicht, dass man gleich alles in die Tat umsetzen muss. Es kann allein schon stimulierend und erotisierend sein, sich das mitzuteilen. Manches kann man auch probieren – aber selbstverständlich immer nur bei gegenseitigem Einverständnis.

30. Benutzung unanständiger Wörter

Es kann im Sexualkontakt enorm erotisierend sein, so genannte unanständige Wörter zu benutzen. Erotisierend kann schon allein das Gespräch, der Austausch darüber sein, welche Wörter man als erotisierend empfindet und welche die Erotik töten.

Viele Frauen können bestimmte Wörter überhaupt nicht ertragen – die sollte man auch nicht benutzen. Aber es gibt auch Worte, die sind im normalen Alltag tabu, doch wenn im Bett das gegenseitige Begehren ansteigt, können diese Tabus überschritten werden. Auch diese Grenzen verändern sich im Lauf der Beziehung: An unanständige Wörter kann man sich allmählich gewöhnen, und sie entfalten ihre lustfördernde Wirkung im Lauf der Zeit. Manche Menschen sind zum Beispiel allergisch gegen das Wort »ficken« – andere wiederum »geilt es auf«, zu sagen: »Fick mich«, oder: »Mach mich geil.«

Es ist eine Sache der Übereinkunft, welche Worte verwendet werden können. Um solche Übereinkünfte zu treffen, braucht man Zeit, Geduld und gegenseitigen Respekt. Partner haben nichts davon, wenn einer Wörter verwendet, die für den anderen lusttötend sind, aber auch hier kann sich im Lauf der Beziehung viel verändern, und die erotischen Möglichkeiten dehnen sich immer weiter aus.

Die Reihenfolge dieser 30 Punkte ist subjektiv, aber alle diese Elemente spielen auf dem Weg zum erotischen Mann eine Rolle. Ein weiterer Punkt, der zu jeder Zeit möglich ist und eine Partnerschaft bereichert, ist der Liebesbrief.

Manche Liebesbriefe beschränken sich darauf, Liebe zu bekennen und Sehnsucht auszudrücken. Liebesbriefe im eigentlichen Sinn aber beschreiben Wünsche, Phantasien, gemeinsame sexuelle Erlebnisse – liebevoll, sehnsuchtsvoll, entzückt. Solche Briefe sind erotisierend und sprengen Grenzen, erweitern und schaffen Freiheitsräume. Ich empfehle jedem, nicht nur über Liebe und Sexualität zu sprechen, sondern auch Liebesbriefe dieser Art zu schreiben. Sie sind von Dauer und auch zur Hand, wenn der Partner einmal weg ist, wenn man traurig ist oder sich nach ihm sehnt. Im Geschriebenen kann man sich der Gefühle des anderen vergewissern, kann sich den Inhalt der Worte vergegenwärtigen, kann hoffen und spüren, dass das, was da steht, noch immer gilt.

Statt eines Schlusswortes: Ein Gedicht von Wilfried Wieck

Zwei Tage nach Wilfrieds Tod fand ich Gedichte, die er im Mai 2000 für mich geschrieben hat. Eines davon schenke ich diesem Buch.

I. H.

Erfrischung

Das kurze Treffen
beim Essen
im Restaurant
mit Dir
hat mich erfrischt.

Ich freue mich
über Dich
bei diesem Treffen.

Du schautest wach
und voller Neugier
auf mich.

Du küsstest warm
zum Abschied mich
und zugewandt.

Beschwingt ging ich
gestärkt und froh
und schrieb bald auf
was mich bereicherte
bei diesem lieben
kurzen Treffen.

Die Deutsche Bibliothek – CIP-Einheitsaufnahme
Ein Titeldatensatz für diese Publikation ist bei
Der Deutschen Bibliothek erhältlich.

1 2 3 4 5 06 05 04 03 02

Ein Unternehmen der Verlagsgruppe Dornier
Postfach 80 06 69, 70506 Stuttgart, Tel: 0711/78 80 30
Sie erreichen uns rund um die Uhr unter www.kreuzverlag.de
Umschlagbild: Auguste Rodin, Das Eherne Zeitalter,
Ausschnitt, Gips, 1887
Umschlaggestaltung: Atelier Reichert, Stuttgart
Satz: de·te·pe, Aalen
Druck und Bindung: Clausen & Bosse, Leck

Die Schreibweise entspricht den Regeln
der neuen Rechtschreibung.

ISBN 3 7831 2116 7